언택트 이코노미

2021

언택트 이코노미 2021 비대면 경제 시대의 맞춤형 투자 전략

초판 1쇄 발행 2020년 11월 16일

지은이 최성근, 장두석, 문홍철, 권기정, 양석재
펴낸이 조기흠
편집이사 이홍 / **책임편집** 박종훈 / **기획편집** 이수동, 최진 / **기획** 김현석
마케팅 정재훈, 박태규, 김선영, 홍태형, 배태욱 / **디자인** 리처드파커 이미지웍스 / **제작** 박성우, 김정우

펴낸곳 한빛비즈(주) / **주소** 서울시 서대문구 연희로2길 62 4층
전화 02-325-5506 / **팩스** 02-326-1566
등록 2008년 1월 14일 제 25100-2017-000062호

ISBN 979-11-5784-460-9 03320

이 책에 대한 의견이나 오탈자 및 잘못된 내용에 대한 수정 정보는 한빛비즈의 홈페이지나
이메일(hanbitbiz@hanbit.co.kr)로 알려주십시오. 잘못된 책은 구입하신 서점에서 교환해드립니다.
책값은 뒤표지에 표시되어 있습니다.

⌂ hanbitbiz.com ⓕ facebook.com/hanbitbiz Ⓝ post.naver.com/hanbit_biz
▶ youtube.com/한빛비즈 ⓞ instagram.com/hanbitbiz

지금 하지 않으면 할 수 없는 일이 있습니다.
책으로 펴내고 싶은 아이디어나 원고를 메일(**hanbitbiz@hanbit.co.kr**)로 보내주세요.
한빛비즈는 여러분의 소중한 경험과 지식을 기다리고 있습니다.

언택트 이코노미 2021

| 비대면 경제 시대의 맞춤형 투자 전략 |

최성근(머니투데이) · 장두석(울산대 경제학과) · 문홍철(DB금융투자)
권기정(유진투자증권) · 양석재(UAMCO)

HB 한빛비즈
Hanbit Biz. Inc.

머리말

바야흐로 '언택트(Untact)' 전성시대다. 이미 4차 산업혁명이 시작될 때부터 시작된 언택트의 바람은 코로나-19 사태를 통해 마치 거대한 태풍으로 발달해 버린 느낌이다. 그만큼 우리의 일상에서부터 기업문화와 산업, 국가와 세계 경제에 이르기까지 '언택트'는 모든 영역에서 거스를 수 없는 대세가 되었다. 이 흐름을 '언택트 이코노미(Untact Economy)'로 규정할 수 있을 것이다.

2020년 갑작스레 맞이한 코로나-19 사태로 전 세계는 근래 미처 경험하지 못했던 충격과 공포에 빠졌다. 불안하고 두려운 상황에서 우리의 일상은 무너졌고, 믿고 의지했던 기대와 상식은 송두리째 바뀌었다. 이런 상황에서 개인과 기업은 물론 각 국가들은 그야말로 생존을 위해 처절하게 몸부림쳐야 했던 한 해였다.

다가오는 2021년을 바라보는 시선도 경기 회복에 대한 기대가 가득했던 예년과는 사뭇 다르다. 코로나-19 사태의 충격이 워낙 컸던 탓이었을까? 경제전문가들이나 전망기관들의 2021년 전망은 하나같이 조심스럽고, 또 다른 위기가 발생할지도 모른다는 불안으로 가득하다.

이러한 상황에서 2021년 목도할 상시적인 위기 상황과 불안한 경제상황을 어떻게 극복해 나갈 것인가는 우리의 최우선 관심사가 될 수밖에 없다.

현재 미중 간의 갈등, 보호무역주의의 흐름과 더불어 '글로벌 공급망(supply chain)'의 붕괴는 코로나-19로 인해 가속화되었다. 이러한 위기 속에서 국가들은 서로 밀접하게 연계하고 협력하려 하기보다 자국의 생존을 위해 각자도생할 수밖에 없는 자립의 길을 도모할 수밖에 없다. 자국중심주의, 보호무역주의, 제조업의 회귀(re-shoring) 등은 2021년에도 여전한 이어질 것이며, 이러한 과정에서 자본과 기술이 풍부한 선진국과 상대적으로 모든 것이 열세인 신흥국 사이의 격차가 더욱 벌어지는 글로벌 양극화 현상이 심화될 것이다.

대외의존도가 높은 한국경제의 특성상 글로벌 경제가 각자도생의 길을 걸어간다면, 한국경제는 수출과 수입 모든 면에서 리스크가 커질 수밖에 없다. 결국 2021년 이후 한국경제는 한동안 저성장과 불평등, 전통 제조업과 자영업의 쇠퇴, 고용 감소 등을 겪게 될 것이다. 이러한 상황이 벌어진다면 한국경제의 갈 길은 역시 기술혁신을 통한 경쟁력을 끌어올리는 것뿐이다. 과거 경제위기 때마다 그러했듯이 코로나-19 사태로 도태되는 기업이 나타나는가 하면 엄청난 블루칩으로 성장할 기업도 나타날 것이다. 이 과정에서 살아남아 높은 부가가치를 창출하며 한국경제를 이끌어 갈 기업은 바로 언택트 산업에서 등장하게 될 것이다.

금융시장의 화두도 언택트가 주도할 것이다. '금리가 낮고 통화가 풀리면 인플레이션이 발생한다'는 상식이 한동안, 아니 꽤 오랜 기간 먹히지 않고 있다. 이 또한 기존 금융 상식을 떠난 언택트 이코노미의 한 단면이라고 볼 수 있다. 코로나-19 사태로 인해 대공황급의 위기를 겪고 있는 상황에서 각국이 경기부양을 위해 퍼부은 유동성 규모는 무려 12조 달러에 달하며, 금리는 역대 최저수준으로 낮아졌다. 그래서 금리와 환율의 변화가 실물경제에 미치는 영향은 그만큼 커졌다. 금융시장에 참여하는 목적은 다름 아닌 돈을 벌기 위함이며, 이를 위해선 언택트 이코노미 시대에 걸맞은 새로운 지식으로 무장할 필요가 있다.

2020년 3월 이후, 코로나-19의 위기 상황에서도 주식 시장만큼은 뜨거운 상승장을 연출했고, 이른바 '동학개미운동'이란 말이 생겨날 정도로 수많은 개인 투자자들이 주식시장에 뛰어들었다. 다가올 2021년 주식 시장에서 언택트 이코노미는 두말할 필요 없는 투자의 핵심 화두이자 시장의 흐름을 좌우할 이슈다. 현새 성장과 실석을 바탕으로 소위 '팡(FAANG: Facebook, Apple, Amazon, Netflix, Google)'이라는 IT대기업들은 미국 주식 시장을 좌우하고 있다. 이들은 4차 산업혁명과 함께 주목받았고, 코로나-19 시대에 언택트 이코노미가 대세가 되면서 높은 평가를 받았다. 이제 모든 영역에서 디지털화가 가속화되고, 5G와 클라우드, 전기차와 자율주행, 인공지능과 더불어 반도체 산업에 이르기까지 2021년을 이끌 주식 시장의 주인공은 바로 언택트 산업임에 틀림없다.

2020년 주식 시장과 함께 코로나-19 위기를 비껴간 또 다른 분야는 바로 부동산 시장이다. 그나마 주식시장은 대규모 양적완화조치가 있기 전까지는 급락을 시현하기도 했지만 부동산만큼은 충격도 불황도 없었다. 정부가 각종 핀셋 규제와 역대급 세금정책으로 압박해도 매물은 나오지 않았고, 오르는 집값에 애가 탄 실수요자부터 지금이 아니면 영영 집을 살 수 없을 거란 불안감에 휩싸인 2030세대까지 소위 '영끌 대출'로 매매시장에 뛰어들면서 집값은 사상 최고치를 매번 경신하는 지경에 이르렀다.

2021년에도 코로나-19를 극복하기 위한 저금리와 완화적 통화정책은 지속될 것이며, 유동성은 결국 부동산 시장을 부양하는 쪽으로 쏠릴 가능성이 높아 보인다. 그리고 이런 부동산 시장은 심각한 충격이 없는 한 정부의 정책으로 가격을 조정한다거나 인위적으로 개입하기 어려운 시장이 되지 않을까 싶다. 중요한 것은 시장이 항상 투자자들의 기대나 전망대로 움직이는 것이 아니라는 점이다. 집값 상승으로 하루아침에 부자가 된 사람들이나 어떻게 해서든 내 집을 마련하려는 사람들이나 모두 집값이 오르는 불패 신화를 경험하길 바라겠지만, 이러한 기대는 자칫 버블이라는 위기를 키우는 동력이 된다는 것도 염두에 두어야 한다.

2021년 세계경제와 한국경제를 바라보는 심정은 여느 해처럼 밝지만은 않은 것이 솔직한 심정이다. 그러나 한편으로는 2020년보다는 그래도 나아질 것이란 한 가닥 희망의 끈을 붙잡아 보고 싶다. 언택트 이코노미가 대세가 될 2021년, 다른 이들보다 앞서 준비하고 대응한다면 언제나 그렇듯이 위기는 우리에게 새로운 기회를 줄 것이다.

최성근, 장두석, 문홍철, 권기정, 양석재

차례

머리말   005

| 세계 경제 편 |
자국중심주의와 보호무역주의로 회귀하나?

들어가며   016

1. 코로나-19와 세계 경제   021

코로나-19의 충격과 세계 경제의 저성장 • 글로벌 밸류 체인의 재편과 높아진 교

역 장벽 • 보이지 않는 위협, 부채

2. 미중 갈등 제2라운드   033

대선 이후 미국의 대중국 공세 • 호락호락하지 않은 중국의 반격 • 패권자 미국

경제의 힘: 달러와 기술 패권

3. 힘든 선진국, 더 힘든 신흥국   044

취약한 유럽 경제 • 유럽 경제의 돌파구는 어디에 • 다시 잃어버린 일본 경제 • 빈익

빈 신흥국 경제

4. 세계 교역과 국제 유가의 향방   066

세계 교역 • 국제유가 전망

| 국내 경제 편 |

전통적인 제조업과 자영업의 쇠퇴, 해결 방안은?

들어가며   078

1. 설비투자로 보는 2021년   088

   설비투자 장기 추세 감소, 그러나 기저 효과가 예상되는 2021년 • 해외 직접투자의

   증가 • 현금 확보 중인 기업들 • 투자 동기 변화로 읽는 새로운 투자 추세

2. 수출입과 산업의 변화들   103

   미국과 중국 경제, 수출입 • 산업별 예상되는 변화들

3. 소비 추세의 변화와 4차 산업혁명   113

   비대면 교육·소비의 증가 • 4차 산업혁명의 구체화와 소비 급변 • 가치 소비의 지향

| 금리와 환율 편 |

역대 최저 수준으로 낮아진 금리에도 디플레이션이 발생할까?

들어가며   142

1. 2021년의 금리와 외환 시장 환경   145

2. 완화적 통화 정책, 그리고 낮게 유지될 단기 금리   150

3. 낮은 인플레이션과 낮아질 장기 금리   156

   금리 하락에도 인플레이션이 발생하지 않는 이유 • 디플레이션을 심화시키는

   또 다른 요인

4. 2021년 미국 연준의 통화 정책   163

5. 2021년 한국의 통화 정책   168

6. 늘어나는 재정 부담   172

   한국의 국가 부채 비율, 믿을 수 있을까? • 증세가 해결책일까? • 가장 강력한 재정

   정책을 편 미국

7. 우리나라도 마이너스 금리가 온다고?   **184**

    저출산, 한국의 마이너스 금리를 앞당길 요소

8. 달러 약세 흐름, 이어지기 어렵다   **190**

    달러가 왜 약해졌을까? • 향후 달러의 가치는? • 원/달러 환율의 결정적인 변수

9. 한국의 재정, 통화 정책, 그리고 원/달러 환율 영향   **199**

| 주식 편 |

2021년 주식 시장 최대 관심 섹터는?

들어가며   **206**

1. 드라마틱했던 2020 글로벌 주식 시장   **209**

2. 언택트? e커넥트!   **217**

3. 가시화된 카카오의 성장   **220**

4. 4차 산업의 리더, 네이버   **224**

    K-Pop 콘서트, 비욘드 라이브로 시청한다!

5. 비디오 콘퍼런싱의 선두주자, Zoom   **233**

6. 4차 산업혁명의 중심, 클라우드 컴퓨팅   **238**

    클라우드 컴퓨팅은 최첨단 정보통신기술이 구현되는 플랫폼

7. 클라우드 컴퓨팅 서비스 제공 기업(IaaS + PaaS + SaaS)   **245**

    없는 것이 없는 아마존 • 맹렬히 뒤쫓는 마이크로소프트 애저 • SaaS 기업

8. 반도체 산업의 변화   **265**

9. 전기차   **273**

    테슬라 • 현대차

10. 전기차용 배터리   **285**

    중국 기업의 약진

11. 하락 폭이 컸던 섹터와 부동산 리츠   292

    리츠 중에서 주도 섹터 찾기

| 부동산 편 |

거대 유동성, 부동산 시장으로 몰리나?

들어가며   302

1. 혼돈의 2020년   306

    정말 위기의 한가운데에 서 있는 건가? • 지난 4년간 부동산 정책의 그늘 • 지속되는

    유동성 • 각자도생의 이야기 • 2020년 3월과 10월

2. 모든 방향이 열려 있는 2021년   330

    상승 요인과 하락 요인 • 상승 요인 • 하락 요인

3. 시나리오 1 여전한 상승   343

    주거용 • 상업용 • 공업용

4. 시나리오 2 충격과 공포   353

    주거용 • 상업용 • 공업용

5. 액션 플랜   360

참고자료   367

세계 경제

자국중심주의와
보호무역주의로 회귀하나?

들어가며

 2020년 코로나-19 팬데믹(Pandemic)의 영향으로 전 세계 경제는 과거 세계 대공황에 버금가는 엄청난 충격에 휩싸였다. 거리는 봉쇄됐고, 사람들은 격리됐으며 교류도 끊어졌고, 지역과 국가 간 교역마저도 차단됐다. 경제를 구성하는 가장 기본적인 토대가 사람과 물자의 교류인데, 코로나-19 방역을 위해 모든 인적, 물적 네트워크가 차단되니 그동안 쌓아 왔던 경제적 성과들은 마치 파도에 쓸려 가는 모래성처럼 허물어지고 말았다. 물론 코로나-19 사태 이전까지만 해도 세계 경제에 위기가 없었던 것은 아니다. 가깝게는 리먼 사태로 야기된 글로벌 금융 위기가 있었고, 남유럽 국가들의 재정 위기가 있었다. 그리고 2019년에 미국과 중국의 무역 분쟁이 격화되면서 세계 경제는 크게 휘청거리기도 했다. 하지만 세계 경제는 잠깐의 혼란은 있었지만 늘 해법을 찾았고, 이후 경제는 강한 회복의 탄력성을 나타냈으며, 위기는 새로운 기회로 바뀌곤 했다.

하지만 코로나-19 팬데믹이 초래한 위기는 이전에 발생했던 금융이나 재정상의 방만한 경영이 아닌 전염병에 의한 위기라는 점에서 결을 달리한다. 많은 사람들이 통상 치료제와 백신 개발이 이뤄지게 되면 코로나-19 팬데믹을 극복하고 우리의 일상과 세계 경제는 이전과 같은 상태로 돌아갈 것을 기대하고 있다. 그러나 과연 그럴까? 전 세계 사람들이 안심하고 투여받게 될 치료제와 백신은 생각보다 꽤나 오랜 시간과 막대한 비용이 소요될 것이다. 그리고 그 과정에서 어떤 국가와 지역은 경제가 당분간 회복이 어려운 상황까지 내몰릴 수가 있다.

한 지역의 경제 위기가 또 다른 지역의 위기로 마치 전염병과 같이 전이되는 상황에서 치료제 혹은 백신 개발이 성공했다고 해서 과연 코로나-19가 가져온 경제 위기가 단번에 극복될 수 있을 것인가? 또한 이후에도 전염병에 의한 촉발된 경제 위기는 언제라도 제2, 제3의 코로나-19 팬데믹을 가져올 수 있다는 점에서 세계 경제는 어쩌면 상시적인 위기 상황에 돌입했다고 말할 수 있다.

국제통화기금(IMF)의 최근 세계 경제 전망에 따르면 2020년 세계 경제는 −4.9%의 성장을 기록할 것으로 예상되고 있다. 이는 지난 글로벌 금융 위기가 있었던 2009년 세계 경제 성장률이 −0.1%였음을 고려하면 2020년 세계 경제에 불어 닥친 충격이 얼마나 컸는지를 미루어 짐작할 수 있다. 이러한 갑작스런 충격을 극복하기 위해 미국을 비롯한 각 나라의 중앙은행은 급격하게 위축된 경기 부양을 위해 어마어마한 유동성을 공급하기 시작했고, 금리는 사상 최저 수준으로 낮췄다. 그럼에도 불구하고 세계 경제는 쉽사리 회복의 기미가 나타나지 않고 있고, 최근에는 코로나-19 재확산에 대한 우려와 불안감이 더욱 커지고 있는 상황이다. 더욱이 세계 경제를 주름잡는 미국의 트럼프 대통령과 백악관 참모들마저 코로나-19에 감염된 상황에서 향후 미국 경제의 앞날을 바라보는 국제 사회의 시선은 불안과 우려가 더욱 깊어지고 있다. 게다가 대선을 앞두고 있는 미국은 중국에 대해서 가용한 모든 자원과 수단을 동원해 견제와 압박의 수위를 끌어올리고 있는 상황이다.

그리고 대선이 끝나게 되면 어느 당의 후보가 대통령이 되든 간에 미중 갈등은 마치 예고된 싸움처럼 격화될 수밖에 없어 보인다. 하지만 이제 중국도 예전의 중국이 아니다. 14억 인구의 거대한 시장에 천문학적 자본과 기술력까지 겸비한 중국은 미국의 압박을 더 이상 두려워하지 않으며, 이슈마다 전략적으로 대응 태세를 갖추게 될 것이다.

한편 세계 3대 경제 대국인 일본은 아베노믹스가 한계를 드러내면서 코로나-19 사태 이전부터 경기 침체에 빠졌고, 뒤를 이어 스가 신임 총리가 선출됐지만 뭔가 새로운 변화를 기대하기 어렵다는 점에서 지금까지처럼 일본 경제의 부진은 지속될 전망이다. 다만 미중 갈등 상황에서 미국과 일본의 공조는 더욱 두터워질 것이며, 일본 경제는 부진이 지속되기는 하겠으나 공황 상태에 빠지지는 않을 것이다. 아마도 미국과의 경제 협력 체제가 공고해지고 2021년으로 연기된 하계 올림픽이 순조롭게 개최된다면 일본 경제는 이를 반전의 계기로 삼을 수도 있다.

유럽 경제는 코로나-19 위기에 대응하기 위한 공동 기금 마련에 합의했으나, 마치 만성병에 걸린 환자와 같이 시름시름 앓고 있다. 거대한 공동 시장을 보유하고 있지만, 새로운 성장의 동력을 찾지 못하고 있으며, 영국마저 분리를 선언하고 떨어져 나간 상황에서 회복을 도모하려 하지만, 국가 간 격차에 따른 불만과 느슨한 협력 체제로 불확실성이 늘 도사리고 있다.

신흥국의 빈익빈 현상은 코로나-19가 가져온 또 하나의 그늘이다. 신흥국은 늘 선진국에 비해 열세에 있고, 자본과 기술의 부족으로 인해 경쟁에서 항상 불리한 처지에 놓여 있다. 미중 갈등과 잇따른 코로나-19 사태로 각국의 보호무역 장벽이 높아지자 안 그래도 취약한 신흥국 경제는 갈 곳을 잃어 버렸고, 위기에 민감한 선진국 자본은 썰물처럼 빠져나가 금융 불안에 시달릴 수밖에 없는 상황에 처해 있다. 그나마 자원 수출에 의존해 왔던 신흥국들은 수요 부족으로 인해 기댈 언덕도 사라졌다. 결과적으로 코로나-19로 인한 충격은 과거의 경제 위기가 그러했듯이 가난하고 취약한 나라들에게 더 큰 리스크를 안겨다 주었다.

2021년 세계 경제는 코로나-19가 가져온 상시화된 위기 상황 속에서 각국은 협력보다는 이제 각자도생의 길을 걸어가는 모습이 확연하게 나타날 가능성이 높아 보인다. 미국, 중국, 일본, 유럽, 신흥국은 모든 것이 짙은 안개 속처럼 불확실하고 한 걸음 내딛는 것조차 불안한 경제 상황 속에서 좌충우돌하는 모습들이 빈번하게 나타날 것이다. 그리고 그럴수록 생존을 위해서라도 냉철하고 합리적으로 다가올 위기 상황들을 예측하고 대비하는 일은 우리에게 절실하고 필수적인 과제일 수밖에 없다.

1. 코로나-19와 세계 경제

코로나 −19의 충격과 세계 경제의 저성장

2020년은 말 그대로 코로나-19의 해라고 불러도 과언이 아닐 정도로 코로나-19 팬데믹이 초래한 경제 위기는 너무나 충격적이었다. 1980년 이후로만 따져도 우리에겐 IMF 위기로 너무나 선명하게 기억되는 '아시아 외환 위기'부터 소위 '리먼 사태'로 불리는 '글로벌 금융 위기', 그리스 등 남유럽 국가의 재정 위기가 있었다. 하지만 세계 경제의 성장세는 이러한 위기 때에도 늘 플러스를 유지했고, 가장 큰 충격으로 기록된 글로벌 금융 위기만 해도 당시 세계 경제의 성장률은 −0.1%에 그쳤다. 하지만 2020년 코로나-19 팬데믹의 충격으로 세계 경제는 IMF의 전망에 따르면 무려 −4.9%에 이를

그림 1. 세계 경제 성장률 추이 및 시기별 주요 경제 위기 ──────────

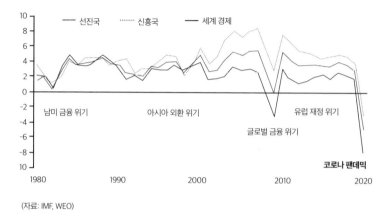

(자료: IMF, WEO)

것으로 예상되고 있으니 세계 경제가 코로나-19 사태로 받은 충격이 얼마나 심각했는지를 짐작할 수 있다. 아마도 이는 지난 1930년대 경제 대공황에 비견될 만큼 세계 경제사에 있어서 또 하나의 충격적인 사건으로 기록될 것이다.

코로나-19 팬데믹이 여전히 진행 중인 상황에서 코로나-19로 큰 상처와 충격을 받은 세계 경제가 이후에는 어떻게 흘러갈 것인가가 가장 큰 관심이자 주목해야 할 사안이다. 더욱이 과거 경제 위기는 대부분 금융이나 재정에 있어서 방만하고 안일했던 관리에 원인이 있었다고 한다면 현재 우리가 경험하고 있는 코로나-19 위기는 전 세계적인 전염병이 근본 원인이라는 점에서 그 성격을 달리하고 있다. 세계보건기구(WHO)가 집계한(2020년 10월 4일 기준) 전 세계 코로나-19 확진자 수는 총 3,480만 4,348명, 사망자 수는 103만 738명에 달하고 있으며, 여전히 일일 평균 30여만 명씩 확진자가 늘어나고 있는 상황이다. 최근 트럼프 미국 대통령과 백악관의 참모들까지 코로나-19에 감염된 것으로 알려지면서 미국은 물론 전 세계에 충격을 안겨 주기도 했다.

문제는 이러한 코로나-19 사태에 가정 필요한 치료제와 백신 개발이 우리가 예상했던 것보다 훨씬 오랜 시간과 막대한 개발 비용이 소요될 것이라는 점이다. 현재 약 35개의 백신 후보가 임상 시험을 진행 중인 가운데 약 9개의 물질이 최종 단계인 임상 3단계에 진입해 있는 것으로 알려졌다. 하지만 많은 이들의 기대대로 백신과 치료제 개발에 성공한다고 하더라도 이를 전 세계에 공급하기 위한 대규모 생산 능력을 구축하고 다양한 부작용 발생을 최소화하여 안정성을 확보하는 데에는 더 많은 시간과 비용이 소요될 것이기 때문이다. 특히나 백신을 개발한 몇몇 국가에서 생산된 약품을 독점화할 경우 코로나-19의 빠른 전파력과 감염 속도를 고려할 때 코로나-19의 종식은 예상보다 장기화될 수 있다는 점이다.

세계적으로 3억 명 이상 매년 백신을 투약하고 있는 독감의 경우에도 안정성과 효과가 입증돼 일반화되기까지 거의 30여 년이 소요된 점을 고려하면 아무리 최근 바이오 신약 개발 기술이 발전했다고 해도 코로나-19가 종식되는 데에는 적어도 5~10년 정도의 시간이 소요될 가능성이 높다.

IMF가 지난 6월에 내놓은 2021년 세계 경제 성장률 전망치는 5.4% 수준이다. 2020년 전망치인 -4.9%와 단순 수치상으로만 비교하면 뭔가 엄청난 반등세로 보이지만, 이는 실상 기저 효과(base effect)에 의한 것이며, 2019~2021년 3개년 평균치를 따져 보면 0.3% 수준에 그치게 된다는 이야기다. 2010~2019년까지 세계 경제 성장률 평균치가 3.8%임을 고려하면 코로나-19로 인해 충격을 받은 세계 경제는 이제 0% 대의 저성장 궤도로 진입했음을 보여 주는 것이다. 물론 2021년 이후 세계 경제가 새로운 산업이 부흥하거나 성장 동력을 발굴하여 높은 성장세를 나타낼 수도 있다. 하지만 현재 시점에서 코로나-19가 당분간 지속될 수밖에 없다고 가정할 때 과거와 같은 비약적인 성장세를 나타내기는 어려운 것이 현실이다.

돌아보면 세계 경제는 1980~2020년(전망치 포함)에 이르는 40년 기간 동안 여러 위기 속에서도 매년 3%에 달하는 성장세를 이뤄 왔다. 그러나 2021년 이후 세계 경제의 성장 속도는 예전보다 훨씬 느리고 더딜 것이며, 특히 국가별 방역 수준이나 정책 대응에 따라 성장세는 차별화되어 나타날 가능성이 높다. 의료 체계가 그나마 발달하고 자본과 기술 수준이 높은 선진국의 경우에 코로나-19 위기에서 상대적으로 빠른 회복이 가능할 수 있겠지만, 코로나-19 대응 체계가 미흡한 신흥국이나 저개발국가의 경우 침체된 경제 상황은 훨씬 장기화될 가능성이 높다. 이는 그동안 세계 경제의 성장률을 이

표 1. 2019~2021년 세계 경제 성장률 추이와 전망

	2019년	2020년	2021년	3개년 평균치
세계 경제 성장률	2.9%	-4.9%	5.4%	0.3%
선진국 성장률	1.7%	-8.0%	4.8%	-1.6%
신흥국 성장률	3.7%	-3.0%	5.9%	1.5%

(자료: IMF, WEO)

끌어 온 신흥국 경제 성장의 둔화로 이어지며, 결국 세계 경제의 전반적인 저성장으로 귀결될 수밖에 없음을 예상케 한다. 그리고 저성장 시대 속에서 제2, 제3 코로나-19 팬데믹이 발생할 경우 그 충격은 이전보다 더 심각하게 세계 경제를 위협할 수 있다. 이제 상시화된 경제위기를 어떻게 대응하는지가 국가 경제의 생존을 위한 필수 전략이라고 할 수 있다.

글로벌 밸류 체인의 재편과 높아진 교역 장벽

코로나-19 팬데믹이 발생하기 이전까지 세계 경제는 철저한 분업 구조를 토대로 안정적인 경제 성장을 이뤄 오고 있었다. 선진국에서는 높은 기술력과 자본을 바탕으로 생산성을 극대화하는 한편 신흥국에서 생산된 제품의 소비 시장의 역할을 동시에 수행하고 있었다. 한편 신흥국의 경우 저임금과 낮은 생산 비용을 바탕으로 제조업 생산 기지의 역할을 담당하면서 선진국과의 교역을 통해 중국이나 인도, 베트남과 같은 아시아 국가들을 중심으로 높은 경제 성장을 이룩해 왔다. 이러한 세계 경제에 있어서의 선진국과 신흥국 사이의 역할과 기능에 따른 분업 체계를 가리켜서 '글로벌 밸류 체인(value chain, 가치 사슬)'[1]이라고 한다.

---

1 밸류 체인(value chain, 가치 사슬)이란 하버드 대학교 경영대학원의 마이클 포터(M. Porter) 교수가 정립한 것으로 알려진 개념으로서 기업이 제품 또는 서비스를 생산하기 위해 원재료, 노동력, 자본 등의 자원을 결합하는 과정에서 부가가치가 창출되는 것을 '밸류 체인'이라는 모델로 정립하였다. 글로벌 밸류 체인이라는 용어는 다국적 기업 또는 국가 간의 글로벌 교역을 통해 상품과 서비스의 설계, 유통, 사용, 그리고 폐기에 이르는 전 범위의 과정이 운송 및 통신의 발달로 세계화된 것을 의미한다. 기획재정부, 《시사경제용어 사전》, 경제c야기 참고.

그런데 코로나-19 사태는 이러한 그동안 구성해 온 글로벌 밸류 체인의 토대를 한순간에 무너뜨렸다. 그 대표적인 사례가 바로 '마스크 대란'이다. 코로나-19가 발생하여 전 세계로 확산될 무렵 각국은 마스크를 확보하는 데 모두 혈안이 되어 있었다. 당장 백신과 치료제가 없는 상황에서 코로나-19에 대응하는 가장 효과적인 수단이 마스크뿐인데 마스크를 제조할 수 있는 나라는 중국, 한국 등 몇몇 나라밖에 되지 않았기 때문이다. 그동안 미세먼지 등 대기 오염을 방지하는 차원에서 마스크 생산 시설을 확보하고 있었던 중국이나 우리나라는 다른 나라에 비해 비교적 빠르게 마스크를 확보할 수 있었지만, 유럽과 같이 제조 시설이 전무했던 나라들은 그저 마스크가 수입되기만을 기다리는 수밖에 다른 방법이 없었다. 일부 국가에서는 경유한 비행기에서 싣고 온 마스크를 강제 압류하는 비상식적인 일마저 발생했다. 그리고 그러는 사이 적지 않은 사람들이 희생됐고 코로나-19는 걷잡을 수 없는 상태로 퍼져 나갔다.

이러한 사태가 야기된 근본적인 원인은 선진국에서 마스크와 같은 노동집약적 제조 시설이 사라지고 대신 이를 중국 등과 같은 신흥국에서 100% 수입하는 분업 구조가 확고하게 자리잡았기 때문이다. 그러나 코로나-19 사태를 겪으면서 각국은 이제 보건과 경제를 넘어서 안보적 차원에서 제조업의 중요성을 뼈저리게 깨닫게 되었으며, 상시적인 위기 상황에 대응하기 위해선 최소한의 제조업이 필요함을 알게 되었다. 이는 단지 마스크뿐만이 아니라 다른 일반적인 공산품이나 제조품에 대해서도 마찬가지다. 경제 위기가 닥쳐왔을 때에 제조 기반이 튼튼한 국가일수록 대응하기가 수월한 반면, 제조 기반이 취약한 나라는 앞선 마스크 대란과 같이 자국 스스로 대응이 불가능한 경제의 취약성이 그대로 노출될 수밖에 없다.

즉 제조 시설이 경제안보 차원에서 중요도가 재확인되면서 이제 각국은 전략적으로 제조업 기반을 갖추기 위한 투자에 나설 가능성이 높다. 물론 당분간은 코로나-19 위기에서 벗어나기 위한 투자에 집중할 것이나, 그와 함께 코로나-19로 인해 상시화된 위기 속에서 제조 시설과 기반을 갖추려는 각국 정부의 투자 노력은 확대될 전망이다. 각국은 이제 교역에만 의존해 오던 데서 벗어나 자국 내에서 혹은 최소한 근거리에서 제조품을 안정적으로 공급받을 수 있는 제조업 기지를 확보하는 데 경쟁적으로 나설 것이다. 이는 다른 한편으로 이전까지 유지되어 온 글로벌 밸류 체인이 약화되며 세계 교역도 점점 부진할 수밖에 없는 상황을 예고하는 것이기도 하다.

더욱이 최근 재차 고조되고 있는 미중 갈등은 보호무역주의라는 또 하나의 리스크를 부각시켜 글로벌 밸류 체인을 더욱 약화시킬 가능성이 높다. 미국은 현재 중국에 대한 무역 제재를 실시하고 있으며, 특히 화웨이와 같은 첨단 기술 기업에 대해서 수단과 방법을 가리지 않고 공세를 가하고 있다. 이는 미국의 대중국 제조업 의존도를 낮추는 동시에 중국의 대미 수출 의존도를 낮추게 된다. 결과적으로 미국 내 제조 기반을 확대하려는 움직임이 나타나는 한편 중국은 미국 시장을 대체하기 위한 내수 시장 확대 전략을 한층 강화해 나갈 것이다. 당장 삼성전자나 SK하이닉스 같은 경우 미국의 화

그림 2. 우리나라 국가별 반도체 수출 비중   그림 3. 삼성전자와 SK하이닉스의 화웨이 수출 비중 ──

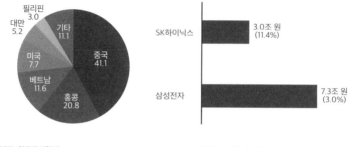

(자료:한국무역협회)   (자료:유진투자증권)

웨이에 대한 제재 조치가 이뤄지면서 그동안 화웨이에 납품하던 반도체 수출 물량이 갈 곳을 잃어버리게 됐다. 중장기적으로 볼 때 이것이 어떤 결과를 낳을지 알 수 없지만, 미중 갈등의 불똥이 튄 국내 반도체 산업의 피해는 당분간 불가피한 상황이다.

IMF에 따르면 2020년 세계 교역량은 전년 대비 −11.9%로 크게 감소할 전망이며, 2021년에는 8.0%로 반등세를 보일 전망이나 이전 수준으로 회복되기엔 부족할 것으로 예상된다. 코로나−19의 장기화와 미중 관계가 또다시 심각한 갈등 국면에 접어들게 되면 세계 교역은 부진에 빠지게 되거나 반등을 하더라도 교역의 증가세는 미약할 것으로 보인다. 그동안 활발한 세계 교역을 바탕으로 성장해 온 세계 경제는 코로나−19와 함께 글로벌 밸류 체인이 약화되면서 부진한 교역과 글로벌 저성장이 고착화되는 경로를 밟아갈 가능성이 높아 보인다.

보이지 않는 위협, 부채

코로나-19의 충격으로 각국 정부는 당면한 경제 위기 상황에서 벗어나기 위해 너도나도 확장적 재정 정책을 취하고 있다. 미국 연방준비은행(FED)을 비롯한 각국 중앙은행들도 위기 상황 속에서 서둘러 금리를 제로 수준까지 낮추고 완화적인 통화 정책을 추진하고 있다. 이는 경제학적으로 볼 때 경제 위기 상황에서 소비와 투자의 영역으로 유동성이 원활하게 공급되게 함으로써 경기를 부양하려는 당연하고도 타당한 정책 방향이다. IMF도 지난 4월 코로나-19 경제 위기에 대응하여 "정책 입안자들은 가계와 기업을 지원하기 위해 재정, 통화정책 및 금융시장 조치를 실시해야 한다. 광범위한 재정 부양책은 신용의 가파른 하락을 방지하고, 총수요를 높이며 결과적으로 심층적인 침체를 피할 수 있다"라고 권고한 바 있다.

그러나 이러한 확장적 재정 정책과 완화적 통화 정책은 기본적으로 정부든, 기업이든, 가계든 부채가 늘어나는 결과를 초래하게 된다. 정부는 정해진 예산 외에 추가적인 지출을 늘려야 하고, 이를 위해서 정부는 국채 발행을 확대하게 된다. 기업 역시 투자 및 부채 상환을 위해 저금리에 의지해 회사채 발행을 늘리게 되고, 가계는 생계비와 부동산 등 자산 투자를 위해 가계 부채를 확대하게 된다. 결국 부채를 늘려 소비와 투자를 확대하고 이를 통해 경기가 침체되는 상황을 막을 수는 있을 것이다. 그러나 부채는 기본적으로 미래의 소득을 현재로 가져와 사용하고, 그 비용은 분할해서 이자와 함께 장기간에 걸쳐 상환하는 구조를 갖고 있다.

그림 4. OECD 35개국 일반 정부 부채 비율 2019

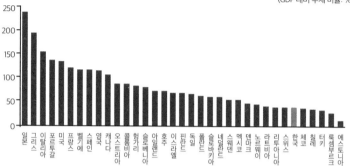

(GDP 대비 부채 비율: %)

(자료: OECD, 기획재정부)

문제는 이러한 부채가 무한정 사용 가능한 게 아니라는 점이다. 이미 OECD 국가들의 일반정부부채 비율은 100%에 육박하고 있으며, 지난 5월 영국의 유력 일간지 파이낸셜타임스(FT)에 따르면 OECD 회원국 정부들의 국내총생산(GDP) 대비 부채 비율이 코로나-19 이전 109%에서 137% 이상으로 증가할 것으로 예상된다. 각국 정부는 코로나-19 경제 위기에 대응하려 GDP의 1~6%의 재정을 쏟아 붓고 있지만 지속된 경기 침체로 정부의 세수와 GDP가 대폭 감소하면서 부채비율 또한 악화될 것으로 전망했다.

특히 미국 경제의 경우 지난 금융 위기 상황에서 대규모의 국채를 매입해서 시중에 유동성을 공급하는 양적 완화(QE, Quantitative Easing) 정책을 세 차례에 걸쳐 시행하여 무려 3조 달러가 넘는 자금을 공급한 바 있다. 이번 코로나-19 경제 위기에서도 미국을 비롯한 주요국들은 지난 글로벌 금융 위기 당시 취했던 유동성을 대폭 공급

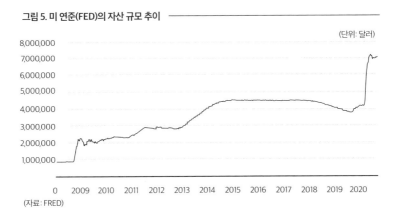

그림 5. 미 연준(FED)의 자산 규모 추이

(단위: 달러)

(자료: FRED)

하는 양적 완화 정책을 재개했다. 미 연준은 이미 지난 3월에 5,000억 달러 규모의 국채와 2,000억 달러 규모의 모기지 증권을 매입해 총 7,000억 달러(852조 원) 규모의 양적 완화(QE) 프로그램 시작을 공식화했다. 여기에 회사채와 개인 소비자 금융을 지원하기 위한 3개 비상기구를 통해 8,500억 달러의 유동성을 공급하며 5,000억 달러(약 611조 원) 규모의 '지방 정부 유동성 기구(MLF)'를 통해 지방채 매입 대상까지 대폭 확대했다. 그 결과 2020년 7월 기준 미 연준이 보유한 자산 규모는 6조 5,731억 달러(약 8,038조 원)로 금융 위기 이후 4조 달러 수준에서 무려 3조 달러 가량 증가했고, 2020년 말까지 8조~11조 달러(약 9,782조~1경 3,451조 원)에 이를 것이라는 전망이 나오고 있다.

그런데 이렇게 초저금리 상황에서 각국 중앙은행이 돈 풀기에 나서면서 유동성은 천문학적 규모로 늘어나고, 그에 따른 자산 가치의 상승과 인플레이션이 불가피하게 발생할 수밖에 없다. 상식적으로 시중에 돈이 이전보다 두 배, 세 배 늘어나면 돈의 가치는 떨어지게 되고 상대적으로 실물이나 자산의 가치는 올라가게 된다. 하지만 그 이면에는 정부, 기업, 가계의 부채가 대폭 늘어나는 결과를 초래하고, 이는 어느 시점에서 반드시 한계가 드러날 수밖에 없다. 2021년에도 저물가 상황이 유지된다면 모르겠으나, 만약 어느 시점에 물가가 오르고 이것이 금리의 상승으로까지 이어지게 된다면 그동안 경쟁적으로 늘려 왔던 부채의 충격은 생각보다 커질 수 있다. 그리고 그 속도는 빠르면 빠를수록 경제에 미치는 충격파는 더욱 커질 수 있다. 과거의 경험을 비춰 볼 때 경제 위기 상황에서 저금리에 의존한 부채의 증가는 필연적이기도 하지만, 금리가 상승하기 시작하면 늘어난 부채는 버블의 붕괴와 다시금 경제 침체와 위기로 이어지는 악순환의 고리를 형성할 수 있다는 점을 유념해야 한다.

2. 미중 갈등 제2라운드

대선 이후 미국의 대중국 공세

미국과 중국 사이의 갈등은 어제 오늘의 일이 아니다. 이미 2018년 미국 트럼프 대통령은 중국에 대한 관세를 대폭 인상하는 '전통적 무역 장벽'을 취함으로써 양국의 갈등이 심화될 뿐만 아니라 전 세계 교역과 경제를 뒤흔들었다. 이는 그동안 세계무역기구(WTO) 체제를 통해 관세를 낮추고 각종 무역 장벽을 없애자면서 자유 무역의 전도사를 자처해 온 미국의 기존 입장과 정반대인 셈이다.

2018년 초 트럼프 미국 대통령은 중국산 수입 제품에 대해 추가 관세를 부과하겠다는 조치를 선포했다. 그리고 7월에 340억 달러 규모의 중국산 제품에 대한 25% 추가 관세 부과를 시작으로 지난 2년

여에 걸쳐 지속적으로 중국산 수입제품에 대한 관세의 폭과 범위를 확대해 왔다. 그리고 마침내 2020년 1월 15일 미·중 무역협상 1차 합의안에 공식 서명을 함으로써 양국 사이의 갈등은 어느 정도 봉합되는 듯해 보였다.

그러나 합의 직후 중국에서 시작된 코로나-19 사태는 미국을 비롯한 전 세계로 확산되면서 급기야 경제 공황에 버금가는 충격파를 가져왔고, 그에 따라 글로벌 교역 자체가 침체에 빠지다 보니 미·중 무역협상 1차 합의 이행도 지지부진하게 됐다. 그러나 무역 합의 이행 점검을 위해 8월 15일에 예정했던 고위급 회의가 무기한 연기되면서 수면 아래 있었던 무역 갈등이 재점화되기 시작했다.

이에 앞서 이미 트럼프 행정부는 7월 말 미국 휴스턴 주재 중국 영

표 2. 미중 무역협상 1단계 합의 주요 내용

중국 이행 조치	무역수지 조정	- 대미 무역흑자 축소: 2년간 2,000억 달러 - 미국 에너지, 농산물 수입 확대
	금융, 환율	- 경쟁적 통화평가 절하 억제 - 거시 경제/외환 시장 투명성 제고 - 증권/보험 서비스에 대한 외국인 지분 보유 제한 철폐
	시장 개방	- 금융 산업 및 첨단 제조 시장 개방 - 글로벌 다국적 기업 중국 시장 진출 확대
	불공정 관행 시정	- 지식재산권(기업 비밀 절도, 모조품, 악의적 상표권 등록 처벌 및 단속 강화) - 시장 진출 인허가 조건으로 기술 이전 요구 금지
미국이행 조치		- 2018년 12월부터 시행 계획한 관세(1,600억 달러 규모의 수입 제품) 부과 보류 - 1,200억 달러 규모의 제품에 부과한 15% 관세를 7.5% 수준으로 축소 - 기존 2,500억 달러 규모의 상품에 대한 25% 관세는 유지
분쟁 해결 절차		- 합의 위반 판단 시, 실무·고위급 협상 진행. 미해결 시 90일 이내 관세 재부과

(자료: 한국무역협회, 삼성증권, 연합뉴스 등)

사관 폐쇄를 결정했고, 그에 대한 보복 조치로 중국은 청두 주재 미국 총영사관의 폐쇄를 통보하고 문을 닫았다. 이어서 8월에는 트럼프 대통령이 틱톡(Tik-tok)과 위챗(WeChat)의 사용을 금지하는 행정명령에 서명하였으며, 미국 재무부는 캐리람 홍콩 행정장관을 포함한 11명의 고위 인사에 대한 제재조치를 발표했다. 따라서 양국의 갈등이 노골적으로 드러난 가운데 고위급 회담이 순탄하게 이뤄지긴 사실상 어려운 상황이었다.

2020년 말 예정된 미국 대선이 가까워오면서 트럼프 대통령은 부진한 지지율을 만회하기 위해서라도 기존에 취해 왔던 대중국 공세의 수위를 높여 나갈 가능성이 높아 보인다. 그리고 만약 그가 차기 대선에 당선된다고 할 때 지금까지 진행해 왔던 중국을 향한 제재와 압박은 더욱 강화될 수밖에 없어 보인다. 그렇다면 현재 전체 지지율 면에서 트럼프를 앞서 가고 있는 민주당의 조 바이든(Joe Biden) 후보는 어떨까?

사실 민주당이라고 해서 부상하는 중국에 대한 외교 및 통상 정책에 있어서 공화당과 큰 차이는 없다. 오히려 민주당의 경우 중국 정부가 민감하게 여기는 홍콩 자치권 유지와 소수 민족의 인권에 대해서 적극적으로 개입하고 이를 반대하는 입장에 있기 때문에 미중 관계는 민주당 집권 시 더욱 악화할 가능성도 존재한다. 무역 협상에 있어서는 트럼프 대통령과 같이 관세를 전면적으로 부과하면서 거칠게 밀어붙이기보다는 동맹과의 협력 체계 속에서 다자간 무역 협상과 규제를 통한 불공정 행위 차단 등 보다 국제적인 규칙과 제도적

차원에서 다양한 대중국 압박을 시도할 가능성이 높다.

어쨌거나 2021년 트럼프가 재선에 성공하든 민주당의 바이든이 새로 정권을 잡든 관계없이 미중 갈등의 수위는 한층 높아질 가능성이 높다고 예상해 볼 수 있다. 다만 코로나-19 위기라는 특수한 경제 상황 속에서 양국 모두 경제적 성과를 모두 무시하고 패권 경쟁에만 올인할 수 없는 입장이라는 점이 양국의 갈등을 지연시키는 요소로 작용할 수 있다. 미국과 중국의 지도자들은 표면적으로 미중 분쟁을 통해 정치적 입지를 공고히 하려는 전략을 추진하고 있지만 코로나-19로 충격에 빠진 양국 경제의 회복을 도모하기 위해 1차 합의안을 이행하는 차원에서 '중국의 미국 상품 수입 확대'와 '위안화 평가 절상'에 대해서는 대제적인 합의에 도달할 것으로 예상된다.

표 3. 민주당과 공화당의 대중국 대선 공약 및 정책 방향

민주당	공화당
- 중국의 부상에 대한 적극적 견제(아시아·태평양 전략) - 홍콩 자치권에 대한 민주적 권리 지지 - 환율 조작, 불법 보조금 지급, 지적 재산권 도용 등 불공정 관행으로부터 미국 보호 - 동맹과 함께 중국에 표적 보복 - 티베트, 위구르 등 소수 민족 인권 침해 시 대중국 제재 등 강력 조치	- 중국 부상에 대한 적극적 견제 - 중국 제조업 일자리 100만 개 되찾아오기 - 중국에서 리쇼어링 후 일자리 창출 기업에 대한 세액 공제 혜택 - 중국에 아웃소싱하는 기업에 대한 연방 정부와의 조달 계약 금지 - 중국에 대한 전면적인 관세 부과 조치 - 코로나 팬데믹에 대한 중국의 책임 요구

(자료: 전국경제인연합 및 언론보도)

호락호락하지 않은 중국의 반격

미중 갈등을 말하면 으레 트럼프의 대 중국 때리기가 연상된다.

사실 최근 유례를 찾기 힘들 정도로 거칠게 몰아붙이는 트럼프의 대
중국 공세와 전반적으로 갈등을 피하려는 중국의 태도를 보노라면
미중 갈등은 미국의 일방적인 승리가 이미 정해진 것처럼 보이기도
한다. 그러나 과연 그러한가? 물론 표면적으로 볼 때 중국이 세계를
주름잡는 초강대국 미국을 상대하는 것은 사실 버거운 일이다. 중국
의 대미 수출 의존도만 고려해도 중국은 최소한 무역 협상만큼은 불
리한 입장에서 미국과 싸워야 하는 형국이다. 미국의 대중 무역(상
품, 서비스) 적자 추이를 보면 2000년에 815억 달러 수준에서 2018
년 3,800억 달러까지 늘었고, 2019년에는 대중 관세 조치로 3,078억
달러로 줄어든 상황이다. 하지만 2019년에도 미국의 전체 무역 수지
적자 5,769억 달러 가운데 중국이 차지하는 비중은 53.3%로 거의
절반 이상을 차지하고 있다. 미국이 중국과의 협상에서 끈질기게 무
역 수지 적자폭을 줄이도록 압력을 행사하는 이유가 바로 여기에 있
는 것이다.

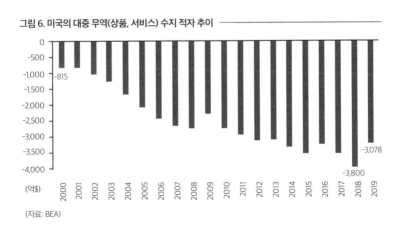

그림 6. 미국의 대중 무역(상품, 서비스) 수지 적자 추이

(억$)

(자료: BEA)

어찌됐든 트럼프의 강공으로 대중 무역 수지가 2019년 800달러 가까이 적자 폭이 줄어들기도 했고, 중국 영사관도 폐쇄하였고, 홍콩의 캐리람을 비롯한 고위 관료를 제재하였다. 또한 외국기업책임법을 통해 미국 증시에 상장하는 모든 기업에 대해 민간의 설립과 소유 등을 입증할 의무를 부과하였는데, 이는 곧 중국 기업을 타깃으로 한 조치였다. 이미 트럼프 대통령은 2018년부터 중국의 IT 기업인 ZTE부터 시작해 화웨이와 최근 틱톡, 위챗에 이르기까지 각종 제재를 가하여 미국과 글로벌 시장에서의 중국 IT 기업의 점유율을 축소 또는 퇴출시키고 있다.

이렇게 보면 중국은 미국에 일방적으로 당하고 있는 것처럼 생각할 수 있다. 그러나 실상은 그렇지가 않다. 특히 코로나-19 사태로 중국은 미중 갈등 상황에서 새로운 반전의 기회를 포착하고 있는 것으로 보인다. 일단 코로나-19의 방역 조치와 대응에 대해서 중국인들부터 세계에서 가장 신속하게 코로나-19를 극복한 사실에 시진핑 정부에 대한 자부심이 높아졌다. 이미 시진핑 주석은 지난 3월 10일 코로나-19가 처음 발생한 우한을 방문해 사실상 중국 내 코로나-19의 종식 선언을 하면서 중국인들을 안심시키는 한편 정부에 대한 신뢰와 자신감을 한층 끌어올리는 데 성공했다. 반면 미국은 현재 확진자 수가 거의 800만 명에 육박하고 있으며, 사망자도 21만 5,000명에 달하고 있고, 최근 트럼프 대통령과 다수의 보좌관들까지 잇따라 감염되는 사태를 초래하면서 미국답지 않은 국제적 수모를 당하고 있다.

또한 미국 정부가 우왕좌왕하는 사이 글로벌 리더십은 크게 약화된 반면 중국의 입지는 오히려 강화되는 결과로 나타나고 있다. 트럼프 대통령이 코로나-19의 감염 위험을 과소평가하며 초기 대응에 실패하는 동안 중국은 이탈리아, 스페인, 네덜란드에 마스크를 지원하며 의료진을 파견하는 등 적극적인 대외원조에 나서는 모습을 보였다. 과거 같았으면 미국이 담당했을 역할을 이젠 중국이 대신하고 있는 셈이다. 또한 미국과 전 세계 시장에서 강력한 제재를 받고 있는 화웨이는 유럽 각국에 화웨이 로고가 찍힌 마스크 및 의료장비를 지원하는 등 코로나-19 사태를 계기로 중국의 이미지와 리더십 제고에 힘쓰고 있다.

거시 경제 측면에서도 중국은 미국에 비해 매우 빠른 회복 속도를 보이고 있다. 지난 8월 중국은 산업 생산과 소비는 각각 전년 동월 대비 5.6%, 0.5%로 플러스 증가율을 기록했고, 8월 교역도 6% 증가하면서 호조세를 이어갔다. 최근 OECD가 발표한 경제 전망에 따르면 2020년 중국은 1.8%, 2021년에는 8.0%의 성장률을 기록할 전망이

그림 7. OECD의 미국과 중국의 경제 성장률 전망

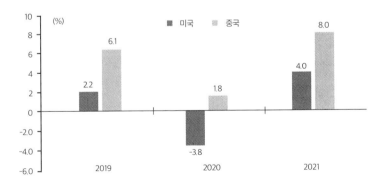

(자료: OECD 9월 중간 전망(Interim Economic Outlook))

나, 미국은 -3.8%로 큰 침체 뒤에 4.0%로 반등할 전망이다.

무엇보다 시진핑은 1당 독재와 종신 주석체제하에 있기 때문에 4년마다 대선, 2년마다 중간 선거 등을 통해 정책에 대한 지지와 성과를 확보해야 하는 미국과의 협상에 있어서 유리한 위치를 점하고 있다. 미국의 중국 때리기는 표면상 지속될 수 있지만 어쩌면 현재의 흐름이 지속된다면 시간은 중국의 편인지도 모를 일이다.

패권자 미국 경제의 힘: 달러와 기술 패권

코로나-19가 중국에게 반전의 기회를 제공하고 중국 정부도 유리한 입지를 점유할 가능성도 점쳐지긴 하지만, 그럼에도 불구하고 현재 미국과의 경제 전면전은 중국 정부 편에서 여전히 부담스런 사안임에 틀림없다. 게다가 트럼프 대통령은 동맹국인 한국과 유럽, 그리고 국경을 접한 멕시코와 캐나다에게까지 무역의 불공정을 주장하면서 미국에게 유리한 협상 결과를 강요하다시피 했다. 미국이 이렇게 동맹을 포함한 중국과 전 세계를 대상으로 자신의 이익을 최우선적으로 추구하며 강제할 수 있는 근거는 역시 달러라는 기축통화의 힘을 빼고서는 설명할 길이 없다고 해도 과언이 아니다. 그만큼 달러화의 힘은 세계 경제에서 가히 절대적이기 때문이다.

기본적으로 세계 교역은 기축통화인 달러화를 기준으로 이뤄지기 때문에 세계 어느 나라든지 달러화를 보유할 수밖에 없다. 달러화가 부족하게 되면 교역 자체가 불가능해지고 이는 전 세계 경제에서 고립되고 낙오되는 결과를 초래한다. 당장 필요한 에너지원인 석유만

해도 모든 거래가 달러화로 거래하도록 규정되어 있기 때문에 달러화 없이는 안정적인 에너지를 확보할 수가 없고, 이는 경제는 물론 안보의 위협으로까지 초래하는 국가에 있어서는 생존과 직결된 문제이기도 하다.

현재 전 세계에서 미 달러화 자산을 가장 많이 보유한 국가는 역시 중국이다. 2020년 8월 기준으로 3조 1,544억 달러를 보유하고 있고, 그 뒤를 일본, 스위스, 러시아, 인도가 각각 따르고 있다. 주로 미국 국채의 형태로 보유하고 있는 외환 보유고의 규모라는 것은 결국 미국이 그만큼의 달러를 공급하면서 상대 국가로부터 상품이든 서비스든 어떤 형태로든지 이익을 취했음을 보여 준다. 중국이 아무리 많은 상품을 미국에 팔아도 결국은 달러화로 결제를 하게 되고, 중국은 미국 정부가 발행하는 국채를 보유하기 위해 달러를 다시 지불한다. 반면 미국은 중국으로부터 상품 대금을 지급했지만 국채를 써 주고는 다시 달러를 회수한다. 결국 미국은 근본적으로 달러의 힘으로 세계 모든 국가로부터 상품과 서비스를 누릴 수 있는 권리를

표 4. 주요국 외환 보유액 규모

순위	국가	외환 보유액(달러)	순위	국가	외환 보유액(달러)
1	중국	3조 1,544억	6	대만	4,962억
2	일본	1조 4,025억	7	홍콩	4,500억
3	스위스	1조 17억	8	사우디아라비아	4,479억
4	러시아	5,918억	9	한국	4,165억
5	인도	5,346억	10	브라질	3,547억

(자료: 한국은행)

확보하고 있는 셈이다. 이는 미국이 미 달러화가 기축통화의 지위가 유지되는 한 중국 경제가 아무리 고성장을 이룩한다고 해도 결국 달러화를 쥐고 있는 미국의 막강한 통화 권력 앞에서는 무력할 수밖에 없음을 시사한다.

　한편 글로벌 경제시대에 경제적 가치는 바로 첨단 기술에서 나온다고 해도 과언이 아닐 것이다. 단적으로 2020년 현재 글로벌 시가 총액 10대 기업만 보더라도 사우디아라비아의 아람코를 제외하면 상위 7개 기업이 전부 첨단 IT 관련 기업이며, 2개의 중국 기업을 제외하면 대부분이 미국 국적의 기업들이다. 이는 첨단 기술 어떤 기업이 선점하고 주도하느냐 하는 기술 패권 경쟁이 글로벌 자본 시장에서도 극명하게 드러나고 있음을 보여 주고 있다. 그리고 그 기술 패권은 여전히 미국이 강력하게 주도하고 있지만 시간이 지날수록 중국의 도전과 추격도 점차 거세어지고 있는 것도 사실이다.

표 5. 글로벌 시가 총액 10대 기업 순위

순위	기업명	시가 총액(십억 달러)	국적
1	Saudi Arabian Oil Company	1,684.8	사우디아라비아
2	Microsoft	1,359.0	미국
3	Apple	1,285.5	미국
4	Amazon	1,233.4	미국
5	Alphabet	919.3	미국
6	Facebook	583.7	미국
7	Alibaba	545.4	중국
8	Tencent Holdings	509.7	중국
9	Berkshire Hathaway	455.4	미국
10	Johnson & Johnson	395.3	미국

(자료: statista.com.)

그림 8. 미국과 중국의 특허 국제 출원 추이

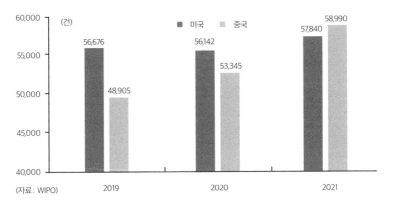

(자료: WIPO)

    2019년 기준으로 국가별 특허 국제 출원(PCT 출원) 현황을 보면 2019년 기준으로 중국은 5만 8,990건으로 미국의 5만 7,840건에 비해 앞서고 있는 것으로 나타난다. 최근 미국이 중국의 대표적 IT 기업들을 규제하고 특히 한국을 포함한 주요 국가에 대해서도 화웨이와의 거래를 차단하도록 한 것은 중국의 첨단 기술의 부상을 견제하기 위한 것임은 잘 알려진 사실이다. 문제는 기술 패권 경쟁에 있어서 화웨이는 끝이 아니라 이제 시작에 불과하다는 사실이다.

3. 힘든 선진국, 더 힘든 신흥국

취약한 유럽 경제

2020년 유럽 경제는 그동안 수면 아래 감춰져 있었던 구조적인 취약함이 코로나-19로 유독 부각된 한 해였다. OECD가 최근 내놓은 경제 전망에 따르면 2020년 유로존의 경제 성장률은 -7.9%를 기록할 것으로 전망된다.[2] 이는 1930년대 세계 경제 대공황 이후 최악의 성장률이다. 세계에서 가장 탄탄한 경제 기반을 자랑하는 독일마저도 -5.4%를 기록하고, 프랑스와 영국, 이탈리아는 각각 -9.5%,

---

2 OECD는 경제 전망의 전제로서 다음의 세 가지를 제시했다. 1) 모든 국가에서 산발적인 확산을 경험하며, 신흥국은 아직 확진자 정점을 기록하지 않은 상황 2) 대부분 국가에서 개인 방역 수칙 준수를 지속하면서, 추후 재확산 시 경제 전체 봉쇄가 아닌 지역 중심의 이동·활동 제한으로 대응하되 거리두기, 모임 규모 제한, 국경 제한 등은 지속됨 3) 효과적인 백신 보급까지는 최소 1년이 소요됨

표 6. 2019~2021년 세계 경제 성장률 추이와 전망

	2019	2020	2021	평균
유로존	1.3%	-7.9%	5.1%	-0.5%
독일	0.6%	-5.4%	4.6%	-0.1%
영국	1.5%	-10.1%	7.6%	-0.3%
프랑스	1.5%	-9.5%	5.8%	-0.7%
이탈리아	0.3%	-10.5%	5.4%	-1.6%

(자료: OECD)

-10.1%, -10.5%를 기록할 것으로 예상된다.

OECD는 2021년 유로존 경제가 5.1%의 성장률을 기록할 것으로 예상하고 있지만, 이 또한 기저 효과에 의한 것이지 2019~2021년까지 3개년 평균치를 따져 보면 -0.5%로 마이너스 성장률을 기록하게 된다. 이는 2021년 5.1%로 유로존 성장률이 반등하는 듯해 보여도 결국 지난 3년 동안 실질적으로 성장률은 매년 -0.5% 정도씩 하락했다는 의미이기도 하다. 그만큼 2020년 코로나-19 사태가 유로존 경제에 미친 충격은 실로 엄청나다고 할 수 있다. 이는 다른 표현으로 하면 2021년 유로존 경제가 잘해야 5.1% 정도 반등은 하겠지만, 이는 기저 효과에 의한 착시 효과이며, 의미 있는 경제 성장이라고 보기 어렵다고 할 수 있다.

이쯤 되면 유로존 경제가 이렇게 코로나-19 사태 앞에 역대 최악의 경제 성적표를 기록하면서 와르르 무너질 정도로 취약한 경제였던가 의문이 들지 않을 수 없다. 물론 초기 방역 조치의 실패에 직접적인 원인이 있다고 하겠지만, 유로존 경제가 이렇게 크게 흔들릴 수밖에 없었던 배경은 유로존 자체가 지닌 구조적 취약성도 지적하

지 않을 수 없다.

가장 큰 배경은 유로존 내 남유럽과 북유럽 국가들 간의 심화된 양극화라고 할 수 있다. 단일통화권인 유로존 경제는 이미 지난 2011~2012년 남유럽 PIGS(포르투갈, 이탈리아, 그리스, 스페인)은 재정 위기로 인해 큰 홍역을 앓은 바 있다. 유로존의 가입과 함께 자국 통화 가치가 일시에 평가 절상된 그리스 등 남유럽 국가들은 수입엔 유리하나 수출엔 불리한 구조 속에서 제조업의 경쟁력이 후퇴하고, 글로벌 금융 위기의 충격이 결정타로 작용했다. 그러나 이들은 유로존이 보증하는 유로화라는 평가 절상된 통화 가치에 근거해서 저금리의 국채를 발행할 수 있었기 때문에 부채가 급증하기 시작했고, 이는 결국 재정 위기라는 결과를 초래하였다.

그런데 금융위기 이후 미 연준(FED)이 거의 무제한 양적 완화에 돌입한 반면 유럽중앙은행(ECB)는 재정 위기 사태에 대응하기 위해 남유럽 국가들의 방만한 재정 운영을 지적하며 긴축을 전제로 한 부채 탕감을 취하려 했다. 그러나 결국 이 조치가 먹히지 않자 ECB도 결국 금리를 제로 수준까지 낮추고 양적 완화에 돌입했다. 뒤늦게 양적 완화를 추진한 유럽 경제는 그만큼 회복이 지연되다가 2016년 이후부터 경기 회복세가 서서히 나타나자 2019년 들어서는 양적 완화 프로그램을 마치고 서서히 금리를 인상할 계획이었다. 그런데 뜻밖에 2019년부터 불거진 미중 갈등과 세계 교역의 침체로 독일을 비롯한 유로존 경제가 휘청이기 시작했고, 그러다가 2020년에는 코로나-19 팬데믹이라는 전례 없는 경제 위기까지 발생했다. 이탈리아를 비롯해 프랑스, 영국 등 주요국에서 수천 명의 감염자가 발생하는 등 걷잡을 수 없이 전염병이 확산되자 부랴부랴 국경을 차단하고 강력한 경제 봉쇄 조치를 발동했다. 강력한 방역 조치 이후 코로나-19의 확산세는 점점 완화되었으나, 경제 봉쇄 조치로 인해 역대 최악의 침체에 빠진 유로존, 특히 남유럽 국가들은 또 다시 부채와 재정 적자를 감수할 수밖에 없는 상황에 봉착하고 말았다.

최근 유로존은 다행스럽게도 코로나-19 위기에 대응하기 위해 사상 최대 규모인 7,500억 유로에 달하는 경제회복공동기금을 마련하자는 합의를 오랜 진통 끝에 도출하였다. 불행 중 다행이지만 코로나-19 사태가 언제까지 지속될지 알 수 없는 상황에서 가뜩이나 부채 의존도가 높은 국가들에게 또 부채를 늘려 지원을 할 경우 당장 위기는 무마할 수 있겠지만, 머지않아 유럽 재정 위기라는 시커먼 먹구름이 다시 드리우지 않을 거란 보장은 없어 보인다.

그림 9. 남유럽 4개 국가(PIGS)의 GDP 대비 일반 정부 부채 비율 추이

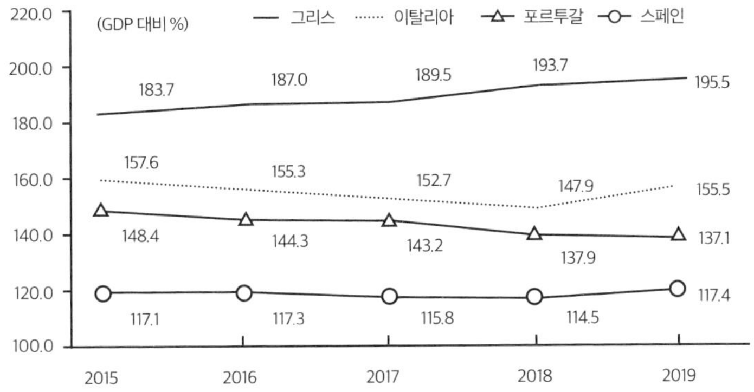

(자료: OECD)

유럽 경제의 돌파구는 어디에

코로나-19 사태는 그동안 재정 위기에서 회복되는 듯 보였던 유럽 경제의 취약성을 다시금 극명하게 노출시켰다. 중요한 점은 유럽 연합(EU)의 결속력이 구조적 문제로 말미암는 경제적 불평등과 양극화로 인해 지속적으로 약화되고 있다는 점이다. 이는 지난 재정 위기 이후 막대한 자금의 양적 완화 조치를 취했음에도 불구하고 독일을 중심으로 한 부유한 북유럽 국가들과 이탈리아와 같은 남유럽 국가들의 경제적 격차는 더욱 확대되고 있다는 데서 드러난다.

가장 대표적으로 실업률만 보더라도 독일과 이탈리아의 상황은 지난 10년 동안 양 지역 간 큰 차이를 나타냈다. 글로벌 금융 위기 이후 7%대로 양국 실업률은 비슷한 수준이었지만, 유럽 재정 위기의 충격 속에 이탈리아의 실업률이 12.7%까지 치솟기도 했다. 반면 독일의 실업률은 오히려 완만하게 하락하는 추세를 보이면서 5.0%를 기록했다. 2019년 기준으로 이탈리아의 실업률은 10.0%인 반면 독일은 그 1/3 수준인 3.2%에 불과하다. 이러한 양국 간의 실업률 격차는 10년 간 지속됐고, 이탈리아와 같은 남유럽 국가들은 독일을 중심으로 한 북유럽 국가들에 대한 불만이 누적될 수밖에 없었다.

최근 코로나-19 회복공동기금의 마련을 위한 논의에서도 북유럽 국가들과 남유럽 국가들의 견해 차이는 매우 컸다. 메르켈 독일 총리는 기본적으로 자국의 경제적 부담이 늘어난다는 이유로 기금 마련을 위한 공동 채권 발행에 강력히 반대하고 있었다. 반면 이탈리아, 그리스 등의 남유럽 국가들은 신용 등급이 낮기 때문에 EU의 공동 채권을 발행하게 되면 독자적으로 채권을 발행할 때보다 조달 금리를 훨씬 낮게 적용받을 수 있다. 반면 지난 유럽 재정 위기 당시 설립했던 유로존 구제금융기금인 '유럽안정화기구(ESM, European Stability Mechanism)'를 통해 지원을 받게 되면 공동 채권 발행 때보다 훨씬 강도 높은 구조 개혁이 뒤따르기 때문에 남유럽 국가들은 ESM 보다는 공동 채권 발행을 기초로 한 공동 기금 마련을 강하게 주장하였다.

이런 양 지역 간의 의견 차가 극명하게 나타나면서 공동 기금 추진에 난항을 겪었으나, 우여곡절 끝에 공동 채권 발행을 포함한 공동 기금 조성에 마침내 합의가 이뤄지면서 이탈리아 등의 남유럽 국가들은 막막한 경기 침체 상황 속에서 숨통이 트일 수 있게 됐다.

그동안 유럽 경제는 제조업 기반의 수출 부진을 내수에서 특히 역내 민간 소비를 통해 만회하는 모습을 취해 왔다. 그러나 코로나-19

그림 10. 독일과 이탈리아의 실업률 추이 2009~2019년

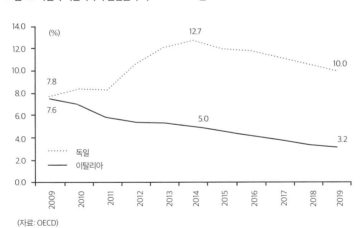

(자료: OECD)

로 인해 소비의 고리는 철저하게 끊어졌고, 각국의 고용 시장은 거의 파탄 지경에 이르렀다. 지난 1년 동안 실업률은 매달 지속적으로 상승하는 모습을 나타냈고, 특히나 청년 실업률은 1년 동안 거의 2.5% 포인트 이상 급등하는 추세를 나타내면서 청년들의 고용 불안이 더욱 심화되고 있다.

따라서 2021년 유럽 경제의 가장 큰 과제는 코로나-19 위기 속에서 취약한 고용 문제를 해결하는 일이 될 것이며, 각국 정부는 고용 문제 해결에 역량을 최대한 집중할 것으로 보인다. 더구나 세계 교역이 당분간 부진과 침체 속에서 헤어 나올 가능성이 보이지 않는 상황에서 각국 정부는 내수 경기 부양에 집중할 수밖에 없고, 그 핵심은 바로 적절한 일자리를 마련하는 데 집중될 것으로 보인다. 그리고 현재와 같은 위기 상황 속에서는 취약한 계층의 소득 기반이 무너지지 않도록 임시-단기 일자리를 과감하게 확대하는 조치를 취

그림 11. 유로존 전체 실업률 및 청년 실업률 추이

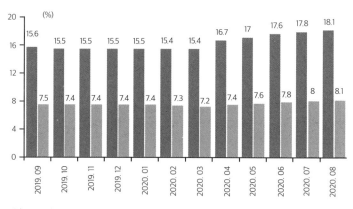

(자료: OECD)

할 가능성이 높다. 그래야 고용 증가→소득 개선→소비 증가→생산 증가→고용 개선으로 이어지는 경제의 선순환 구조를 위한 실마리를 찾을 수가 있기 때문이다.

한편 최근 유럽 각국 정부의 최대 관심사 중 하나인 기후 변화에 대한 대응과 재생 에너지 관련 산업도 유럽 경제의 또 하나의 돌파구가 될 수 있다. 이미 2030년까지 내연기관 자동차를 퇴출시키기로 한 과감한 정책 선언과 친환경 산업에 대한 과감한 투자, 그리고 디지털 경제와 연계된 친환경 에너지 기술의 혁신은 유럽 경제가 다시금 세계를 선도할 수 있는 강력한 기반이 될 가능성도 엿보인다.

다시 잃어버린 일본 경제

일본은 세계에서 단일 국가로는 미국과 중국 다음으로 경제 규모가 세 번째로 큰 세계적인 경제 대국이다. 2019년 기준 일본의 GDP 규모는 약 5조 818억 달러에 이르며, 4위인 유럽 최대 경제 국가인 독일보다 약 1조 달러 이상 GDP가 많을 뿐 아니라 1조 6,423억 달러로 12위에 해당하는 우리나라에 비해서는 약 3배 이상 경제 규모가 크다.

문제는 이처럼 세계적인 경제 대국이며, 특히 아베노믹스 이후 미국과 중국 다음으로 세계 경제의 주역으로 부상할 것 같았던 일본 경제가 존재감이 없어질 정도로 미약해졌다는 점이다. 실제로 2012년 말 출범한 아베 내각은 '잃어버린 20년'이라는 오명에서 탈피하기 위해 중앙은행의 과감한 통화 정책과 정부 재정 지출 확대 그리

표 7. 국가별 2019년 기준 GDP 순위

순위	국가명	미국 달러(단위: 백만)
1	미국	21,427,700
2	중국	14,342,903
3	일본	5,081,770
4	독일	3,845,630
5	인도	2,875,142
6	영국	2,827,113
7	프랑스	2,715,518
8	이탈리아	2,001,244
9	브라질	1,839,758
10	캐나다	1,736,426
11	러시아	1,699,877
12	한국	1,642,383

(자료: World Bank)

고 투자 촉진을 위한 공격적인 성장 전략을 추진했다. 이것이 이른 바 아베노믹스의 '세 개의 화살'로 불린다.

실제로 현재 전 세계 중앙은행 중 가장 자산 규모가 큰 곳이 바로 일본은행으로 알려져 있는데 8월 현재 일본은행의 총자산 규모는 약 690조 엔(약 7.3조 달러)으로 7.1조 달러 수준인 미 연준이나 6.7조 달러 수준인 ECB에 비해서도 많다. 이는 일본은행이 그만큼 많이 양적 완화와 질적 완화를 통해 국채와 회사채를 그 어떤 나라보다도 많이 매입·보유하고 있음을 시사한다. 실제로 일본은행이 가진 자산 중 정부가 발행한 국채 비중이 거의 85%에 이르며, 이는 대부분 '아베노믹스'를 뒷받침하기 위해 쓰인 것으로 볼 수 있다.

일본 정부의 부채 비율도 잘 알려진 바대로 세계에서 최고 수준 이다. OECD에 따르면 2019년 기준 일본의 일반 정부 부채 비율은 237%로 가장 높은 수준을 기록하고 있고, 이는 앞서 그리스나 이털

리아 등 남유럽 국가들의 부채 비율보다도 높다. 그런데 재미있는 것은 이렇게 중앙행의 부채 비율이 세계적으로 가장 높은 수준임에도 일본 정부는 별로 걱정하지 않는 것 같다. 대부분의 국채는 중앙은행이나 국민들이 보유하고 조달 금리도 거의 0% 수준이니 일본 정부의 금리 상환을 위한 이자 부담도 거의 없기 때문이다.

아베 정부는 이렇게 중앙은행이 깔아 준 유동성이라는 실탄을 바탕으로 적극적인 재정 정책을 추진할 수 있었다. 실제로 경제 성장률만 놓고 보면 아베노믹스 이후 연간 평균 성장률 1.03% 정도의 완만한 성장세를 나타냈으며, 실업률도 연간 2013년 연간 4.0%에서 2019년에는 2.4% 수준까지 하락했다. 또한 환율 상승(엔화 가치 하락)으로 가격 경쟁력을 회복한 수출과 기업 이윤이 크게 증가했으며, 유동성의 확대와 함께 기업의 설비 투자도 늘어났고 덩달아 침체 일색이었던 일본 주식 시장의 주가도 2배 이상 상승했다.

그림 12. 일본 닛케이225 주가 지수 추이

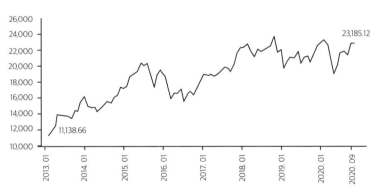

(자료: 한국은행)

이렇게 보면 아베노믹스는 정말 20년간 잃어버렸던 일본 경제를 다시 회복시킨 것처럼 보인다. 그러나 이러한 표면적인 성과 뒤의 한계점 또한 만만치 않게 지적되고 있다. 가장 문제가 되는 지점은 아베노믹스 이후 경기도 살아나고 기업 이익과 투자, 주가 지수 등 모든 지표들이 해마다 높은 상승세를 기록했지만 정작 실질 임금 상승률은 지지부진했으며, 마이너스를 기록할 때도 많았다는 것이다. 특히 일본에서 연봉 200만 엔 미만인 소위 '워킹 푸어(working poor)'라 불리는 계층은 연간 1,100만 명을 초과하고 있다. 최근 니혼게이자이 신문에 따르면 일본 후생노동성의 임금 구조 기본 통계 조사에서 대졸 신규 졸업자 남성 직원을 기준으로 2000년과 2018년 임금의 중앙값을 비교한 결과, 2000년에는 62만 2,500엔이었지만 2018년에는 53만 6,400엔으로 나타났다. 이는 거의 20여 년 시간이 흘렀음에도 근로자들의 임금 수준은 상승하긴커녕 오히려 하락한 셈이다.

여기에 일본 국민의 1인당 총소득까지 줄어들고 있다. 세계은행 자료에 따르면 아베가 집권한 2012년 말 1인당 명목 국민소득(GNI)은 4만 9,480달러였으나, 2019년 4만 1,690달러로 1인당 소득은 7,790달러 오히려 줄어들었다. 물론 이는 달러화 대비 엔화 가치가 절하된 영향이 크겠지만, 어찌됐든 달러화로 표시되는 국민소득이 크게 줄어든 것은 그만큼 국민들의 경제적 삶의 수준이 하락했음을 보여 주는 것이다.

더욱이 최근 들어서 일본 경제는 아베노믹스의 한계를 드러내면서 다시 침체의 절벽으로 내리닫고 있는 모양새다. 이미 코로나-19

사태가 벌어지기 이전 2019년 4분기 일본 경제는 -1.8%(전기 대비)의 역성장을 기록했고, 앞선 3분기에도 성장률은 0%였다. 그리고 2020년 1분기에 -0.6% 성장에 그치면서 2분기 연속 마이너스 성장률을 기록해 정의상 '경기 침체' 상황에 빠졌다. 게다가 코로나-19 사태로 국내외 경기가 걷잡을 수 없는 침체의 늪에 빠지자 2020년 2분기 성장률은 -7.9%로 급전직하했다.

그런데 근로자의 임금도 줄어들고 국민 소득도 줄어들고 있는 상황에서 지난해 10월 기존 8%의 소비세율을 10%로 인상하는 2차 소비세 인상안을 실시했다. 일본 정부는 2014년 4월에 있었던 1차 소비세 인상 때에도 성장률이 -1.9% 하락한 바 있다. 사실 아베 총리는 이러한 소비세 인상이 성장률과 민간소비에 큰 충격을 초래할 것을 인지하고 있었지만, 지속적으로 증가하는 재정 부담과 재원 마련을 위한 불가피한 조치임을 누차 강조하면서 결국 두 번의 연기 끝에 두 번째 소비세 인상을 실시했다. 그러면서 그 여파를 최소화하기 위해 신용카드 사용에 캐시백을 제공하는 한편 예상되는 세수의 절반은 무상 보육과 사회 복지 확충에 쓰겠다고 선언하기도 했다.

그림 13. 일본 경제 분기별 GDP 성장률 추이

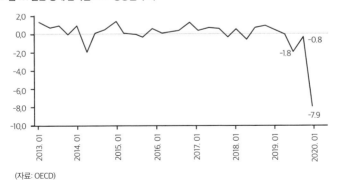

(자료: OECD)

지표로만 보면 일본의 고용 상황은 이보다 더 좋을 수 없을 것처럼 보이지만, 이는 아베노믹스가 일자리를 만들었다기보다는 고령화에 따른 질이 낮은 일자리에 다수의 고령 노동자들이 취업을 한 영향이 크다. 특히 각종 전문 서비스와 건설업, 보안같이 체력적으로나 기술적으로나 숙련된 노동자들이 필요한데 오히려 노동 수요는 많으나 공급이 이를 따라가지 못하는 경우가 많다. 또한 비숙련에 저임금의 일자리는 청년부터 고령자까지 누구라도 일을 하려고 모여드는 탓에 오히려 노동 수요가 공급을 초과하는 현상이 발생하고 있다. 그렇다 보니 표면적으로 고용률, 실업률 지표는 매우 좋아 보이지만, 그 내용은 사실상 단기-임시 일자리 중심의 저숙련 취업자만 늘어나게 되는 셈이다.

OECD의 전망에 따르면 일본 경제는 2019년 0.7%, 2020년 −5.8%에 이어 2021년 성장률은 1.5%에 불과할 것으로 내다보고 있다. 이를 3개년 평균치로 보면 −1.2%로 일본 경제는 2021년에도 실질적으로는 역성장이라는 추세에서 벗어나지 못할 것으로 보인다. 다만, 일본 경제가 기댈 언덕이라고 한다면 역시 미국 경제에 있다. 특히 바이든 후보가 대통령에 당선될 경우 트럼프 대통령이 탈퇴를 선언했던 환태평양경제동반자협정(TPP)에 가입을 추진할 수 있다. 최근 유럽연합에서 탈퇴를 준비하는 영국도 최근 TPP 가입 의사를 밝힌 만큼 미국까지 가입하게 되면 일본은 거대한 교역 시장을 유리한 조건으로 접근할 수 있는 길이 열리게 된다. 또한 이는 사실상의 미일 FTA와 같은 효과를 낳기 때문에 미국 시장에서 한국이

표 8. 2019~2021년 일본 경제 성장률 추이와 전망

	2019년	2020년	2021년	평균
일본	0.7%	-5.8%	1.5%	-1.2%

(자료: OECD)

나 여타 제조업 강국들에 비해 매우 유리한 위치를 선점할 수 있다는 점에서 TPP의 미국 가입은 일본 경제의 반등과 회복에 매우 중요한 기회로 작용할 가능성이 높다. 따라서 2021년 일본 정부는 바이든 후보가 당선될 경우 미국의 TPP 가입을 위해 통상 외교 역량을 총동원하며 적극 추진할 것으로 예상해 볼 수 있다.

한편 2021년 7월로 연기된 도쿄 올림픽 역시나 일본 경제의 회복에 중요한 기회를 제고할 것으로 기대된다. 예정된 올림픽을 치르지 못함으로 인해 일본 경제가 2020년 감수해야 했던 정치 외교 및 경제적 손해는 이만저만이 아니다. 코로나-19로 인해 가뜩이나 외국인 관광객마저 뚝 끊어진 상황에서 만약 올림픽 개최 시 관광객의 입국이 허용된다면 이는 침체의 늪에 빠진 일본 경제가 다시 회복되는 중요한 발판이 될 것이다.

여기에 중요한 바로미터가 바로 엔화 환율의 흐름이다. 지난 아베노믹스가 추진했던 양적 완화와 함께 통화 정책의 중요한 목표 중의 하나가 바로 엔화 약세를 유도함으로써 수출 경쟁력을 확보하고, 이를 통해 경기 부양을 도모하는 것이었다. 그러나 이전까지 금융 시장에서 위기의 때마다 강세 흐름을 나타내면서 안전 자산으로 인식되었던 엔화에 대한 신뢰에 금이 가기 시작했다. 여기에 미중 갈등과 코로나-19로 인해 글로벌 교역 자체가 불황에 빠지자 엔화 약세

가 과거처럼 기업실적 개선의 호재로 작용하기 어려운 상황까지 펼쳐지고 있다.

아베의 뒤를 이어 새롭게 취임한 스가 신임 총리 역시 아베가 기존에 취했던 방식에서 크게 벗어나지 않을 것으로 예상되는 가운데 당분간 엔화 환율의 움직임도 달러당 105엔 전후에서 관망세를 보일 것으로 보인다. 다만 마이너스 금리 상태에서 통화 금융 정책의 수단이 거의 남아 있지 않은 데다 코로나-19 대책으로 재정 적자는 더욱 악화될 것이 확실하다는 점이 불안 요인이다. 그러나 이런 악조건 속에서 스가 신임 총리가 코로나-19에 대한 적극적인 대응과 함께 그동안 미진했던 경제 구조 개혁에 소기의 성과를 거두면서 2021년 올림픽 개최와 미국의 TPP 가입까지 성사될 경우 일본 경제는 예상보다 강한 반등을 이뤄 낼 수 있을 것으로 보인다.

그림 14. 달러 엔 환율 추이

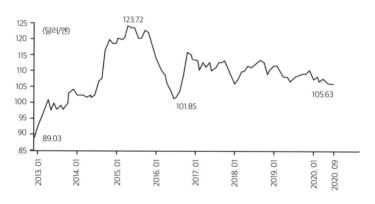

(자료: 한국은행)

빈익빈 신흥국 경제

신흥국 경제의 특징 중의 한 가지는 기본적으로 경제가 빠른 성장 단계에 있기 때문에 경제 성장률은 다른 선진국에 비해 매우 높게 나타난다는 점이다. 특히 경기가 좋을 때는 글로벌 투자 자금이 모여들면서 고성장의 가능성이 부각되지만, 반대로 경기 불안과 리스크가 고조되면 유입된 투자 자금이 썰물처럼 빠져나가면서 경제가 곤두박질치는 것이 바로 신흥국 경제다. 더욱이 선진국과 달리 축적된 자본이나 기술이 턱없이 부족한 가운데 주로 지하자원이나 노동 집약적 산업을 기반으로 대선진국 수출을 통해 경제를 지탱할 수밖에 없다. 따라서 선진국의 수입 수요가 줄거나 글로벌 불경기가 닥치면 자원 가격 하락 등으로 신흥국 경제는 부진과 침체를 면하기 어렵다는 한계가 있다.

신흥국 경제 성장률의 중장기 추세를 보면 1980~1990년대 3%대에서 2000년 들어 중국의 고도 성장과 인도, 러시아, 브라질 등 소위 브릭스(BRIC's) 그룹, 그리고 아시아 신흥국들이 급성장하면서 신흥국 경제는 평균 6.1%의 성장률을 기록했다. 통상 연평균 7%씩 경제 성장률을 10년 정도 하게 되면 경제 규모가 2배로 성장하게 되는데, 2000년대에 신흥국 경제는 거의 2배 가까운 고성장을 달성했다고 볼 수 있다.

2010년 들어서는 중국을 비롯한 신흥국가들의 경제 규모가 이미 커진 상황이므로 전체 신흥국 경제 성장률은 완만한 하향 추세를 나타냈다. 특히 2008년 선진국에서 터진 글로벌 금융 위기의 충격

그림 15. 신흥국 경제 연도별 경제 성장률 추이

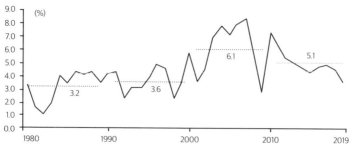

(자료: IMF, WEO, APRIL)

이 신흥국에까지 충격을 주면서 2.8%까지 성장률이 급락했고, 이후 7.4%로 반등을 나타냈으나, 유럽 재정 위기와 뒤이은 글로벌 경기 둔화 흐름으로 신흥국 경제도 완만한 하향 추세를 나타냈다. 그리고 미중 갈등이 불거져 글로벌 교역이 침체에 빠지기 시작한 2019년에 신흥국 경제는 성장률이 3.7%에 그쳐 글로벌 금융위기 이후 최저치를 나타냈다.

급기야 2020년 들어서 코로나-19 사태가 벌어지면서 하향 추세에 있었던 신흥국 경제도 큰 타격을 입을 수밖에 없었다. 특히 코로나-19 바이러스의 발원지인 중국 경제부터 2020년 1분기에 경제 성장률은 -6.8%를 기록할 정도였는데, 직전 연도인 2019년만 해도 연간 6.1%의 성장했던 중국 경제임을 고려할 때 전년 동기 대비 -6.8%의 성장률은 가히 충격적인 결과였다. 그러나 코로나-19 팬데믹 상황에서 초기에 수만 명의 확진자가 발생하고 사망자도 수천 명대에 이르자 우한 주변을 철저히 봉쇄하고 도시 간 이동도 통제하면서 강력한 방역 조치를 취했다. 그 결과 불과 2~3개월 만에 중국은 확진자 수가 급감하고 시진핑 주석은 4월 초 우한을 방문하면서 사실상의 코로나-19 종료 선언까지 하였다. 이후 봉쇄 조치가 해제되고 산업 활동이 재개되면서 중국 경제는 2분기 3.2%의 성장률을 나타내면서 빠른 회복세를 나타냈다. 2분기 미국을 비롯한 전 세계 경제가 경제 공황급의 충격으로 역사상 최악의 실적을 기록했음을 고려하면 중국이 이러한 회복세는 놀라운 결과로 볼 수 있다. 특히 2분기 중 중국 정부는 코로나-19로 중단했던 도로와 철도 등 주요 운송 시설과 통신 시설 등에 대한 과감한 인프라 투자를 실행하면서 전년 동기 대비 5.8%의 증가세를 기록했다.

전 세계적으로 코로나-19 사태가 진행 중인 3분기에 들어서도 중국 경제 회복세는 지속 중이다. 7월 산업 생산은 4.8% 증가했고, 제조업 PMI, 비제조업 PMI 지수는 각각 51.1, 54.2로 모두 기준치를 상회하고 있으며, 지난 7월과 8월 수출도 각각 7.2%, 9.5% 증가해 경기 회복의 기대감을 높여 주고 있다. 최근 글로벌 투자은행(IB)들이 전망한 3분기 중국 성장률은 전년 동기 대비 5.5%로 지난 2분기보다 훨씬 높은 실적을 나타낼 것으로 예상된다.

반면 중국을 제외한 다른 신흥국들은 방역 조치가 미흡한 가운데 여전히 코로나-19 여파가 지속되고 있어 경제 회복세가 상당히 지연되고 있다. 아세안 국가들은 내수 회복이 지연 중이며, 수출까지 부진이 겹치면서 경기 개선이 미약하고, 인도의 경우 일일 확진자 수가 7~8만 명 대가 유지되고 있으며, 누적 기준으로도 확진자 수가 640만 명, 사망자 수도 거의 10만 명에 달해 미국 다음으로 코로

61

표 9. 최근 코로나-19 누적 확진자 수 및 사망자 수

국가	누적 확진자 수	누적 사망자 수
미국	7,160,476명	
인도	6,394,068명	205,666명
브라질	4,810,935명	99,773명
러시아	1,194,643명	143,952명
콜롬비아	829,679명	21,077명
페루	814,829명	25,998명
스페인	778,607명	32,463명
아르헨티나	751,001명	31,973명
멕시코	743,216명	16,937명
남아프리카공화국	676,084명	77,646명

(자료: 질병관리청(10월 3일 기준))

나-19 감염 피해가 가장 큰 것으로 나타나고 있다. 신흥국의 대표주자인 브라질과 러시아의 경우에도 누적 확진자 수는 481만 명, 119만 명에 달하고, 브라질은 사망자 수가 14만 4,000여 명으로 인도보다도 많다.

인도의 경우 코로나-19 봉쇄를 완화한 2020년 5월부터는 경제 지표가 일부 반등하는 모습을 보였으나, 이후 감염이 재확산되면서 재차 봉쇄 명령이 내려졌다. 이로 인해 수백만 명의 실직 사태가 이어졌고, 전반적인 경제 심리가 크게 위축되고 있다. 2020년 2분기 인도의 경제 성장률은 전년 동기 대비 -23.5%로 급락하여 선진국과 신흥국을 통틀어 가장 최악의 성장률을 기록했다.

더욱이 이들은 주요 자원 수출국인데 수요 부족과 생산 과잉에 따른 국제 유가 하향 안정세가 장기간 지속되면서 경제 전체가 부진에 빠져 있다. 대표적으로 러시아와 같은 경우 사우디아라비아에 버금가는 세계적인 원유 수출국인 동시에 원유 수출이 경제에서 차지하

는 비중이 매우 높다. 그런데 2019년에 이어 2020년에도 저유가 상황이 지속되다 보니 러시아의 경상수지가 크게 악화되고 재정 수입마저 대폭 감소하면서 코로나-19의 경제 충격에서 재정 지출 여력까지 부족한 상황이 초래되고 있다. 이러한 영향으로 지난 2분기 러시아의 경제 성장률도 전년 동기 대비 -5.6% 크게 위축됐다.

브라질도 상황은 마찬가지다. 기본적으로 국제 원자재 가격이 수요 부족에 따른 가격 하락과 수출 부진으로 산업 생산과 소비 부진으로 이어지고 있다. 더욱이 코로나-19 확산세가 여전히 맹위를 떨치고 있는 데다 정국의 혼란과 불안정이 이어지는 가운데 정부의 재정 적자까지 심각한 상황이다. 이로 인해 달러화 대비 브라질 헤알화 가치는 2020년 41%나 하락했고, 브라질 시장에 대한 불안감이 고조되면서 외국인 자본이 썰물처럼 빠져나가고 있는 상황이다. 지난 2분기 브라질의 경제 성장률도 -11.4%로 여타 신흥국에 비해 급격한 하락세를 면치 못했다.

그림 16. 2020년 2분기 주요 신흥국와 OECD 경제 성장률 비교

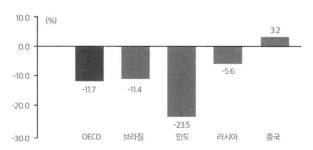

(자료: OECD, IMF)

<주> 전년 동기 대비 2분기 성장률임.

2021년 신흥국 경제는 1차적으로 상반기 코로나-19의 확산세를 얼마나 조절 가능한 수준으로 완화시킬 것인가에 달려 있다고 할 수 있다. 특히나 북반구에 속한 러시아와 인도, 중국과 아시아와 동유럽 등지의 신흥국들은 겨울철 유행성 독감과 코로나-19가 동시에 확산되는 '트윈데믹(twindemic)'이 발생할 경우 이는 걷잡을 수 없는 재난으로 이어질 수 있다. 게다가 현재 백신과 치료제 개발이 이뤄지고는 있으나 통상 안정적으로 백신이 전 세계에 공급되려면 수년의 시간이 더 필요할 것으로 예상된다. 따라서 2020년 연말과 2021년 상반기 코로나-19 확산세가 신흥국의 방역 조치와 함께 상당 부분 줄어든다면 신흥국 경제는 내수 경기가 살아나고 글로벌 수요 회복에 힘입어 매우 강한 반등까지도 예상해 볼 수 있다. 반대로 코로나-19가 재차 확산되고 신흥국에서 확진자와 사망자가 계속해서 늘어나는 상황이 벌어지게 되면 다시 봉쇄되고 경제는 곤두박질치게 될 것이다.

신흥국 경제의 회복 여부에 중요한 요소 중 하나는 국제 원자재 가격, 그중에 대표적으로 국제 유가의 회복세다. 이는 러시아나 브라질과 같이 직접적인 원자재 수출이 국가의 산업과 재정에 중요한 부분인 동시에 다른 한편으로 원자재 가격의 상승은 경기 회복과 수요 확대에 기인한 것이므로 신흥국의 대선진국 수출 회복을 전제로 하기 때문이다. 따라서 수요 증가에 따르는 국제 유가의 회복 여부는 2021년 신흥국 경제의 반등과 회복에 중요한 바로미터가 된다고 할 수 있다.

표 10. 2019~2021년 주요 신흥국 성장률 추이와 전망

국가	2019	2020	2021	평균
중국	6.1%	1.8%	8.0%	5.3%
인도	4.2%	-10.2%	10.7%	1.6%
러시아	1.4%	-6.8%	3.2%	-0.7%
브라질	1.1%	-6.5%	3.6%	-0.6%
ASEAN-5	4.9%	-2.0%	6.2%	3.0%
중남미	0.1%	-9.4%	3.7%	-1.9%
중동	1.0%	-4.7%	3.3%	-0.1%
아프리카	3.1%	-3.2%	3.4%	1.1%

(자료: OECD, IMF)

또 다른 한 가지 신흥국 경제 회복 여부는 달러화의 약세 지속 여부에도 달려 있다. 달러화 약세라는 것은 기본적으로 투자자 입장에서 달러를 매도하고 대신 수익률이 높은 신흥국의 실물과 자산 시장에 대한 투자 확대로 이어지는 것을 의미한다. 반면 달러화가 강세로 전환될 경우 신흥국 통화의 가치는 절하되고 이로 인해 신흥국에 유입된 투자 자금들은 유출되면서 결과적으로 신흥국 경제에 타격을 주게 된다. 지난 2020년 3월 코로나-19로 경기 불안감이 최고조에 이르렀을 무렵 달러 인덱스는 103.60까지 치솟았으나, 이후 코로나-19 방역 조치와 함께 봉쇄 조치가 완화되면서 최근 93 내외로 하락했다. 특히 2021년에 미중 갈등이 원만하게 해결되고 코로나-19 확산세의 통제와 함께 글로벌 교역이 회복될 경우 달러화 약세에 힘입은 신흥국 경제는 단순한 기저 효과를 넘어서서 본격적인 경기의 반등과 회복까지도 기대해 볼 수 있다. 반면 달러화가 약세가 아닌 강세로 전환되고 지속될 경우 신흥국 통화는 상대적 약세 속에 전반적인 경기 침체와 불안을 겪을 수밖에 없을 것으로 보인다.

4. 세계 교역과 국제 유가의 향방

세계 교역

2020년 코로나-19 팬데믹은 그에 앞서 미중 갈등으로 휘청이던 세계 교역에 결정타를 날린 사건이었다. 방역을 위해 국경 혹은 지역 간 사람과 물자의 이동을 제한할 수밖에 없는 상황에서 자유 무역을 바탕으로 글로벌 밸류 체인을 형성하며 상호의존성을 극대화시켜 온 세계 교역은 그야말로 공황 상태에 빠질 수밖에 없었다.

코로나-19 사태 이전부터 이미 세계 교역 여건은 미중 무역 갈등과 보호무역주의로 인해 암울한 상황이 연출되고 있었다. 취임 초부터 공정 무역을 강조하면서 우려를 키워 왔던 트럼프 대통령의 대중국 공세는 2019년 들어서 관세 인상 조치가 본격화되면서 실제적인

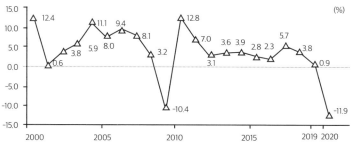

그림 17. 세계 교역 증가율 중장기 추이(2000~2020년)

(자료: IMF, WEO(2019. Oct.& 2020 April))

상품과 서비스의 교역을 제한하기 시작했다. 기존에 형성된 교역망이 하나둘 끊어지고 각국에서 보호무역주의의 조치가 부상함에 따라 글로벌 통상 환경의 불확실성까지 고조되면서 제조업을 중심으로 한 생산과 투자가 크게 위축되는 상황이 전개됐다.

일단 양국 당사자들의 교역에 직접적인 부진이 이어졌다. 미중 무역 분쟁이 지속되면서 미국의 대중 상품 수출액은 2018년 1,201억 달러에서 2019년 1,066억 달러로 약 135억 달러(전년 대비 -11.2%) 감소했고, 미국의 대중 상품 수입액은 2018년 5,397억 달러에서 4,522억 달러로 875억 달러(전년 대비 -16.2%) 감소했다. 미국은 무역 수지가 −4,195억 달러에서 −3,456억 달러로 600억 달러 이상 대중 무역 적자를 줄일 수 있었지만, 전체적인 교역 규모도 함께 줄어들었다. 이러한 G2의 무역 분쟁으로 세계 교역도 큰 타격을 입었는데 세계 교역(상품과 서비스) 증가율은 2019년에 불과 0.9%에 그쳐 글로벌 금융 위기 이후 가장 낮은 증가율을 기록했다.

이러한 미중 갈등은 2020년 초 1단계 무역 합의를 통해 일단 잠잠해진 상황이지만 대신 코로나-19 팬데믹이라는 예상치 못한 전염병 사태가 중국을 넘어 전 세계 경제를 경제 위기로 몰아넣고 있다. 각국의 내수 시장은 급격히 위축되었고, 교역길이 끊어졌고, 사람과 물자의 이동까지 제한되면서 글로벌 교역 여건은 심각한 공황 상태에 빠지게 됐다.

IMF에 따르면 2020년 세계 교역은 2019년 침체에 빠진 상황에서 전년 대비 무려 -11.9%나 줄어들 것으로 예상되어 과거 2008년 글로벌 금융 위기에 버금가는 충격을 미칠 것으로 우려되고 있다. 그나마 코로나-19 팬데믹에 대한 각국의 신속한 대응 조치가 이어졌고, 경제 활동이 재개되면서 충격에 빠졌던 국가 간의 교역도 점차 회복과 정상화의 조짐을 보이고 있다. 최근 발표된 OECD 경기선행지수의 추이를 보면 글로벌 경기의 회복에 대한 기대감이 높아져 있다는 점은 분명해 보인다. 2019년 완만하게 하향하는 모습을 보였던 경기선행지수는 코로나-19 팬데믹 위기가 절정에 달했던 4월경 93.18로 급락하였다. 그러나 각국에 내려졌던 경제 봉쇄 조치가 하나둘 해제되면서 지난 9월 98.80 수준까지 상승해 코로나-19 사태

그림 18. OECD 경기선행지수 추이

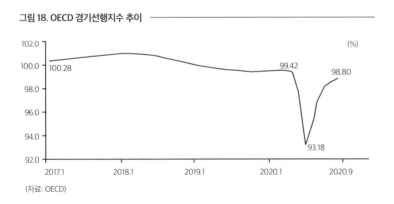

(자료: OECD)

이전 수준에 근접하고 있다. 경기선행지수는 통상 6개월 정도 앞서 글로벌 경기의 흐름을 예측해 보여 준다는 점을 고려하면 향후 2021년 상반기까지 글로벌 경기도 개선되는 추세를 지속할 가능성이 높다고 볼 수 있다.

최근 이러한 흐름을 반영해 각 경제 기관에서도 2020년 경제 성장률 전망치를 상향 조정하는 대신 2021년 전망치는 소폭 하향 조정하고 있다. OECD가 발표한 6월과 9월 경제 전망을 비교해 보면 2019년~2021년 전망의 3개년 평균치가 기존에는 -0.4%였으나, 수정된 전망치는 0.3%로 상향 조정됐다. 따라서 이는 향후 경기 흐름에 대한 전망이 이전보다 개선되었음을 보여 주는 것으로 해석할 수 있다.

물론 2021년 글로벌 교역 여건이 반드시 긍정적인 측면만 존재하는 것은 아니다. 무엇보다 2020년 겨울철 독감과 코로나-19의 '트윈데믹' 발생 여부, 미국의 대선 결과와 미중 무역 분쟁 2라운드의 향방, 달러화 약세와 기준 금리, 글로벌 수요의 회복과 제조업 경기 흐름 등 다양한 변수들이 향후 세계 교역의 회복 여부를 결정하게 될 것이다. 그리고 현재 진행 중인 경기 개선 추세를 꺾는 돌발 변수가 나타나지 않는 한 2021년 세계 교역은 코로나-19 이전 수준으로의 회복이 가능할 것으로 보인다.

표 11. 2019~2021년 OECD 경제성장률 전망치 수정

	2019	2020	2021	평균
6월 전망	2~6%	-6.0%	5.2%	-0.4%
9월 전망		-4.5%	5.0%	0.3%

(자료: OECD)

국제유가 전망

석유는 국제 원자재의 가장 대표적인 품목이자 금융 시장에서 거래되는 가장 핵심적인 투자 상품(commodity)이다. 세계 메이저 석유 업체인 BP(The British Petroleum Company) 통계에 따르면 2019년 전 세계 1일 석유(바이오연료 등 제외) 소비량은 9,800만 배럴에 달하고, 1일 석유 생산량도 9,500만 배럴을 기록했다. 전 세계에서 사용되는 에너지 중에서 석유가 차지하는 비중도 2019년 기준 33%에 달해 과거보다 줄었지만, 여전히 가장 의존도가 높은 에너지 자원이다. 따라서 이 석유 자원은 전 세계 경제를 좌우하는 가장 기초적이고도 핵심적인 자원으로서 석유 가격의 흐름과 지표의 중요성 또한 아무리 강조해도 지나침이 없다.

코로나-19 사태가 발생하기 이전 2019년 말에 2020년 국제 유가(WTI)는 배럴당 평균 58달러 수준이었다. 2019년 미중 갈등이 초래한 글로벌 교역과 경기 불안이 미처 해소되지 않은 가운데 셰일 오일 등 원유 공급량이 증가할 것이란 분석이었다. 그런데 2020년 중국에서 시작된 코로나-19 사태가 걷잡을 수 없이 확산되면서 2분기 미국과 유럽을 비롯해 세계 주요국 경제가 셧다운되는 큰 충격에 빠졌다. 공장은 멈춰 섰고, 국가를 오가는 비행기도 중단됐으며, 소비와 투자 등 모든 것이 불확실한 상황이 됐다. 이로 인해 글로벌 석유 수요는 급감했으며, 지난 4월에는 국제 유가가 선물 만기 도래와 저장 시설 부족으로 인해 사상 처음 마이너스 가격을 기록하는 초유의 사건이 발생했다. 실제로 4월 20일 기준 국제 유가는 배럴당

그림 19. 2020년 국제유가(WTI) 추이

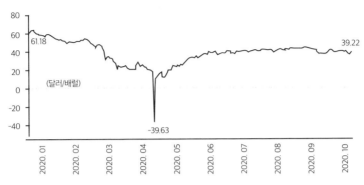

(자료: Petronet)

−37.63달러에 거래됐고, 이후 다시 플러스로 가격이 반등했지만, 4월 내내 배럴당 10달러 선에서 유가는 맴돌았다.

2020년 1~10월 초까지 국제 유가는 배럴당 평균 38.21달러를 기록하고 있다. 이는 지난해 EIA 등 주요 기관들이 전망했던 배럴당 58달러 수준보다 무려 20달러나 낮은 가격이다. 그만큼 2020년 코로나-19 사태의 충격은 예상을 뛰어넘은 엄청난 충격이었다고 볼 수 있다. 여기에 더해 미국이 셰일 오일의 생산으로 세계 최대의 원유 생산국으로 부상하면서 중동과 러시아 등 전통적인 원유 생산 국가가 주도하던 시절과 매우 다른 양상으로 유가 흐름이 전개되고 있다. 즉 세계 원유 수요가 여전히 늘어나고 있기는 하지만, 원유 생산량도 과거에 비해 수급에 큰 문제가 없을 정도로 충분한 공급이 이뤄지고 있다는 점이다.

특히 원유 가격이 하향 안정세를 보이자 원유 생산국들 간의 불협화음이 글로벌 원유 시장에서 공급 과잉을 낳고 있으며, 이것이 결

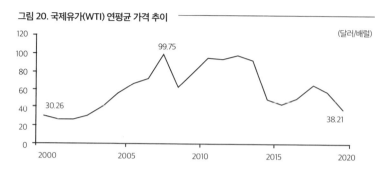

그림 20. 국제유가(WTI) 연평균 가격 추이

(달러/배럴)

99.75

30.26

38.21

국 국제 유가의 하향세를 더욱 부추기고 있다. 국제 유가의 연평균 가격 추이를 보면 글로벌 금융 위기 직전까지 중국의 고성장과 수요 팽창으로 인해 꾸준한 상승세를 보이며 배럴당 99.75달러를 기록했다. 금융 위기로 인한 충격에 배럴당 60달러 선까지 급락했다가 다시 90달러 대의 가격이 2014년까지 유지됐다. 이를 전후로 셰일오일이 원유 시장에 쏟아져 나오면서 국제 원유 시장의 공급 판도를 흔들기 시작했고, 원유 가격이 하락하자 OPEC과 비OPEC 국가들의 공급 경쟁이 가열되면서 원유 가격은 2019년 배럴당 57달러 선까지 하락했고, 2020년에는 코로나-19 충격에 평균 30~40달러 대의 가격을 유지하고 있다.

이제 2021년 원유 시장의 공급 상황은 2020년과 큰 변화는 없어 보인다. 미국은 여전히 최대 원유 생산국으로서 지위를 유지하는 한편 산유국들 간의 원유 생산 쿼터를 둘러싼 이견과 갈등은 지속될 것이다. 따라서 원유 시장의 공급에 있어서 큰 변화가 없다고 할 때 결국 가격을 좌우하게 되는 것은 수요의 회복 여부가 될 것으로 보인다. 코로나-19의 재확산과 '트윈데믹' 발생, 미중 무역 갈등의 재

표 12. 국제유가(WTI) 연평균 가격 추이 ──────────

	2019	2020	2021
WTI	56.99달러/배럴	38.76달러/배럴	44.72달러/배럴

(자료:EIA)

부각 등에 따른 글로벌 교역의 회복 여부가 관건이 되겠지만, 현시점에 미국과 중국, 유럽 등 주요국들의 경기 회복 추세, 교역과 투자의 완만한 회복에 따른 수요 증가 등을 고려하면 2021년 글로벌 경기는 코로나-19 이전 수준에 근접한 수준으로의 반등이 가능할 것으로 예상된다.

다만 여전히 원유 시장의 공급 과잉이 누적된 데다 코로나-19 사태로 재고마저 크게 늘어난 상황이므로 유가 상승은 상당히 지연될 가능성이 높다. EIA(미국 에너지정보청)에 따르면 2021년 WTI 기준 국제 유가는 2020년 배럴당 39달러 수준에서 소폭 상승한 배럴당 45달러 내외를 기록할 것으로 전망하고 있다. 이는 결국 글로벌 경기와 수요 회복에 힘입어 2020년보다는 유가가 어느 정도 상승하겠지만, 코로나-19 사태 이전인 2019년 수준에는 미치지 못할 것으로 풀이할 수가 있다.

나가며

매년 경험하는 일이지만 언제나 그렇듯이 경제를 전망한다는 것은 참 쉽지 않은 작업이다. 그것도 우리나라를 포함해서 전 세계 경제가 어떻게 흘러갈지를 분석하고 예측한다는 것은 수십 명의 경제 전문가 집단이 모여서 수개월간 작업을 하면서 매달려야 할 정도로 방대하고도 고도의 분석 능력과 경험이 요구되는 일이다. 이코노미스트로서 그것도 홀로 이러한 작업에 도전하고 또 글을 써낸다는 것은 그런 점에서 큰 도전 정신이 요구되는 일이라고 말할 수 있다.

더구나 2020년은 어떤 해였는가? 2020년 세계 경제는 코로나-19라는 아무도 예상할 수 없었던 돌발 요인에 의한 충격으로 그동안 머릿속에 부족하게나마 쌓아 왔던 경제 지표의 추세나 상식이라는 것이 송두리째 무시될 만큼 예상 범주를 넘어선 지표들이 매번 쏟아져 나왔다. 그리고 국내외 경제를 바라보면서 늘 경제 지표를 분석하는 입장에서 매번 상식에서 벗어난 경제 지표를 확인하는 것은 참으로 혼란스러울 수밖에 없는 순간들이었다.

그렇게 혼란과 충격이 컸던 만큼 2021년은 모든 것이 회복되고 원래의 자리로 돌아가기를 바라는 마음이 집필하는 내내 간절하게 다가왔다. 물론 2021년에도 우리는 여전히 코로나-19가 지속되는 세상에 살고 있을 것이다. 몇 개월만 쓰면 될 것 같았던 마스크를 2020년 내내 써야 했듯이 2021년에도 우리는 여전히 마스크로 개인 방역을 해야만 하는 그런 시대를 살아가게 될 것이다. 그리고 언제 어디에선가 집단 감염이라든지 불특정 다수가 감염될 것을 걱정하면서 또 우리 자신이 어디에서 감염될지 모르는 불안과 염려 속에서 살아갈 것이다. 하지만 그러한 걱정과 염려는 2020년 우리가 처음 코로나-19를 경험하게 되었을 때와 분명 다를 것이다. 그것은 막연한 그리고 끝도 알 수 없는 그런 불안은 아닐 것이며, 마스크가 없어서 생명을 걱정할 정도의 위협이나 불안도 아닐 것이다.

아마 2021년 세계 경제도 마찬가지가 아닐까? 분명 세계 경제도 코로나-19의 암운이 채 걷히지 않은 가운데 미국의 대통령이 누가 될지, 또 그가 중국과 어떤 담판을 벌이게 될지, 미국과 중국의 싸움이 또 다시 세계 경제를 뒤흔들게 될지, 허약한 유럽이 다시 아픔을 딛고 일어나게 될지, 일본 경제는 다시 잃어버린 상황으로 돌아갈지, 신흥국은 과거에 늘 그러했던 것처럼 경제 위기의 희생양이 돼야 할지 그 어떤 것도 100% 확신할 수 없는 안갯속과 같은 한 해가 될 것이다.

하지만 중요하고 확실한 점은 적어도 2020년과 같이 세계 경제가 절망적이고 혼란스런 상황을 다시 맞이하게 되지는 않을 것이라는 점이다. 나아가 글로벌 금융 위기 이후 10년, 아니 1930년대 경제 대공황 이후 90년 만에 찾아온 경제 위기 속에서 한 걸음 한 걸음 해결책을 모색하면서 경제를 일으켜 세우는 모습을 확인할 때마다 이코노미스트로서 적지 않은 감동마저 느끼게 된다.

코로나-19가 여전히 진행형이지만 세계 경제의 모든 것이 코로나-19로 무너지고 절망과 충격으로 점철된 2020년은 어느덧 그렇게 지나가고 저물고 있으며 새로운 2021년이 다가오고 있다. 그리고 코로나-19 팬데믹의 어둠이 짙었던 만큼 2021년 세계 경제에 다가올 새벽의 여명은 그 어떤 해보다도 밝고 힘차게 비출 것이라 믿어 의심치 않는다. 그리고 2021년은 한국 경제와 세계 경제가 코로나-19 위기에서 벗어나 인류의 번영과 발전의 새로운 10년을 향해 힘차게 나아가는 시작이 되길 간절히 바란다.

국내 경제

전통적인 제조업과
자영업의 쇠퇴, 해결 방안은?

들어가며

우선 크게 보아 코로나-19 백신의 윤곽이 2020년 말까지 드러난다는 가정하에 2021년은 2020년보다는 회복하겠지만, 본격적인 회복은 향후 몇 년이 더 걸릴 가능성이 높다. 또한 평균적으로 경제는 어느 정도 회복하겠지만 분야별로는 차이가 매우 클 것이다. 물론 이러한 예측은 코로나-19의 1차, 2차 확산을 뛰어넘는 재확산이 없고 백신이 2020년 말 혹은 2020년 초부터 윤곽이 드러난다는 다소 강한 가정을 바탕으로 한다. 강한 가정이라고 하는 이유는 생각보다 백신의 개발이 지체되고 그 안정성이 확보되는 데 시간이 걸리고 있으며, 설령 백신을 만들었다고 해도 적기적소에 공급되기까지는 상당한 시간이 걸릴 것이기 때문이다. 만일 기존보다 더 큰 재확산이 일어나거나 혹은 백신 개발이 지체된다면 그만큼 회복은 뒤로 늦춰질 수밖에 없다.

우선 코로나-19 사태를 관리하기 위해서 실시 중인 정부의 소위 사회적 거리두기로 사람들의 일반적인 경제 활동이 상당히 제약받고 있다. 정부의 거리두기가 없다고 해도 사람들이 이미 어느 정도 실내에서의 활동, 대면 접촉 등에 상당히 조심스러워 하면서 거부감을 가지고 있다. 물론 20~30대의 젊은이들은 비교적 대면 접촉에 대한 두려움이 상대적으로 낮을 수도 있다. 그러나 사회 활동이 많고 가정에 초등학생, 중학생 전후의 아이가 있어 소비 규모가 더 클 수밖에 없는 40~50대는 코로나-19를 무시하기가 쉽지 않다. 아마도 정부의 사회적 거리두기와 관련 없이 자발적으로 상당 기간 동안 거리두기를 진행할 것이고, 결국 비대면 접촉이 하나의 문화로 정착될 것이다.

비대면이 하나의 문화가 된다는 말은 그 깊이를 이해하기는 쉽지 않을 수 있다. 예를 들어, 프랜차이즈 커피숍에서 해외 빈곤국에서 공정 무역에 의하여 만들어진 아메리카노 커피를 일반 아메리카노 커피보다 1,000원 비싸게 판다고 하자. 즉 일반 아메리카노의 가격이 3,000원이고 공정 무역에 의한 아메리카노의 가격이 4,000원이라고 가정해 보자. 또한 품질이나 들어가는 원두 등 원료의 차이는 거의 없고 맛의 차이도 사람들도 못 느낀다. 대부분의 사람들은 공정 무역의 가치를 공감한다고 해도 한두 번은 1,000원이 비싼 아메리카노 커피를 사먹을 수는 있지만, 항상 1,000원이 더 비싼 커피를 사먹기는 사실 쉽지 않다. 1,000원이 별거냐고 할 수 있지만 하루에 한 잔의 아메리카노를 먹는 사람은 한 달이면 3만 원의 차이다. 이 차이가 작다면 작지만 맛이나 재료가 차이가 없는 반면 그만큼 3만 원 어치의 다른 재화나 서비스를 사지 못한다는 뜻이기도 하다.

말하자면 코로나-19는 앞으로 상당 기간 다양한 의사결정에서 그것을 의식하게 되는 장기적인 효과를 만들며, 결정의 기준과 인간의 문화를 상당 부분 바꿀 것이다. 사회적 거리두기보다 사실은 장기적으로 보면 이것이 알게 모르게 더 큰 영향을 미칠 수 있다. 이미 사람들은 지하철이나 커피숍에서 마스크를 쓰지 않은 사람을 경계하고 때로는 시비가 붙는 신문기사를 심심치 않게 보고 있다. 비대면 주문 방법이 속속 개발되고 있으며, 여기에 전 세계적으로 크고 작은 봉쇄 조치가 지속되고 있다.

OECD는 봉쇄 조치가 1개월 지속될 때마다 전 세계 연간 GDP 성장률이 2%씩 하락할 것이라고 예측하기도 했다. 물론 봉쇄 조치는 우리가 보통 생각하는 사회적 거리두기보다 좀 더 강력한 수준의 사회적 거리두기를 떠올리는 것이 맞을 것이다. 우리로 치면 아직 경험해 보지 못한 3단계의 사회적 거리두기에 가까울 수 있다. 그렇지만 우리 역시 2020년 8~9월에 200~400명 수준의 확진자 증가를 재경험한 뒤로 코로나-19는 언제든지 다시 확산할 수 있으며, 사회적 거리두기가 상황에 따라 다시 한 번 강화될 수 있다는 것을 알게 되었다.

또한 우리나라가 주로 제조업 관련된 제품을 수출하여 성장해 온

들어가며

나라라는 것을 이해한다면 과거 자유무역에 우호적이던 국제 경제의 상황이 급변하는 상황도 고려해야 한다. 과거 중국이 세계 무역 질서에 편입될 때 보통 서방에서는 중국이 서방의 지적재산권 등을 보호하고 장기적으로 민주주의로 나아가기를 희망하면서 그에 대한 반대급부로 세계 무역 질서로의 편입을 허용한 것으로 이해하고 있다. 물론 이에 대한 이해는 왼쪽과 오른쪽에 서 있는 사람에 따라 다르게 이해할 것이다.

미국 등은 중국이 서방과의 무역을 통해서 막대한 이익을 얻었지만 여전히 자신들의 지적재산권 등의 보호에는 취약하고 민주주의로는 나아가는 모습을 보이지 않으면서 미국에 도전하는 모습을 보이자 트럼프 행정부는 사실상 중국과 무역 전쟁 혹은 패권 전쟁을 시작하였다. 물론 미국과 중국의 충돌을 트럼프 행정부의 재선을 위한 단기적인 이벤트로 이해하는 사람들도 있겠지만, 이러한 분쟁을 패권 전쟁으로 이해한다는 뜻은 이 분쟁이 적어도 분명한 승자와 패자가 결정될 때까지 상당 기간의 시간이 소요될 수 있다는 뜻이다. 한 대기업의 회장은 이러한 지정학적 리스크가 향후 20년에서 30년 동안 지속될 것이라고 이야기하기도 했었다.

이로 인해 미국이 중국과의 경제 협력에서 이탈하는 소위 디커플링(decoupling)은 확대되고 있었다. 여기에 코로나-19 사태로 국제 무역 환경은 더욱 빠르게 악화되는 중이었다. 과거에 동아시아에서 한국, 일본 등이 제공하는 반제품, 원료, 기계 등을 바탕으로 중국이 완제품을 만들어서 미국 등 서방 선진국에 물건을 판매하였는데 이제 이러한 구도가 깨지고 있다. 여기에 미국은 기업의 자국으로의 회귀, 즉 리쇼어링(reshoring, 본국 회귀) 정책으로 인해서 자국 기업들을 미국으로 다시 불러들이고 있으며 어느 정도 성과를 보고 있다. 한마디로 전반적인 무역 환경이 글로벌 공급망에 기반을 둔 자유무역에서 공급망 재배치 및 제조업 고도화에 따른 리쇼어링에 기반을 둔 보호무역으로 변화하고 있다. 이 때문에 단기적으로는 국재 공급망 재배치에 따라 한국의 제조업 수출도 조정이 필요하고, 자유무역의 기조가 퇴조하는 상황에서는 장기적으로 미래가 밝은 것도 아니다. 그럼에도 당장 2021년은 수출 역시 전 세계 경제가 상당히 후퇴한 2020년과 비교하면 상대적으로 2021년은 어느 정도 회복이 될 것으로 예상되지만 그렇다고 장기적인 감소 추세에서 추세 반전이 일어날 수준까지 회복된다고 생각하기는 어렵다.

미리 요약하자면 2021년의 이런 회복세와 무관하게 아마도 자영업, 중소기업 및 일부 중견기업 등은 2021년 초에도 상당한 어려움이 예상된다. 예를 들어, 제조업 평균 가동률은 제조업 기업들의 공장 등의 가동률을 나타내는 지표인데 1990년대 이후 평균 가동률이 60%까지 내려간 것은 딱 세 번이다. 외환위기 시절인 1998년 7월의 63.2, 글로벌 금융위기 당시 2008년 12월의 62.5, 그리고 코로나-19로 인해 2020년 5월의 63.3이다. 대부분은 최저점을 찍은 후 1년 정도 기간 이후에 평균치인 80 정도로 회복했다. 다만, 최근에는 평균 가동률이 2012년 5월에 80을 찍은 이후로 전반적인 제조업 경기 하락 및 서비스업 위주의 재편 등으로 평균치가 70 정도로 낮아졌고,

또한 2020년 8월에 다시 코로나-19가 재확산되면서 진정한 의미의 가동률 회복에는 더 오랜 시간이 걸릴 것이다.

전반적으로 물리적인 대면 위주의 분야는 혁신적인 변화가 없다면 붕괴 수준의 변화를 겪을 수도 있다. 우선 영업이익으로 이자를 얼마나 낼 수 있는지를 확인하는 지표인 이자보상배율(=영업이익/이자비용)이라는 지표가 있다. 이자보상배율이 1보다 작으면 보통은 일반적인 영업으로 얻는 수익인 영업이익으로 이자도 내지 못하는 상황을 말한다.

전국경제인연합회는 자산 총액이 500억 원 이상인 기업 중 이자보상배율이 1보다 작은 기간이 3년 이상 계속된 소위 만성적인 한계기업을 조사하였다. 즉 조금만 시장에 충격이 와도 운영에 상당한 어려움이 있거나 부도가 날 수 있는 기업을 말한다. 2019년 이러한 한계기업의 비중이 17.9%로 분류되었는데, 이는 OECD 평균 12.4%보다 높고 OECD 24개국 중 다섯 번째로 높았으며, 서비스 업종으로 한정하면 이 비율이 40%로 높아져 두 번째로 높았다.

여기서 말하는 한계기업은 말하자면 내가 영업을 통해서 얻은 수익이 1억 원인데 이자가 1억 원 이상이라는 이야기다. 그런데 경제학적인 차원에서 바라보면 표면적으로 보이는 것보다 사실 더 심각한 상황이다. 회계적인 차원에서 수익이 1억 원인데 이자가 1억 원이면 최소한 손해는 아니지만 소위 기회비용을 고려하면 이는 이미 적자 상태로 봐야 하기 때문이다. 왜냐하면 예를 들어, 10억 원을 투자해서 시장 평균 수익률인 1~2% 정도의 은행 이자율도 못 얻는다면 투자 기간 등을 고려하여 이미 그 투자는 실패한 투자로 봐야 한다는 의미다. 따라서 회계적인 입장에서 한계기업이 17.9%라면 기회비용까지 고려한 한계기업은 최소한 그 이상이라는 이야기다.

여기에 코로니 19의 충격은 이미 상당한 어려움이 있는 기업의 붕괴 가능성을 높이고 있다. 그만큼 실업은 증가하고 경제는 어려워진다. 한국은행은 코로나-19의 효과가 2020년 말까지 지속된다는 시나리오[1]에서 이자보상배율이 1보다 낮은 기업의 비중이 2019년 32.9%[2]에서 2020년 50.5%까지 증가할 수 있다고 밝혔다. 즉 코로나-19가 장기간 지속되는 시나리오에서는 두 기업 중 하나가 이자를 못내는 상황이 될 수도 있다는 뜻이다. 또 전체 자영업 가구의 30%인 90.2만 가구가 적자가 심화되거나 적자 전환이 이루어지며, 적자 가구 중 20.4%인 18.4만 가구는 금융 자산만으로 6개월 이상을 버틸 수 없고, 33.4%인 30.1만 가구는 12개월을 버틸 수 없다고 하였다. 즉 코로나-19가 2020년 3월부터 본격적으로 시작되었다고 할 때 6개월 후인 2020년 9월말에 이르면 18.4만 가구가 파산하게 될 수 있다는 뜻이고, 또 12개월 후인 2021년 2월 말에 이르면 30.1만 가구가 파산할 수 있다는 뜻이다. 보통 한 가구를 3인 내지는 4인 가족으로 계산하면 70~90만 인구가 영향을 받을 수 있다는 계산이

---

1 2020년 이미 두 번째의 확산을 겪은 이상 직·간접적인 사회적 거리두기의 효과는 2020년 말 혹은 그 이상까지 지속될 가능성이 높다.

2 전국경제인연합회의 수치는 3년 간 이자보상배율이 1보다 낮은 기업의 비중이며, 한국은행의 수치는 2019년의 이자보상배율이 1보다 낮은 경우다. 스타트업이나 벤처 등 업력이 짧은 기업의 경우 수익이 많지 않아 이자보상배율이 낮을 수 있으며, 한국은행의 수치는 이러한 기업까지 포함된 수치다. 그러나 코로나-19로 수요가 감소한 상황에서 업력이 짧은 기업이든 긴 기업이든 모두 이자를 감당할 수 없다면 기업 경영에 큰 위험이 될 수 있어 의미가 있다고 본다.

나온다. 다만 이러한 시나리오는 코로나-19의 확산 속도, 사회적 거리두기 및 비대면 문화의 확산 정도에 따라 달라질 수 있다.

이 때문에 정부는 2020년 4월에 1차로 중소기업 및 소상공인을 대상으로 대출의 만기연장 및 이자 지급을 6개월 동안 일률적으로 연장하였고, 코로나-19의 재확산으로 다시 경제가 어려워지자 2020년 8월 말에 2차로 추가로 6개월 연장하였다. 그러나 이러한 정책의 필요성을 이해하는 것과 별도로 이의 반대급부로 이미 경쟁력이 떨어진 한계기업 등이 정리되지 못하고 마치 호흡기로 연명하는 효과를 갖기도 한다. 우리나라 한계기업의 노동 생산성은 정상기업의 절반 정도에 불과하기 때문에 이러한 한계기업이 정리된다면 정상기업의 노동 생산성과 고용 증가율 등이 상승하게 된다. 따라서 이러한 정책은 항상 양면성을 가지게 된다. 다만 이러한 정부 정책 등에도 불구하고 이미 2020년에 수요 자체가 감소된 상황에서 우리나라의 약한 고리에 있는 한계기업들이 2020년 말 혹은 2021년 상반기를 거치면서 파산이 눈에 띄게 증가할 것이다.

물론 어떤 이들은 코로나-19가 다시 잠잠해지면 급격히 소비가 회복될 것으로 기대하기도 한다. 그러면서 이전의 전염병 사태나 경제 위기를 떠올리고 그것이 곧 회복되는 경험을 반추하기도 한다. 그렇지만 우리나라 경제에서 해외에 의존하는 수출을 무시할 수 없고, 백신이 나오지 않는 한 코로나-19가 다시 증가하거나 혹은 그렇지 않더라도 사람들이 코로나-19를 항상 의식하기 때문에 코로나-19 이전과 같은 경제로 돌아가기는 힘들 것이다. 한마디로 사람들이 비대면 문화에 익숙해지고 관련 투자가 본격적으로 진행되면 과거로 돌아가기는 어렵고, 새로운 시대, 소위 뉴노멀(New-Normal)에 적응해야 한다는 뜻이다.

결국 이러한 급격한 변화는 소득 및 자산의 불평등을 심화할 것이다. 몇 년 전 피케티 열풍이 지나가면서 불평등에 대한 그의 생각은 많은 사람들의 관심을 일으켰다. 토마 피케티(Thomas Piketty), 그리고 경제발전을 연구하는 사람들은 보통 교육 확대, 기술의 발전 등에 따라 경제 성장이 빠르게 이루어지면서 대체로 소득의 불평등이 낮아지는 반면, 성장이 지체되면 결국 자본소득의 영향력이 노동에 의한 소득의 영향력보다 커져서 불평등이 높아진다고 한다.

우리나라의 경우에는 대학 진학률도 높고 전반적인 교육 수준이 이미 높은 편으로 여기서 기존과 같은 수준의 교육을 통해서 더 높은 수준으로 가기에는 이미 한계치에 도달했다고 생각한다. 이 때문에 패러다임의 변화를 이끄는 교육 혁신, 새로운 성장 산업의 발견 혹은 어떤 사회적인 혁신이 일어나지 않는다면 사실 성장률을 견인할 수단이 잘 보이지는 않는다. 물론 어떤 이들은 성장이 지체된다고 해도 전체적인 파이는 줄어들겠지만, 높은 소득세율 등과 같은 역진적인 세금 구조로 이러한 불평등을 낮출 수 있다고 주장하기도 한다. 실제로 1996년에서 2012년까지 출생한 미국의 Z세대 등은 이번에 코로나-19 사태로 좀 더 자신들의 권리를 주장하면서 정치 세력화될 가능성도 있다고 한다. 꼭 Z세대가 아니더라도 우리나라의 경우에도 크게 다르지는 않을 것이다. 부동산 관련 다양한 정책, 기본소득과 같은 다양한 논의가 계속되는 것을 보면 향후 역진적인 세금 구조가 더욱 강화될 가능성이 있다고 본다.

종합하면 적어도 코로나-19 사태로 인해서 2021년을 포함하여 향후 수년 동안의 성장은 지체될 수밖에 없고, 따라서 소득불평등은 높아질 수 있다. 그렇다고 하더라도 불황의 시기에 혁신적인 개인 혹은 기업에 있어서는 이 시기를 잘 살아남으면 향후 경쟁력을 높일 수 있는 시기이기도 하다. 어찌되었건 어려운 시기를 살아남는 기업은 효율적인 기업일 수밖에 없고, 따라서 필요에 따라 저렴해진 자산을 구매할 수 있으며 경기 회복 시 더 큰 성장을 기대하게 된다. 다만 부정적인 효과는 아무래도 기존의 관성대로 살아가 더 이상 혁신을 고려하지 않거나 기대할 수 없는 그룹에 집중될 수밖에 없으며, 산업의 종류 및 수출 위주의 분야인지 아니면 내수 위주의 분야인지 등에 따라서도 다를 것이다.

1. 설비투자로 보는 2021년

설비투자 장기 추세 감소, 그러나 기저 효과가 예상되는 2021년

기업, 그중에서도 중후장대한 제조업 위주의 대기업들의 최근 투자의 흐름을 확인하는 것은 가까운 미래의 우리나라 경제의 흐름을 예측하는 데 도움이 된다. 우선 대기업은 아무래도 우리나라 경제 관련 가장 많은 고급 정보가 모이는 곳일 수밖에 없다. 또한 비록 고용에서는 그렇지 않지만 여전히 우리나라의 경제는 대기업들이 생산과 수출을 주로 책임지고 있고, 이 때문에 이들이 어떠한 선택을 하고 행동하는지를 파악하면 적어도 공급 측면에서 경제의 큰 줄기는 파악할 수 있기 때문이다. 게다가 생각해 보면 고용에서도 대기업의 1차 벤더나 2차 벤더로 이어지는 간접적인 고용까지 시각을 확

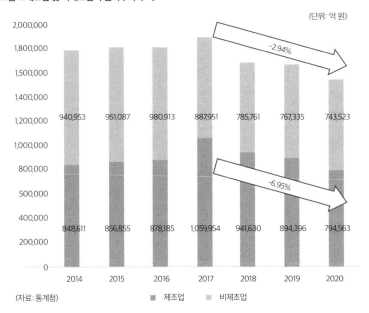

그림 1. 제조업 및 비제조업의 설비투자 추이

(단위: 억 원)

제조업 상단 수치: 940,953 / 951,087 / 980,913 / 887,951 / 785,761 / 767,335 / 743,523

하단 수치: 848,611 / 856,855 / 878,185 / 1,059,954 / 941,630 / 894,396 / 794,563

-2.94%

-6.95%

2014 2015 2016 2017 2018 2019 2020

(자료: 통계청)　　■ 제조업　　■ 비제조업

대하면 주요 기업들이 여전히 고용 및 생산 등에도 상당한 영향을 끼치고 있다는 것을 알 수 있다.

　기업이 어떻게 흘러가는지를 확인하기 위해서는 자금 흐름이나 임직원을 확충하는 것, 또는 최근 수주나 계약 등의 추세를 확인하는 것도 방법일 것이다. 그렇지만 그중에서도 설비투자라는 것은 주로 건물, 토지, 기계와 같이 행태가 있는 유형 자산과 관련이 있는 경우가 많고 유형 자산은 사고파는 것에 시간이 걸리기 때문에 보통 중장기적인 관점에서 투자가 이루어질 수밖에 없다. 개인 성형외과를 경영하는 의사가 한 명의 간호사를 채용하고 해고하는 과정은 그 의사나 간호사에게도 쉽지 않은 과정이겠지만, 성형외과 2호점을 내

그림 2. 제조업 취업자

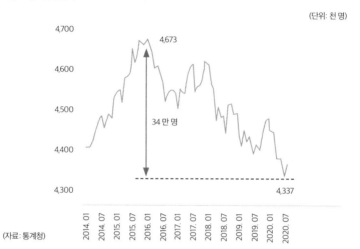

(단위: 천 명)

(자료: 통계청)

거나 1억 원짜리 의료기기를 구매하는 의사결정과 비교하면 후자가 훨씬 더 많은 판단의 노력이 들게 된다. 다시 말해 설비투자라는 것은 일종의 그 기업이 가진 정보와 예측을 바탕으로 중·장기적인 관점에서 결정한 종합적인 의사결정의 결과다. 자금 흐름도 고려하고 미래의 수요 등도 예측해서 그 기업이 할 수 있는 최선의 공격적인 투자를 하는 것이다.

이렇게 결정된 투자는 다양한 통로로 고용 및 전후방 산업 등 경제에 상당히 많은 영향을 미친다. 예를 들어, 전라북도 군산에 가면 국내에서 가장 오래된 빵집이라고 추정되는 '이성당'이 있다. 광복 후 1945년부터 영업을 시작했고, 지금은 서울의 주요 백화점에서도 판매를 하는 전국적으로도 유명한 빵집이다. 그런데 이 빵집이 밀가루가 아닌 쌀가루로 제조한 빵이 유명하다고 한다. 아마도 빵집의 규모가 커지면서 이곳에 쌀가루를 공급하는 공장도 함께 커 왔을 것이다. 당연히 이성당이나 쌀가루 공급 공장에서 고용되는 인원도 더 증가하게 된다. 그리고 예를 들어, 빵집이 성장하고 쌀가루를 만드는 공장이 더 확충된다는 뜻은 향후 쌀가루 공급이 더 늘어난다는 뜻이고, 또는 쌀가루 수요가 증가한다고 예측했다는 뜻이 된다. 마찬가지로 설비투자의 관점에서 땅을 사고 건물을 짓거나 기계를 구매하면 파생된 산업이 성장하게 된다. 게다가 수년전에 전통적인 이성당 건물 옆에 신관이 들어섰는데 주로 여기서 새로운 빵을 연구하고 새로운 빵을 판다고 한다. 즉, 연구 개발을 위한 시설투자도 된다.

그런데 우리나라의 최근 설비투자 실적 및 계획을 보면 2017년을 정점으로 지속적으로 감소하고 있다. 2020년의 설비투자 계획은 2019년도 말에 설문조사 등으로 파악된 2020년의 계획이어서 코로나–19로 인해서 받은 영향이 제대로 반영되어 있지 않다. 아무래도 2020년의 설비투자는 코로나–19로 우리나라 모든 산업의 전반적인 수요 감소를 고려한다면 계획보다 더 적게 투자될 가능성이 높을 것이다. 제조업의 설비투자 규모는 2017년 106조 원에서 2020년 79조 원으로 매년 대략 7%씩 감소하고 있으며, 비제조업의 경우에는 2017년 84조 원에서 2020년 74조 원로 매년 3%씩 감소 중이다. 말하자면 최근에 제조업이든 아니든 설비투자는 계속 줄어들고 있다는 뜻이다.

여기에 최근의 제조업 취업의 변동 추세를 비교해서 보면 흥미로운 점이 보인다. 예를 들어, 통계청의 자료를 보면 제조업 취업자는

2016년 1월에 467만 명으로 정점을 찍고, 2020년 7월의 434만 명까지 지속적으로 하락하였다. 약 34만 명이 감소한 수치다. 물론 조선업 등 몇몇 산업의 부진이 투자 감소와 취업 감소 등에 영향을 미쳤을 것이지만, 단순히 조선업 등 한 산업만의 문제는 아니고 전반적인 설비투자의 감소에 따른 영향이 있었을 것이다. 그런데 아직까지 제조업 일자리는 다른 산업에 비해서 안정적이고 임금은 높은 편임을 감안하면 전반적인 일자리 상황은 수년간 악화되고 있었다고 봐야 한다. 또 인구 감소의 효과도 고려해야 하겠지만 제조업 일자리 감소는 그 산업 자체의 문제이고, 경제활동 인구는 2018년 전후부터 감소하기 시작한 것을 보면 크게 관련은 없어 보인다. 결국 최근 수년간 청년 및 중·장년들의 취업 문제가 계속 악화되어 온 것을 기억해 보면 설비투자의 지속적 감소 추세와 무관치 않을 것이다.

본질은 설비투자가 감소한다는 뜻은 장기적으로 설비를 투자하여 안정적인 수익을 얻는 것을 기대하기가 어렵다는 뜻이 된다. 물론 다르게 해석하면 산업의 구조가 제조업에서 서비스업으로 변경되는 중이거나 혹은 기존의 중후장대한 산업에서 설비투자의 규모가 감소되는 산업으로 우리나라의 산업 체질이 변경되어 가는 것일 수도 있다. 그러나 여전히 설비투자의 규모가 지속적으로 감소하고 있는데 반해서 새로운 성장 산업이 눈에 띄지는 않는다.

이러한 설비투자의 감소 원인은 복합적일 것이다. 중국 등 주요국의 경기 둔화는 중요한 이유일 것이다. 전기차로의 패러다임의 변화를 겪고 있는 자동차 산업, 글로벌 금융 위기 이후 침체된 조선 산업 및 세계 경기 침체 및 공급량 증가에 따른 침체를 겪고 있는 화학·정제 산업 등과 같이 개별 산업의 특징적인 원인도 있을 것이다. 그렇지만 몇몇 공통적인 원인도 존재하는 것으로 보인다.

우선 미국은 트럼프 정부 들어서 주로 자국 기업들을 대상으로 미국으로의 리쇼어링를 장려하고 있었다. 이를 위해 주로 광범위한 법인세 인하와 예를 들어 하나의 규제를 신설하기 위해서는 기존 규제 2개를 철폐해야 하는 소위 '원-인, 투-아웃(One-in, Two-Out)' 정책 등의 제도를 이용한 적극적인 규제 완화를 유도하였다.

우리나라도 2013년에 이와 비슷한 소위 '유턴법'을 실시하였는데, 이후 2014년부터 2018년까지 총 51개 기업이 회귀한 반면 미국은 2018년에만 886개 기업이 회귀하였다. 이는 경제 규모를 고려하더라도 차이가 매우 큰 편이다. 2017년에는 미국 제조업 신규 고용 인원 중 거의 반절 정도의 일자리를 리쇼어링 기업이 창출하는 등 어느 정도 기업 회귀 정책의 성과를 보고 있다. 우리나라 기업 역시 관세 및 미국 시장 개척 등을 고려하여 미국 시장에서 직접 생산하는 것을 선호하게 되면서 결과적으로 국내 설비투자가 감소하게 되었다.

그리고 국내 요인 중의 하나는 아무래도 비교적 높은 반기업 정서, 성장보다는 복지 위주의 정책으로 기업에 불리하게 변한 환경 등이 될 것이다. 우리나라 반기업 정서의 실체에 대한 논란은 있지만, 우리나라의 반기업 정서는 세계에서 가장 높은 수준인 반면 대기업에 대한 신뢰도는 낮은 편으로 이해된다. 그런데 기업 입장에서는 억울한 측면도 있을 수 있다. 예를 들어, 2018년 기준 주요 대기업 206개사가 사회 공헌(CSR, Corporate Social Responsibility)에 총 2조 6,060억 원을 지출하는 등 지속적으로 CSR에 상당한 비용을 사용하고 있는 반면 여전히 반기업 정서는 낮아지지 않았기 때문이다. 과거에는 사회단체와 연계된 도움이 필요한 시설에 물질적인 도움을 주거나 사원들이 해당 시설을 직접 방문하여 청소를 하는 등 비교적 단편적인 도움에 그치는 경우가 많았다. 그런데 아무래도 이러한 방식으로는 사람들의 마음을 얻기는 어려워 보인다. 이 때문에 같은 자금을 사용하더라도 사람들의 마음을 움직일 수 있는 새로운 방식의 CSR에 대한 접근 방식이 필요할 것으로 생각한다.

또한 다양한 복지 정책 등은 그 정책적 방향성 자체는 국민들의 의사결정이 집약된 정치적 결정인 반면 기업들의 입장에서는 부담이 될 수밖에 없다. 이를 통해 결과적으로 기업가의 역동성은 떨어지게 된다. 2019년 우리나라의 국제 기업가 정신 지수(Global Entrepreneurship Index)는 21위로 미국(1위), 영국(5위), 독일(15위), 대만(18위)보다 낮으며, 특히 새로운 시장의 창출능력이 낮아 '경쟁' 부분에서 낮게 평가되는 것을 주목할 필요가 있다.

한마디로 말하자면 그 이유가 무엇인지는 연구해야 하겠지만 기업가의 역동성이 떨어지고 도전을 통해 새로운 시장을 열어 가는 능력이 낮다는 뜻이다. 조금 비슷하지만 다른 예제로 미국 등 스타트업 선진국에서는 주로 엘리트 공대생들이 창업을 하는 반면 우리나라에서 일부를 제외하고는 엘리트 공대생들은 안정적인 직장을 바라보고 취직을 한다. 물론 각 나라의 사정이 다르겠지만 기업가 정신이 약화되는 부분도 일정 부분 원인이 있을 것이다.

위와 같은 국내외 변수들은 코로나-19와 무관하게 2021년에도 계속 영향을 미칠 가능성이 높다. 국제적으로도 미국과 중국의 소위 패권 경쟁은 악화될 가능성이 높고, 무역도 전반적으로 보호무역 기조가 여전히 강화될 것이다. 특히 이번에 코로나-19의 대처에 있어서도 미국, 유럽, 중국 등 주요 국가들이 협력을 통한 위기 극복을 보여 준 것이 아니라 국제 리더십은 실종되고 오히려 자국 우선주의가 강화되는 결과를 보여 주었다.

또한 국내적으로도 코로나-19의 극복을 위한 다양한 재난 극복 및 복지 정책을 위한 지출은 강화될 것이다. 그러나 무한정 국가 재정과 무관하게 재정을 사용할 수는 없을 것이다. 이 때문에 2021년에 경제가 어느 정도 회복된다면 오히려 기존의 지출을 메꾸기 위해서 어떤 식으로든 다양한 세금이 높아질 가능성이 있다. 만약 그렇다면 여전히 기업의 투자 여건은 좋지 않을 가능성이 높다. 게다가 2021년이 되어 우리나라 기업가나 창업가들의 기업가 정신이 갑자기 높아진다고 보기도 어렵다.

해외 직접투자의 증가

이제 그 반대급부로 국내 기업의 해외 직접투자가 증가하고 있다. 2020년은 코로나-19로 인한 예외적인 상황이라고 가정하고 이미 2017년부터 제조업과 금융 부분의 해외 직접투자는 급격하게 증가하고 있었다. 해외 직접투자가 만일 해외 시장을 개척하기 위해서

그림 3. 국내 기업의 해외 직접 투자액

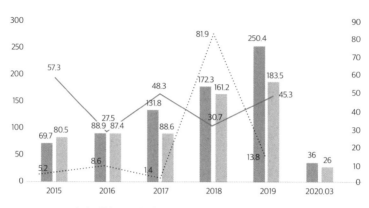

(단위: 억 달러 %)

■ 금융 및 보험업　■ 제조업　── 증감률(금융 및 보험업)　⋯⋯ 증감률(제조업)

(자료: 수출입 은행)

지점이나 판매점을 내는 수준이라면 국내 경제에 큰 영향을 미치지
않거나 오히려 새로운 시장의 개척에 성공함으로써 국내 경제가 더
좋아질 수 있을 것이다. 그러나 만일 자동차 산업단지 이전처럼 중
간재와 최종재를 모두 해외에서 생산하는 경우 결국 상대적으로 우
리나라의 투자는 감소하게 되기 때문에 그만큼 국내 일자리 창출 등
우리나라의 경제에 부정적인 영향을 미치는 것은 당연해진다. 예를
들어, 해외 직접투자로 2007년부터 2017년까지 92만여 개의 국내
일자리가 감소했는데, 같은 기간 외국기업의 국내투자로 증가한 6만
5,000여 개의 일자리를 빼면 결과적으로 보면 85만 7,000여 개의 순
일자리가 감소하였다.

2021년부터 2020년에 지체된 해외 직접투자도 설비투자처럼 회
복이 될 것이다. 한마디로 우리나라의 성장은 지금까지 크게 보아

공장, 기계, 도로, 항만 등 지속적인 자본투자의 증가로 성장에 기여한 부분이 매우 큰 데, 이러한 국내 설비투자가 수년간 감소하고 대신 해외 직접투자가 증가하면서 적어도 제조업 부분에서 성장이 지체되고 있다. 여전히 우리나라는 제조업이 근간인 나라이고 또 제조업에서 파생되는 다양한 관련 산업이 있다는 점을 고려해야 한다. 특히 설비투자는 장기적인 관점의 투자이기 때문에 그 영향이 시차를 두고 발생한다고 할 수 있다. 따라서 국가의 기간산업의 성장률이 감소하고 이러한 추세가 적어도 코로나-19로부터 회복되는 수년간은 지속될 것임은 예측이 가능하다.

현금 확보 중인 기업들

시설투자도 엄연히 투자라는 개념으로 생각할 필요가 있다. 투자라는 것은 위험을 안고 투자하여 성공하면 상당한 수익을 얻게 되지만, 만일 그 투자에 실패하면 당연히 그 위험만큼 손해를 입게 된다. 결국 기업들이 투자를 한다는 것은 적어도 경제적인 관점에서 그 돈을 다른 곳, 예를 들어 가장 안전한 은행에 저축하거나 혹은 미국 국채를 사거나 혹은 금을 살 경우 예상되는 수익률 이상의 수익을 합리적으로 기대하는 경우에 투자를 할 것이라는 뜻이다. 바꿔 말하면 기업들이 지금이 불황이라고 생각해서 시설투자를 할 경우 최소한 시장 이자율 이상의 수익을 얻지 못한다고 믿는다면 투자를 하지 않을 것이다. 개인의 계산법도 크게 다르지 않다. 예를 들어 코인 세탁실, 무인 커피숍에 은행 대출을 받아 투자하려는 개인은 은행 대출 이자율, 임대료, 노동비용 및 기타 비용 등을 빼고 남은 수익이 최소한 시장의 평균 수익 이상은 나올 때 투자를 하는 것이 합리적일 것이다.

게다가 우리나라의 기업들은 1997년도의 IMF 외환 위기나 2008년도의 글로벌 금융 위기를 겪은 기업들이다. 이들은 흑자 경영을 하고도 일시적으로 자금의 유동성이 막히면 소위 흑자 도산을 할 수도 있음을 과거에 심각하게 경험하였다. 따라서 기업들은 불황을 예상한다면 자산의 유동성을 높여 미리 현금을 확보하려 한다. 예를 들어 부동산 매각, 대출 확보, 구조 조정 등을 통해서 현금을 확보하는 것이다. 그래야 미래의 위험을 관리할 수 있기 때문이다. 이러한 경향은 업력이 오래된 기업일수록 강한 반면 업력이 짧은 기업은 아무래도 미래 예측이나 대응 능력이 떨어질 수밖에 없다. 말하자면 경제 불황은 항상 위기와 기회가 공존하는 양면성을 가진다.

정말 단순하게 이야기한다면 물가가 떨어지는 디플레이션이 온다고 생각한다면 결국 돈의 가치가 올라간다는 뜻이기 때문에 현금 혹은 금이나 상대적으로 가치가 덜 떨어질 달러나 미국채 등을 확보하는 것이 가치를 보존하는 길이 된다. 더해서 이렇게 유동성을 확보하면 또 다른 장점이 있는데, 만일 불황을 잘 견디어 내면 파산한 기업들의 자산을 확보한 유동성으로 향후 저렴하게 구매할 수 있는 기회가 생기기 때문이다. 이러한 구조 조정의 가능성은 그 구성원에게는 엄청난 고통을 가중할 수밖에 없지만, 나중에 이를 통해 경기가 회복될 수 있는 원동력이 된다는 뜻이 된다.

2008년 글로벌 금융 위기를 묘사한 〈마진콜(Margin Call)〉이라는 영화가 있다. 제레미 아이언스, 데미 무어 등 헐리웃의 유명한 배우들이 출현하여 미국의 희대의 사건을 묘사하는 영화이다. 마치 우리나라의 IMF 시절의 다양한 양태를 영화화한 김혜수 주연의 영화 〈국가부도의 날〉과 같은 종류의 영화다. 하나의 투자 은행에서 일어나는 주요 의사결정을 다루었는데 이 투자 은행은 그들이 팔던 파생상품의 가격이 곧 휴지 조각과 같아진다는 것을 알아내고, 그것들을 다른 시장 참여자가 알기 전에 모두 팔아서 현금을 마련하려 한다. 이 때문에 영화에서는 이들의 결정으로 글로벌 금융 위기가 시작하는 것으로 묘사하였다. 마지막 장면에 투자 은행의 회장(제레미 아이언스)과 한 임원(케빈 스페이시)이 다투는 장면이 있다. 거기서 투자 은행의 회장은 다른 시장 구성원에게 신뢰를 잃으면서까지 현금을 확보하고 경제공황이 오면 헐값이 될 자산을 매입하여 시장에서 살아남으려 한다. 물론 영화적 상상력이 더해졌겠지만 기업들은 경기 침체나 위기 상황을 감지한다면 어떻게든 유동성을 확보하여 위기를 대비하려 한다.

따라서 우선 국내 주요 대기업이 최근 현금 보유를 빠르게 늘리고 있는 점은 주목할 만하다. 삼성전자, 현대자동차, LG전자는 2019년 말 대비 현금 및 현금성 자산을 6개월 동안 12조 원 가량 늘렸다. 3사의 현금 및 현금성 자산의 합계는 2018년부터 40조 원대를 유지하다가 2020년 6월 말에 52조 원으로 급격하게 늘었다. 또한 1,623개 상장사가 역시 현금성 자산을 60조 원 가량 증가한 것은 주목할 만하다. 예를 들어 LG는 베이징 트윈타워를 매각하고, 현대자동차

그림 4. 우리나라 주요 기업 현금 및 현금성 자산 보유액

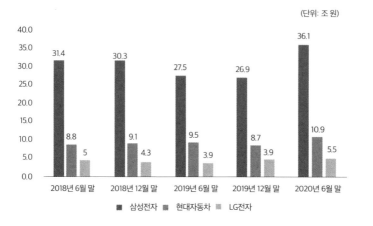

(단위: 조 원)

(자료: 금융감독원)

는 회사채를 발행하고, 코오롱은 골프장과 리조트를 매각하여 현금을 확보함으로써 위기 상황을 대비하고 있다. 이를 단순히 경기 침체로 신호로 볼 수 있지만 동시에 대기업의 경우에는 경기 침체로 시장에 나온 알짜 기업을 M&A로 사들이거나 혹은 어느 정도 경제 회복이 예상되는 시점에 공격적인 시설투자를 통해서 미래의 경쟁 기업에 대한 치킨게임을 유도할 수도 있다. 그러나 이러한 접근은 생존이 아닌 구조 조정을 고민하는 대기업 등의 수준에서 가능한 반면 중견 기업이나 중소 기업들은 자금난으로 M&A나 설비투자를 늘리기는 어렵고 그보다는 생존을 걱정해야 할 것이다.

투자 동기 변화로 읽는 새로운 투자 추세

투자 동기별로 설비투자를 이해하는 것 역시 미래를 예측하는 데

도움이 된다. 우선 설비투자는 크게 설비 능력을 증가하기 위한 것과 감가상각을 보전하기 위한 투자로 구분을 한다. 말하자면 내가 음식점을 할 때 밥솥이 하나 더 필요해서 하나 더 사는 데 드는 비용과 밥솥이 고장 나서 이를 고치는 데 드는 비용이 있다. 전자가 설비 능력을 확충하는 투자인 반면, 후자는 소위 감가상각을 위한 투자다. 예상 가능하듯이 이 두 항목 모두 최근 급격히 감소하고 있다. 또한 설비 능력 확충이 단기 및 중기의 성장과 관련이 된다면 연구개발 투자는 중기 및 장기의 성장과 관련이 될 것이다. 그런데 역시 연구개발을 위한 설비투자도 2017년 6.5조 원에서 2020년 5조 원으로 크게 감소하는 등 좋은 시그널은 아니다. 이는 연구 개발 자체가 감소하고 있는 것과 유형의 설비가 많이 필요하지 않는 연구 개발로 성장의 방향성이 변화하는 것에 따른 결과일 것이다.

그림 5. 제조업의 투자 목적별 설비투자

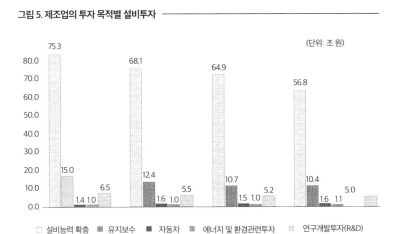

(단위: 조 원)

☐ 설비능력 확충   ▨ 유지보수   ■ 자동차   ▨ 에너지 및 환경관련투자   ▨ 연구개발투자(R&D)

(자료: 통계청)

반면 같은 기간 동안 설비투자가 증가한 부분이 있는데, 하나는 자동화와 에너지 및 환경 관련 투자이다. 전반적인 설비투자의 규모가 감소하고 있는 반면, 자동화와 에너지 및 환경 관련 투자는 각각 이전 기간 대비 소규모지만 지속적으로 증가하였다. 말하자면 2021년도 생산 부분에서 생산성을 높이기 위해서 실시하는 공장 자동화 등에 대한 투자는 지속적으로 증가할 것이라는 의미다. 거기에 인공지능(AI)이나 로봇의 확대로 인한 스마트 팩토리 등의 보급은 자동화 관련 설비투자의 빠른 증가를 이끌 것이다. 또한 에너지와 환경 관련 투자도 더욱 증가하고 있는 것도 주목할 만하다. 국내적으로도 환경에 대한 관심과 규제가 계속 증가하고 있는 추세이며, 국제적으로도 환경 관련 기준이 높은 유럽 등 해외에 상품을 팔기 위해서는 결국 이렇게 높아진 기준을 통과해야 하기 때문이다.

2. 수출입과 산업의 변화들

미국과 중국 경제, 수출입

우리나라 경제는 수출 등의 국제 무역에 상당 부분 의존하고 있다. 우리나라의 민간소비지출은 GDP 중 48% 정도로 미국, 일본, 영국 등 주요 선진국과 비교할 경우 낮은 편이다. 또 수출과 수입의 합과 GDP를 비교하면 거의 GDP의 80%에 육박할 정도로 비중이 높다.[3] 미국은 27.1%, 일본은 34.6% 정도다. 수출 비중이 높기 때문에 자유무역을 기반으로 국제무역이 성장해 나가는 시기에는 수출을 통한 자본 축적을 빠르게 진행할 수 있었고 상당한 성과도 보았다. 그렇지만 반대로 내수가 상대적으로 작기 때문에 상대적으로 세계

---

[3] 물론 GDP에는 수출에서 수입을 뺀 순수출을 반영해야 하지만, 무역의 규모 자체도 경제 활동에 미치는 영향도 있기 때문에 무역 규모를 GDP와 비교하는 것도 의미가 있다.

경기의 변동에 그렇지 않은 국가보다 더 큰 영향을 받게 된다.

사실 우리가 경제 강대국이라고 할 때 몇 가지 요소로 정의할 수 있지만, 내수가 큰 나라가 더 큰 경제력을 가진 경제 강대국일 가능성이 높다. 내수가 크다는 것은 외부 환경에 덜 영향을 받는다는 뜻이고, 해외 수출국들에 시장을 제공하고 있기 때문에 대부분은 수출국에 비해 주도권을 가질 수 있다. 미국과 중국의 관계에서도 적어도 무역 부분에서는 자국 시장이 더 크고 수입 규모가 더 큰 미국이 주도권을 가질 수밖에 없고, 이미 그러한 모습을 보고 있다. 결국 코로나-19와 같은 위기가 찾아왔을 때는 수출 비중이 높은 나라일수록 더 해외 환경에 영향을 받는다.

우리나라는 국가별로는 주로 중국, 미국 등에 수출입 비중이 높기 때문에 이들 나라의 경제 회복 여부에 따라 우리나라의 수출 등이 영향을 받고 더불어 2021년 우리나라의 경제 회복 여부가 어느 정도 판가름이 난다. 우선 가장 먼저 코로나-19 사태를 경험하고 지금은 일부 회복한 중국의 경우 1사분기 GDP 성장률이 6.8% 감소에서 2사분기 11.5%까지 증가하였다. 그러나 미국과 중국의 무역 전쟁의 여파로 대표적인 중국의 전자업체인 화웨이에 반도체 부품 공급이 중단되었다. 또 미국은 코로나-19 확산에 따른 책임을 물어 배상금 문제를 거론하는 등 다양한 위험 요소가 있어 2021년에 중국의 경제는 회복이 진행되겠지만 다양한 장애물을 만날 것이다.

또한 국내외 정보통신기술, 자동차 등 주요 제조 산업에서 소재, 부품, 장비 등이 중국 등 소수의 국가에서의 수입에 집중되어 코로나-19와 같은 위기 상황에 대한 리스크 대비가 어려운 것을 경험하였다. 예를 들어 자동차 산업에서 대중국 부품수입은 전체 수입의 29%를 차지하는데, 2020년 초 중국 공장들의 휴무로 인한 수입 차질로 국내 공장이 수주일 동안 정지된 경험이 있다. 또한, 조선, 석유화학, 통신기기 등 국산화율과 무관하게 일부 주요 부품이 적절한 때에 공급되지 않거나 인력이동이 제한되면 생산 차질이 발생할 수 있고, 사실 이것을 이미 경험하였다.

이 때문에 최근 국내외 글로벌 업체들은 중국 내 공장 중 일부를 코로나-19를 비교적 잘 대처한 베트남 혹은 인도네시아 등으로 이전하거나 부품의 수입선을 다변화하여 리스크를 관리하고 있다. 이미 글로벌 최고재무책임자(CFO)들의 상당수가 중국 내 제조 시설 일부의 해외 이전을 검토하고 있다는 통계도 있어 2021년에 중국 경제가 받을 영향을 무시하기는 어렵다.

미국은 아무래도 소비자와 관련이 깊은 서비스업의 비중이 커 코로나-19의 영향을 크게 받았는데, 1사분기에는 1.3% 감소하였다가 2사분기에는 9.5%로 감소폭이 확대 중이다. 그러나 미국의 경우 1일 확진자 수가 2020년 8월 현재 3~4만 명대로 여전히 많지만, 7월의 7만 명대에 비해서는 지속적으로 감소하고 있고, 사람들 역시 경제 활동도 코로나-19에 적응해 나가면서 어느 정도 적응하고 있는 것으로 보인다. 예를 들어 실업률도 코로나-19 사태 이전의 3%대에 비해서는 높지만 2020년 4월 14.7%까지 치솟았던 실업율도 8월에는 8.4%까지 감소 중이다. 또한 신규 수주 관련 제조업과 서비스업

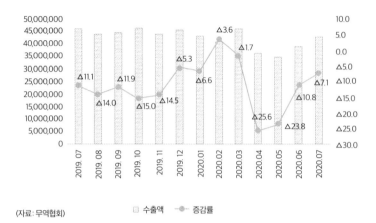

그림 6. 우리나라 월별 수출액 및 전년 동월 대비 증가율

(단위: 천 달러, %)

(자료: 무역협회) ▨ 수출액 ─●─ 증감률

구매 관리자 지수(PMI, Purchasing Manager's Index)[4] 모두 4월 이후로 회복 중이다.

그러나 역시 불안 요소 역시 상당한데 2020년 8월 중순까지 자산 가치 10억 달러 이상의 45개 기업이 파산 신청을 하였으며, 이는 글로벌 금융 위기가 한창이던 2009년의 38개 수준을 이미 넘었다. 일반적으로 기업의 파산은 경기 후행적으로 나타난다는 점을 감안해야 하고, 지금까지는 미국 중앙은행의 천문학적인 양적 완화로 기업의 파산 등을 늦춰 왔다는 점을 감안해야 한다. 대체로 2020년 미국의 예상 GDP는 −3~-5% 정도로 예상하고 있으며, 코로나-19의 백신이 성공적으로 2021년 상반기까지 배치된다는 가정하에 2021년은 3~7%까지의 성장을 예상하고 있다.

---

4 주요 600개 기업의 구매 관리자들에게 조사된 기업 활동 지수

미국과 중국을 제외하더라도 세계 3대 신용평가회사 중의 하나인 피치 레이팅스(Fitch Ratings)가 2020년 상반기에 영국, 캐나다, 홍콩 등 33개국의 신용 등급을 낮춘 것을 보면 전 세계 경제 상황이 여전히 불안한 상황임을 인지할 수 있다. 따라서 2021년의 세계 경제 역시 회복세가 예상되지만 코로나-19에 따른 불안은 여전할 것이다.

우리나라의 수출은 2020년 4~5월의 가장 큰 타격을 받았을 때에 비하면 회복세가 나타나고 있다. 4월과 5월에 전년 동월 대비 25% 정도 감소하였다가 6월 이후 꾸준히 회복 중이다. 특히 비대면 온라인 사회로의 진입으로 우리나라의 주요 수출품 중의 하나인 반도체 수요는 안정적으로 증가할 것이다. 그러나 장기적으로 미·중 무역 전쟁의 여파로 〈그림 6〉의 그래프에서 볼 수 있는 것처럼 이미 2019년에도 전년 동월 대비 수출이 감소 중이었다는 점은 주목할 필요가 있다. 따라서 2021년에 경제가 코로나-19에 적응하고 기저 효과가 발생해 수출이 빠른 회복을 하는 것처럼 보일 수는 있어도 크게 보면 결국 장기적인 추세에서는 감소 추세가 계속될 가능성이 높다.

산업별 예상되는 변화들

모두 알다시피 가장 큰 부정적인 피해를 본 산업은 인적 이동 및 대면 접촉이 필수적인 분야다. 아무래도 국경을 넘나드는 해외 여행이 현실적으로는 불가능하기 때문에 항공 산업은 2020년 및 2021년을 포함하여 수년간 피해를 보고 누적될 것이다. 일본에서는 해외 여행을 가지 못하는 사람들을 위해서 한두 시간 정도 비행기를 타고 처음 출발했던 공항으로 다시 돌아오는 서비스[5]를 판매한다고 할 정도이니 항공 산업의 어려움을 가히 가늠하기 어렵다. 이미 우리나라 항공사도 여객기의 상당수를 국제 화물을 나르는 화물선으로 개조하여 버티고 있다고 한다. 마찬가지로 여행 산업 및 숙박업도 좋은 상황은 아니다. 이미 우리나라 1, 2위의 여행사들의 구조 조정 소식은 심심치 않게 들려오고 있다.

또한 대부분의 직접적인 대면이 필수인 자영업도 좋은 상황은 아니다. 소상공인시장진흥공단에 따르면 서울에서만 2020년 2사분기에 1사분기 대비 2만여 개의 상가가 감소하였다. 2020년 8월 현재 음식점 및 숙박업 취업자는 216만 명인데 이는 1월 초의 233만 명 대비 대략 17만 명 감소한 수치다. 음식이나 숙박 부분의 취업 형태를 가늠해 보면 대부분 저숙련 노동자이거나 계약직 등 취약한 일자리인 사람들이 상당수일 것이다. 사실 이들의 경우 이러한 업종에서 퇴출되면 더 열악한 상황으로 몰리게 된다. 또한 코로나-19의 1차 확산세가 꺾이던 2020년 6월, 7월에도 취업자 수는 회복되지 않을 상태였다. 폐업 등은 보통 경기 후행적으로 나타나기 때문에 코로나-19 1차 확산 이후 그 부정적인 효과가 4월 이후 지속되고 있는 것으로 봐야 한다.

따라서 2020년 2차 코로나-19 확산 등을 고려하면 3사분기 및 4사분기의 취업자 감소폭은 2사분기에 비해서 더 클 것이다. 또한 2사분기에 최초에 코로나-19가 발생할 당시는 보통 코로나-19가 수

---

5 이미 아시아나 항공에서도 한반도 일주여행과 같은 비슷한 서비스를 시작하였다.

그림 7. 음식 · 숙박업 등 취업자 수 추세

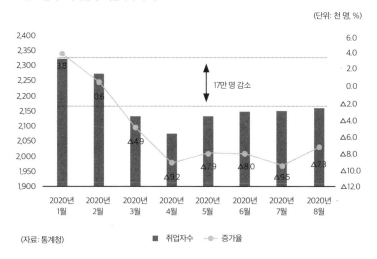

(단위: 천 명, %)

(자료: 통계청)　■ 취업자수　─○─ 증가율

개월 이내로 종식될 것으로 대부분 생각하였기 때문에 자영업자들이 단기 대출을 빌려 오거나 혹은 그동안의 저축을 가지고 수요 감소 및 영업 중단에 대처하였다. 그렇지만 코로나-19가 이미 1년 정도 장기화하면서 그 이상의 대처는 갈수록 어려워지고 있다. 또한 이러한 부정적인 효과는 누적되어 자영업에 대출해 준 금융권 및 이들이 보유한 부동산 등에도 부정적인 영향이 미칠 것이다. 상당수 자영업자들이 은행 이자나 임대료를 연체하게 되면 은행이 부담이 되고, 그들이 보유한 부동산도 매물로 나올 가능성이 높아진다. 자기 자본의 비율이 낮은 임대인의 경우에도 결국 자영업자와 유사하게 어려움에 처하고, 이는 결국 부동산 대출로 엮여 일부 금융권에 부담이 될 것이다.

　2021년의 자영업은 큰 변화에 직면할 것이다. 과거에는 음식점이나 커피숍의 홀에 사람이 많으면 음식이 맛있고 분위기가 좋다는 신호였지만, 이제는 사람이 많으면 반대로 코로나-19에 감염될 가능성이 높다는 신호가 된다. 이 때문에 어떤 이들은 홀에 사람이 많이 없거나 앉아 있지 않은 시간대를 골라서 식당을 찾게 된다. 한마디로 홀이 큰 사업장은 고정 비용은 계속 들어가는데 그 자산만큼의 효과를 누리기가 갈수록 어려울 것이다. 아무래도 야외 테라스가 발달한 식당이나 커피숍이 발달하게 될 것이다. 변화는 필연적으로 비용이 들고 이런 비용을 감당할 수 있는 업자들은 변화에 성공할 것이지만 많은 업자들은 생존이 어려워질 것이다.

환경 문제는 2021년에도 더욱 중요한 이슈가 될 것이다. 2020년 9월 말 현재 우리나라에는 장미, 바비, 마이삭, 하이선 등의 태풍이 영향을 끼쳤고, 사람들이 2020년은 수해가 컸던 해로 기억하고 있다. 국제적으로도 미국 서부 캘리포니아, 오리건, 워싱턴 주 지역이 산불로 폐허가 되었으며, 샌프란시스코가 붉게 물들어 마치 '세상의 종말'을 연상시킨다는 사진이 유명해지기도 했다. 또한 미국 캘리포니아의 데스밸리에서 기온이 54.4도로 1913년 이래로 지구상에서 가장 높은 온도를 기록하기도 했다. 기상청의 기후변화보고서에서 최근 한반도 연평균 기온은 13.0도로 지속적으로 상승하고 있으며, 21세기 후반에 이르면 2~4도가 더 상승할 것으로 예측되고 있다. 또한 강수량에 있어서도 10년간 11.6mm 증가하는 등 증가 경향이 뚜렷하며, 여름철의 열대야와 태풍 역시 증가 중이다. 갈수록 사람들은 기후 변화를 몸으로 체험하고 있으며 인지하고 있다.

물론 아직까지 환경 문제는 이론적으로 소위 죄수의 딜레마 문제를 이루고 있다. 죄수의 딜레마는 개인의 입장에서 친환경 정책이나 제품을 구매함으로써 얻는 이득이 개인이 지불해야 하는 비용보다 작아서 개인의 입장에서는 환경에 이로운 행위를 선택하지 못하는 상황을 묘사한다.

예를 들어 유기농 세제, 종이로 만든 빨대 등의 제품이 일반 제품보다 비싸지만 품질 차이는 미미한 경우 소비자들은 이를 지속적으로 선택하기는 어렵다. 일회용 비닐, 플라스틱 빨대가 환경에는 좋지 않다는 것은 알지만 당장 오늘 비닐 백을 사용할 때 환경에 미치는 부정적 영향을 개인의 입장에서 비닐을 사용하지 않을 때 느끼는 불편함보다 크게 느끼는 것은 어렵다. 그래서 가끔 환경 관련 다큐멘터리를 보면 바다 위에 떠 있는 쓰레기 산을 보여 주거나, 콧구멍에 플라스틱 빨대가 낀 거북이 등 인상에 남는 장면을 보여 주고는 한다. 그렇지만 생각보다 일상에 무게를 느끼는 일반인들이 거기까지 신경 쓰기가 쉽지는 않다.

그럼에도 환경 문제의 연장선상에서 환경에 긍정적인 영향을 부가적으로 줄 수 있는 것으로 믿게 되는 상품에 대한 수요는 늘어날 것이다. 실제 환경에 긍정적 영향을 주는지는 종합적인 연구를 해야겠지만, 말하자면 소비자는 그러한 긍정적 이미지를 소비하는 것이다. 대표적으로 친환경 자동차라고 생각되는 전기자동차 등에 대한 수요는 늘어날 것이다. 테슬라와 주요 자동차 업계는 전반적인 자동차 생산이 감소하고 있는 상황하에서 지속적으로 전기자동차 등을 기반으로 하는 다양한 차종의 출시는 늘리고 있다.

　우리나라 자동차 업계는 전기자동차의 후발주자로 따라가고 있는 형편이지만 다행이 전기자동차의 주요 부품인 배터리를 우리나라 업계기 주도권을 쥐고 있어 향후 경쟁력올 확보하기가 유리한 편이다. 다만 내연기관에서 전기자동차로 자동차 산업의 주도권이 변해 가면서 과거에 내연기관에서 필요로 했던 분야들이 사라져 가게 된다. 따라서 그 분야에 새로 인력 채용을 하지 않는다든지 하는 다양한 의미의 구조 조정과 전후방 산업에 대한 파생 효과를 만들게 될 것이다. 예를 들어 다단 변속기의 필요성이 낮은 전기자동차는 관련 부분이 조정될 가능성이 높다. 혹은 연료 효율이 높은 엔진과 하이브리드 자동차의 증가는 석유의 정제 수요를 감소해 정유업계에 부정적인 영향을 미치게 된다.

3. 소비 추세의 변화와 4차 산업혁명

비대면 교육 · 소비의 증가

초등학교 아이들을 둔 부모들이 경험하는 것들이 있다. 최근에 아이들이 학교에 가지 않고 비대면 수업이 늘어나면서 학교에서 제공하는 온라인 수업을 부모와 함께 성실하게 잘 따라가는 아이들도 있지만, 사실 그렇지 않은 아이들도 무척이나 많다. 아이들은 2020년 1학기에는 그래도 방학이 조금 늘어난 것에 기뻐하기도 하면서 시간을 보내기도 했지만, 2학기에 다다르자 생활이 무료해지기 시작했다. 아이들은 2~3주에 한 번씩 학교에 가기도 하지만, 설령 간다고 해도 이제는 아이들끼리 몸으로 놀지도 못하고, 학교에서 아이들끼리 이야기를 하는 것도 대체적으로 금지된다. 사실 초 · 중 · 고등학

113

교는 지식을 전달하는 것도 중요한 기능이지만, 기본적인 사회성을 기르고 인격을 양성하는 것도 중요한 기능인데, 대부분의 그 기능이 정지되어 버렸다. 게다가 정규 학교에서 비대면 수업을 위해서 제공하는 수업 자료는 선생님들이 많은 노력을 하겠지만, 그들이 전문적인 온라인 콘텐츠를 개발하는 사람들은 아니기 때문에 아무래도 아이들의 흥미를 지속적으로 끌어내기가 쉽지 않다.

그런데 이미 교육 시장에는 발 빠르게 온라인 교육 시장을 준비해온 업체들이 많이 있다. 과거에는 이들 업체에 소속된 방문교사들이 아이들의 집에 방문하여 일정 시간 동안 아이들에게 교육을 제공하였다. 그리고 코로나-19 이전의 언젠가부터 이들이 제공하는 교육 서비스는 태블릿에서 제공되는 통합된 온라인 교육으로 발전하고 있었다. 그런데 이제는 코로나-19로 인해 벌써 이러한 교육 시스템은 더욱 발전하여 그다음 단계로 넘어가고 있다.

예를 들어 한 회사의 경우 빅데이터와 인공지능을 이용한 교육 시스템을 이미 학생들에게 제공하기 시작했다. 말하자면 아이가 태블릿으로 수학 문제를 풀면 그 아이의 수준에 맞춰 다음 문제를 제공하고 동영상 풀이를 제공한다. 또한 아이들의 교육 수준을 전국적으로 비교하여 향상된 교육 자료로 사용하기도 한다. 그래서 학생들을 가르치던 학원 선생님이 이제는 그 프로그램을 사용하는 관리자로 변하기도 하는 등 그들의 역할이 변하고 있다. 또 어떤 영어 교육 프로그램에서는 다양한 환경에서 캐릭터를 키우는 롤플레잉 게임과 영어 교육을 결합하기도 한다. 당연히 아이들은 학교에서 제공하는 온라인 교육 자료에 쉽게 흥미를 잃는 반면, 인터넷으로 제공하는 맞춤별 교육에 더 흥미를 느끼게 된다.

다시 말해 아이들은 이러한 온라인 교육에 이미 익숙해지고 있으며, 기업들은 온라인 교육에 연구 및 기반 투자를 시작하고 있다. 이제 아이들이 더 익숙해지면 다시 그 이전으로 돌아가는 것은 쉽지 않다. 사실 온라인 강의에서 아이들의 집중력을 유지하는 것은 쉽지 않지만, 이미 유튜브 등에는 다양한 형태로 아이들의 흥미를 장시간 동안 끌고 가는 수많은 콘텐츠가 있다. 향후에 공교육 등 정규 교육은 온라인 콘텐츠와 경쟁할 수 있는 어떤 무기를 찾지 못하면 온라인 콘텐츠가 제공하는 비정규 교육과 동일 선상에서 경쟁해야 될지도 모른다. 게다가 2020년 수능을 치르는 고3 학생의 수가 최초로 50만 명 이하로 떨어진 해라고 하니 갈수록 교사나 교수의 직업적 안정성과 위상이 약화돼 갈 것이라고 예측 가능하다.

다만 조금 걱정인 것은 중국 등의 나라는 에듀테크 분야에 대규모 투자를 하고 있다는 점이다. 중국은 인구도 많지만 물리적 영토가 넓어 온라인 교육이 우리나라에 비해서 효율적일 수밖에 없기 때문이다. 이미 2019년에 투자 규모가 미국의 그것을 넘어선 것으로 예상되고 있다. 아직까지 우리나라는 수업의 질적 저하, 교수자의 권위 하락 등 여러 이유로 온라인 교육 확대에 소극적이지만, 중·고등학교나 대학은 향후 교육의 온라인화라는 대세를 피할 수 없게 될 것이다. 만약 온라인 교육에 대한 대처가 지체하게 될수록 수년이 지나면 중국이 제공하는 에듀테크 시스템을 우리가 사용해야 할지도 모른다.

이러한 온라인 비대면 교육이 정규 교육 과정에만 머무르지는 않을 것이다. 2021년부터는 넓은 의미의 온라인 교육이 다양한 분야에서 빠르게 확산돼 산업화될 것이기 때문이다. 방송이라는 것도 시상파 방송이 케이블 방송 등으로 그 외연이 확장되고 더 넓은 콘텐츠를 제공하는 것을 넘어서 이제는 유튜브 등으로 이제 개인이 방송을 하는 시대로 확대되었다. 그만큼 지상파의 방송 장악력은 떨어지고, 유튜브 등 개인 방송에서 더 높은 수익과 영향력을 가진 인플루언서들이 출현하기 시작하였다.

마찬가지로 강좌 등 교육 콘텐츠도 중·고등학교와 대학을 넘어 외연이 확대되고 개인이나 소수 집단에 의한 강좌 등이 새롭게 온라인으로 제공될 것이다. 게다가 최근에 높아지는 청년 실업률 때문에 많은 젊은이들이 대학 등에서 제공하는 교육을 넘어서 실제로 자신에게 도움이 되는 교육 콘텐츠를 더 찾고 있다. 이제는 학생들이 좋은 대학을 졸업해도 취업을 쉽게 할 수 있는 시대가 아니다 보니 정규 교육 과정이 과거부터 제공하던 교육 프로그램에 대한 필요성도 낮아지고 있다. 물론 소위 SKY 대학을 지향하는 학생들은 크게 달라지지 않겠지만, 그렇지 못한 경우 대학 교육은 고등학교 졸업 후 공무원 시험이라는 선택과 경쟁할 수도 있다. 조금 직설적으로 이야기한다면 정규 교육기관에 대한 필요성과 권위가 갈수록 낮아지고 이제 새로운 교육 관련 인플루언서들이 대거 출현할 것으로 본다. 이미 사회에는 대학 입시 등에서 소위 1타 강사들이 지상파로 진출

그림 8. 전년 동월대비 매체별 매출액 및 거래액 증가율

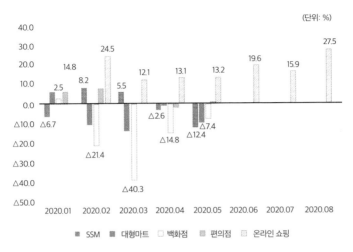

(단위: %)

(자료: 통계청)

하여 수많은 영향력을 끼치고 있다. 앞으로는 학원뿐만 아니라 초·중·고 교사 및 교수 역시 비슷하게 인플루언서로의 진출이 더욱 많아질 것이다.

이것은 비단 교육만의 문제가 아니다. 소비 역시 2021년은 비대면·온라인 소비 전환으로의 원년이 될 것이다. 유통 기업 역시 비대면이 하나의 화두가 될 가능성이 높다. 최근 주요 매출업체의 매출 동향 자료를 살펴보면 온라인 업체의 매출액 비중은 2019년 7월 42.1%에서 2020년 7월 45.7%로 증가하였다. 또한 백화점, SSM(Super SuperMarket) 등 오프라인 유통업체 매출액의 2020년 전년 동월 대비 증가율은 2020년 1월을 제외하고는 모두 감소 중인 반면 이커머스 업체 등 온라인 업체의 매출액은 1월의 코로나-19 사태 이후에도 10% 이상 지속적으로 증가 중이다.

특징적으로 오프라인 백화점이나 메가마트의 방문 횟수는 감소했지만, 한 번 방문할 때 구매하는 구매액은 증가하였다. 코로나-19에 감염될 확률을 안고 오프라인 매장을 방문한 이상 1회 방문 시 구매액은 증가한 것이다. 결국 사람들은 스스로 알건 모르건 결국 어느 정도 코로나-19에 감염될 위험을 감안하고 소비를 한다는 뜻이다. 물론 고가 제품 등 여전히 대면 소비를 선호하는 소비자들은 시장의 한 부분을 차지하겠지만, 결국 전반적인 매출은 감소할 것이다. 이미 1826년에 설립된 미국 내 최장수 백화점인 로드앤드테일러(Lord&Taylor)가 빈부격차 상승에 따른 중산층 감소와 같은 중장기적인 이유와 코로나-19로 인한 수요 감소 등의 단기적인 이유가 중첩되면서 파산하였다. 이 백화점의 상징이던 맨해튼 5번가의 11층 건물이 온라인 유통업체인 아마존에게 매각된 것은 매우 의미심장하다. 참고로 113년 역사의 최고급 백화점이던 니만마커스(Nieman Macus)나 중저가 백화점인 JC페니(JC Penney)도 파산 신청하였다.

이미 우리나라도 면세점이나 백화점의 영업 이익이 감소하고 있었고, 이제 코로나-19로 인해서 더욱 영업에 영향을 받게 될 것이다. 마트 산업 노조는 이러한 오프라인 매장의 구조 조정이 진행되면 향후 2~3년 간 전체 일자리의 25%인 10만여 명의 일자리가 감소할 것으로 추정했다. 말하자면 이제 유통의 기본적인 모습도 오프라인에서 온라인으로 변해 가는 것이다. 한마디로 오프라인 파산의 시대다.

4차 산업혁명의 구체화와 소비 급변

지금까지 4차 산업혁명은 추상적이고 손에 잡히지 않는 개념이었다. 2016년에 세계 경제포럼에서 4차 산업혁명을 재조명한 이후에 정부, 기업, 대학 등에서는 하나의 화두가 되었지만, 일반인이 느끼기에는 무언가 손에 잡히지 않는 개념이었다. 그러나 시장의 예측은 다소 과격하다. 국제데이터협회(IDC, International Data Corporation)는 로봇 시스템이나 드론 관련 시장이 2020년의 129억 달러(15조 원)에서 2023년까지 241억 달러(29조 원)로 연평균 19.8%씩 성장할 것으로 예상하는 것을 보면 수년 내로 로봇 관련 사업이 급격히 일반화될 것이다. 물론 여전히 많은 이들이 자신의 대에서는 이러한 기술적 진보가 영향을 미치지 못할 것이라고 애써 무시하거나 외면할 것이다. 그렇지만 아마도 많은 이들이 2021년을 거치면서 이제 4차 산업혁명이 일상생활에서 의미하는 바를 조금씩 이해하게 될 것이라고 생각한다.

수년 전에 실리콘밸리 다음의 전 세계 두 번째 창업 생태계를 보유한 영국 런던의 테크시티를 방문했던 적이 있다. 그때 가장 인상 깊었던 창업 사례 중의 하나가 있다. 영국의 런던에 전 세계에서 온 수 명의 젊은 창업자들이 스타트업으로 레스토랑을 운영한다는 이야기였는데, 홍미로운 것은 그들의 배경이었다. 정확하지는 않지만 음식 관련 종사자는 없고, 주로 MIT, 스탠퍼드 출신 공대생과 영국 주요 대학의 경영학, 경제학 전공자들이 뭉쳐서 레스토랑을 운영한다니 그때는 생소하게 느꼈었다. 그러나 이러한 방식이 최근의 우리

119
___

나라 상황을 보면서 이해되기 시작했다.

수년 전부터 최저 임금의 상승은 그렇지 않아도 임대료 등으로 위태로웠던 자영업, 중소기업 등에 상당히 부정적인 영향을 미쳤다. 결국 인건비가 올라가면서 기업들은 처음에는 다양한 방법을 시용하지만, 어느 순간부터는 그 일을 대신할 수 있는 기계 등과 인건비 등 운영 비용을 비교하는 순간이 온다. 게다가 코로나-19로 알게 모르게 인간과의 물리적 접촉이 꺼려지거나 움츠러드는 순간이 발생한다. 이 때문에 시장에는 이미 공상과학과 같은 일들이 일어나고 있다.

예를 들어, 최근 커피숍에 공장에서 사용될 듯한 로봇팔이 커피를 내리는 로봇 바리스타가 속속 도입되기 시작되었고, 생각보다 그 확산세가 빠르다. 이미 대학가에는 자판기 모양의 기계가 바리스타처럼 커피를 제조하는 커피 제조기로 무인 커피숍을 운영하는 곳이 나타나고 있다. 보통 카페 라테가 4,000~5,000원 정도 하는 반면에 인건비를 제외하기 때문에 2,000원 내외로 팔고 있어 젊은 학생들이 많이 이용하는 편이다. 게다가 이들은 관리하는 사람이 상주하지 않은 곳도 많아서 학생들은 눈치를 보지 않고 더 오래 있을 수 있다. 생각보다 더 많은 학생들이 몰린다.

이미 제조업 공장 등이 아닌 레스토랑처럼 소비자를 대면하는 곳에서도 로봇의 사용이 증가하고 있다. 미국에서는 로봇이 버거를 만드는 로봇 버거, 피자를 만드는 줌피자(Zume Pizza) 등이 자동화된 시스템을 선보였다. MIT 졸업생 4명이 시작하여 그리스식, 레바

논식, 인도식, 한국식 음식을 2~3분 내로 제공하는 스파이스(Spyce)는 2018년에 펀딩을 받으면서 시작하였고, 최근에는 2호점을 내는 등 사업을 확장하고 있다. 우리나라에서는 LG전자가 배달·서빙 로봇을 선보이기도 했다. 이러한 로봇 레스토랑은 작게는 레스토랑부터 크게는 식품 관련 대기업 등이 기업이나 학교의 구내식당이나 백화점이나 SSM의 푸드코트에 로봇 셰프와 함께 들어오게 될 날이 멀지 않았다.

물론 아직은 초창기이기 때문에 그 화제성과 달리 생각보다 맛이 평범하여 로봇버거나 줌피자는 생각보다 일찍 사업을 종료하였다. 그러나 미슐랭 스타 셰프인 다니엘 블리드랑 협업한 스파이스는 더욱 사업을 확장하고 있다. 다니엘 블리드가 주요 레시피를 만들고 로봇이 그 레시피를 보존하는 방식을 사용하였다. 아직까지는 대부분의 로봇 식당이 인건비나 볼거리에 집중하는 수준이었다면 향후에는 이와 같은 협업 방식이 확산될 것이다. 결국 초창기의 보여 주기 식의 레스토랑에서 의미 있는 맛을 구현하는 방향으로 발전돼 나갈 것이다.

따라서 로봇 셰프의 맛을 구현하기 위해서 스타 셰프의 조리법이 지적재산권으로 등록되어 이들의 음식을 전국에서 구현될 것이다. 물론 스타 셰프의 손맛을 100% 구현하기는 어렵겠지만, 갈수록 그 차이는 줄어들게 될 것이다. 바꾸어 말하면 스타 셰프는 음식의 맛을 구현하는 데 집중하는 대신에 음악의 작곡가처럼 음식을 창조하는 데 집중하게 될 것이다. 로봇과 인공지능이 셰프의 손맛을 평범

121

한 소비자가 잘 구분하지 못하는 수준까지 올리면 부가가치는 창작자와 로봇이라는 장치를 소유한 사람에게 집중되지 더 이상 그것을 구현하는 사람, 즉 동일한 레시피를 사용하는 요리사에게 가지 않을 것이다.

문제는 식당업 등이 이렇게 노동집약적인 산업에서 자본 및 기술집약적인 산업으로 발전돼 갈수록 당연히 새로운 변화의 흐름을 쫓아가는 업자들은 향후 수년간 발생할 불황의 골을 견디어 내면서 더 큰 성장을 기대할 수 있을 것이다. 그러나 이를 위해서는 결국 더 많은 자본투자가 필요하고, 따라서 이를 감당할 수 있는 규모가 있어야 한다. 이 때문에 자영업자나 소상공인의 단계에서는 이러한 흐름의 변화를 쫓아가는 것이 갈수록 어려워질 것이다.

그럼에도 변호사들이 제공하는 법률 서비스 시장이나 소설가의 창작 활동, 부동산 중개인의 부동산 권리 분석, 건설 분야의 감리 등 아직까지는 인간이 우위를 보인다고 여겨지는 분야도 많이 있다. 산업의 재편으로 인해 다른 직업군에서 이탈한 다양한 노동자들이 위와 같은 분야로 몰려가게 된다. 이미 국가기술자격시험에 2015년 이래로 40대, 50대, 60대의 전체 응시생 중 비율이 갈수록 높아지고 있으며, 말하자면 이는 직장에서 퇴사하는 것을 대비하는 것이다. 2021년에는 아무래도 자영업이나 중소기업의 사정이 좋지 않은 데 따라 상당수의 직장의 은퇴자들이 자격시험 등의 시장으로 이동할 것이다.

그러나 이러한 분야의 미래가 마냥 안정적이지만은 않다. 앨론 머스크가 설립한 OpenAI라는 인공지능 회사에서 2020년 6월 GPT-3라고 하는 자연어 처리 인공지능 모델을 발표했는데, 그 성능이 심상치 않다. 몇 개의 단어를 집어넣으면 이것을 소재로 마치 인간이 쓴 것과 같은 글을 작성하거나 프로그래밍 코드를 작성한다. 이렇게 만들어진 예시용 소설을 인간의 과반수 정도가 작가가 사람인지 아니면 컴퓨터인지 구분하지 못했다는 연구 결과도 있다. 참 대단한 시대가 오고 있다. 여전히 많은 한계를 가지고 있지만, 인간의 언어를 이용해서 필요한 정보를 제공하는 인공지능 시스템이 수년 내 등장할 가능성이 높다. 아마도 표준화된 법률 시장이나 표준화된 보고서, 부동산 계약, 단순한 신문기사 등의 분야가 첫 번째로 대체될 것이다.

금융업 등에서 비대면 온라인화는 새삼스럽지 않다. 사실 금융업은 항상 컴퓨터 기술 발전을 항상 선제적으로 수용하는 분야 중 하나이다. 돈이 되기 때문이다. 십수 년 전의 뉴스에서는 사람들이 여름에 더위를 피해서 은행 지점으로 피서를 가는 것을 내보내고는 했다. 에어컨 보급률이 지금보다 낮을 때 사람들이 은행에서 더위를 피했다는 이야기다. 이 이야기의 이면에는 그만큼 은행 지점은 친숙하고 가까이 있었으며, 쉽게 찾을 수 있는 장소라는 의미가 된다. 물론 지금도 웬만한 도시에는 많은 은행 지점을 찾을 수 있지만, 언젠가부터 우리는 컴퓨터에서 웹뱅킹 시스템을 사용하다가 이제는 스마트 뱅킹을 사용하고 있다.

이미 이러한 사실은 통계로도 볼 수 있는데 2012년 7,700여 개의 은행 지점이 2020년 1사분기 기준 6,700여 개로 연평균 120여 개의 지점이 사라지고 있다. 2016년 말 우리나라에는 특별시 및 광역시에 총 69개의 자치구가 있고 75개의 자치시가 있다고 하니 매년 본인이 거주하고 있는 구나 시에 대략 1개의 지점이 사라지고 있는 셈이다.

그림 9. 국내 은행 점포 수

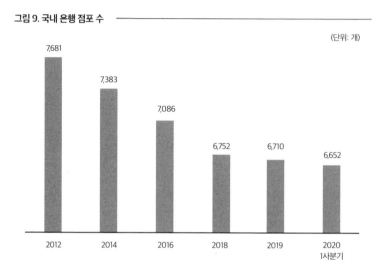

(단위: 개)

그림 10. 판매 채널별 자동차보험 판매 비중

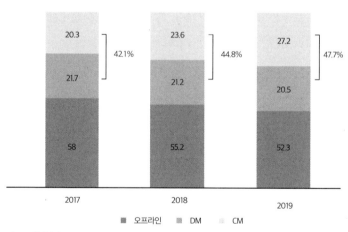

(단위: 개)

(자료: 보험개발원)

최근에는 금감원에서 코로나-19로 이러한 지점 감소 추세가 가속화되고 있어 제동을 걸고 있는 중이니 지점의 감소 추세가 얼마나 빠른지를 가늠해 볼 수 있다.

또 다른 예제는 자동차보험에서 찾아볼 수 있다. 소위 사이버 마케팅(CM)의 전체 판매 중 판매 비중이 최근 높아지고 있는데 CM과 전화 마케팅(TM)의 온라인 비중이 2019년 기준 47.7%다. 특히 CM의 비중은 2017년 20.3%에서 2019년 27.2%로 급증했으며, 이러한 추세는 코로나-19로 더욱 빨라지고 있다. 물론 아직까지 생명보험이나 손해보험에서의 온라인 판매 비중은 어느 정도 표준화된 자동차보험에 비해서 미미한 실정이지만, 이제 대면 접촉을 꺼리는 추세와 함께 급증할 가능성이 있다. 지금까지 보험업계에는 주로 보험설계사들의 인적 네트워크에 의해서 보험 판매를 주도해 온 경향이 있었지만, 이제는 이러한 추세는 일부 표준화된 분야에서부터 인공지능과 온라인으로 급격히 역전될 것이다.

물론 기업에 돈을 빌려 주는 여신 등의 분야에서는 여전히 사람들 간의 대면을 통한 금융 설계가 중요하다. 그럼에도 2021년부터 온라인 비대면화가 더욱 가속화될 것으로 예상하는 이유가 있다. 전반적으로 사람들이 인간관계에서 느끼는 피로도가 코로나-19를 제외하고라도 이미 꾸준히 높아지고 있었다. 코로나-19 이전부터 사람들은 빈부 격차의 강화, 사회의 높은 경쟁 등에서 피로감을 느끼고, 소위 인맥 다이어트, 워라밸 강화 등 사회로 나아가기보다는 삶의 힐링을 꿈꾸며 삶의 방향성이 자신에게 향하고 있었다. 이미 유튜브에

125

서는 예를 들어 한 곳에 정착하지 않고 국내외를 여행 다니며 개인 방송을 하는 수많은 사람들이 있다. 이들은 기존의 조직생활을 거부하며 주로 방송에 따른 광고 수익 등으로 생활하였다. 이런 경향에 4차 산업혁명, 코로나-19 등 사회 변화의 방향성을 종합하면 주로 오프라인에서 온라인으로 대면에서 비대면으로 변하고 있음을 보여주고 있다.

한마디로 이제 소비나 비즈니스 등이 오프라인에서 온라인으로 변하게 된다. 아마도 온라인이 주가 되고 오프라인이 부가 된다는 뜻이다. 과거에는 사업도 오프라인에서 시작하고 사람을 끌어들이기 위해서 온라인을 이용한다는 개념이었지만, 이제는 온라인에서 시작하고 필요한 사람들을 오프라인에서 대면하는 형태가 될 것이다. 예를 들어 지금은 SNS 등에서 오프라인 매장의 제품을 홍보하고 있는 수준이지만, 어느 날 유튜브에서 음식을 홍보하는 콘텐츠를 보면서 버튼을 누르면 연동된 매장에서 집으로 음식을 배달해 줄 수도 있다. 그런데 이러한 변화의 이면은 많은 희생과 급격한 사회의 변화를 보여 준다. 당장 은행 지점의 직원을 20명만 잡아도 1년에 대략 2,000명의 은행 관련 일자리가 사라지고 있었다는 뜻이 된다.

반대급부로 비대면 금융 시스템을 개발하는 전산 관련 일자리는 늘어나겠지만, 이것이 금융권에 특화된 노동자가 전산 관련 업종에서 일할 수 있다는 뜻은 아닐 가능성이 높다. 그보다는 새롭게 컴퓨터, 전산으로 진입하는 젊은 세대에게 기회가 열린다는 뜻이 될 것이다. 물론 당장은 정치가들이나 정부에서 일자리 등의 문제와 노인

층에 대한 금융 서비스 제공 등을 이유로 제약을 걸 것이다. 그렇다고 해도 은행들은 지점 축소를 강행하거나 혹은 지점의 기능을 축소하여 인원을 줄이려 할 것이다. 결국 크게 달라지는 것은 없다. 게다가 카카오 뱅크 등 처음부터 비대면 온라인 금융 시스템이 갈수록 일반화되면 대세를 바꿀 수는 없을 것이다.

가치 소비의 지향

아무래도 본격적인 경제 회복은 최소한 백신이나 치료제가 개발 보급되는 이후인 2021년 하반기나 2022년 상반기를 바라봐야 할 것이다. 따라서 그때까지 경제 성장은 지체되고 전반적인 소득과 자산의 불평등은 심화될 것이다. 그 시기까지 청년 취업률은 악화될 가능성이 높고, 폐업 등으로 자영업에서 이탈한 사람들이 노동 시장에 신규로 진입하여 전반적인 노동 시장이 악화될 것이다. 지금까지 청년들은 N포세대 등 기성세대와 다른 가치관을 가지고 있는 경우가 생겨나고 있는데, 기존의 성장 위주의 가치관을 쫓아가는 사람들과 이제 이러한 성장과 물질적 소유 위주의 가치관을 포기하거나 아니면 떠밀려 포기된 사람들의 분리가 가속화될 것이다.

예를 들어 부동산에서도 기존의 아파트 갭투자나 다주택을 통해서 지속적으로 부를 축적해 왔던 사람들은 여전히 이러한 방식의 주거 형태를 지향할 것이다. 반면에 수도권에서 기성세대가 공유하던 이러한 주거 문화를 따라갈 수 없거나 혹은 아파트를 투자재로 보는 방식을 포기한 사람들은 다른 형태의 주거 문화를 추구할 것이다.

여전히 다수는 아니겠지만, 예를 들어 서울 시내에 가능한 범위 내에서 단독주택을 짓거나 혹은 전원주택으로 나가는 등의 선택을 하게 될 것이고, 이러한 사람들은 갈수록 늘어나게 될 것이다.

혹은 청년들의 취업에 있어서도 대기업이나 금융공기업 등 주로 성공적인 엘리트 코스를 따라오며 성공했다고 믿어 온 사람들을 제외한 다른 이들은 전혀 다른 선택을 하게 될 것이다. 인크루트와 알바몬 등에 따르면 2019년까지 첫 직장에서 퇴사하는 퇴사율은 거의 90%에 달하고 있으며, 그중 2년 내 퇴사율도 대략 60%에 달한다. 이는 퇴사율이 가장 낮은 공공기관이나 대기업의 경우에도 크게 다르지 않았다. 공공기관의 높은 안정성에도 불구하고 자신의 가치관에 따라 퇴사하는 비율이 낮지 않다는 뜻이다. 물론 2021년의 경우에는 새로운 직장을 찾으려 해도 새로운 직장에 취직하는 것 자체가 쉽지 않아 전반적으로 이직률은 떨어질 가능성이 높다. 이러한 추세는 경기가 회복될 때까지 수년간 이어질 가능성이 높지만, 그럼에도 자신의 가치관과의 충돌로 인해 새로운 일거리를 찾아가는 사람들이 갈수록 많아질 것이다.

소비에 있어서도 가격과 품질만 따지는 전통적인 소비가 아니라 다양한 가치를 추구하는 가치 소비가 하나의 트렌드로 자리잡을 것이다. 이 때문에 반대급부로 다양한 형태의 소비자 보이콧은 갈수록 증가하게 될 것이다. 소비자들이 추구하는 가치는 개별적이고 다양할 것이기 때문에 자신이 추구하는 이념이나 가치의 다양화로 인해 보이콧이 일상화될 것이다. 예를 들어 우리나라 대표 항공사나 분유

업체에 대한 보이콧을 떠올려 보면 된다. 사실상 사람들의 보이콧은 품질이나 가격을 이유로 행하지 않았고, 오히려 사람들이 생각하는 공정성 등의 이유로 보이콧을 실시하였다.

나가며

경제는 객관적인 시장 및 산업 등의 자료가 중요하지만, 그럼에도 시장 참여자들의 심리적인 요인을 무시할 수는 없다. 똑같은 상황을 최대한 긍정적으로 해석하고 새로운 희망을 볼 수도 있지만, 부정적으로 인식하고 불안해하거나 현 상황에 대한 불만과 불평이 쌓이면 경제는 이에 어느 정도 부정적인 영향을 받을 수밖에 없다. 중앙은행이 기준 금리를 낮추고 아무리 정부가 재정 정책을 동원해 시장에 신호를 보내도 시장 참여자들이 현재 상황과 미래를 부정적으로 인식하고 행동하면 결국 소비를 줄이고 투자를 하지 않게 된다. 결국 자기실현적 예언같이 경제는 부정적인 영향이 증폭되면서 그 힘이 거대해지면 침체나 공황의 사이클로 들어가게 된다. 반면, 경제가 아무리 어려운 상황이라고 하더라도 시장 참여자들이 새로운 희망을 찾고 새로운 계획과 실행을 향해 가면 어느 정도는 극복이 가능하다. 항상 경제는 이러한 긍정적인 에너지와 부정적인 에너지가 서로 영향을 미치고 있으며, 개인이 어떠한 부분을 주시하며 세상을 바라보고 행동하는지는 온전히 개인의 선택이다.

2021년 우리나라 경제의 불안 요소는 비교적 분명하다. 코로나-19가 장·단기적으로 경제 및 사회에 부정적인 영향을 미치고 있다. 그러나 결과적으로 해석하자면 이러한 코로나-19는 기존의 사회·경제 시스템에 다음과 같은 메시지를 보내고 있다고 생각한다. 우선 개인적인 여행 등을 위해서 자유롭게 국경을 넘나드는 시대는 사실상 끝이 났다. 이유가 어찌되었건 다시 예전처럼 국경을 개인적인 여행 등을 이유로 넘나들기는 어려워졌고, 이것이 풀리기에는 새로운 방역 기준과 시스템이 확립될 때까지 상당한 시간이 걸릴 것이다. 아마도 수년 동안은 비즈니스나 정치적인 이유 등 개인적이지 않은 공적인 이유가 있어야 국경을 넘는 것이 허용될 것이다.

또 한 가지는 자유무역하에서 과거와 같은 상품 수출을 통한 산업 및 국가 발전은 갈수록 어려워질 것이다. 우선은 갈수록 제조업 분야 등에서 일자리가 줄어들고 있기도 하지만, 저렴한 인력을 얻기는 갈수록 더 어려워지는 것도 있다. 교육 수준이 높아질수록 더 높은 유보임금과 더 좋은 환경에서 일하기를 원하는 사람들이 늘어난다. 국내에서는 외국인 노동자들이 증가하여 이 차이를 메꾸는 방향으로 지금까지는 임금 상승을 버텨 왔지만, 결국 그것도 한계에 달하게 될 것이다. 대기업들은 제조업 고도화를 통해서 이를 극복해 나가겠지만, 중소기업들은 이마저도 어려워 결국 수지가 맞지 않을 것이다. 그렇다고 교육 수준이 높아져 더 좋은 일자리를 찾는 젊은 이들을 탓하는 것은 옳지 않은 접근법이다. 그들에게는 그들을 위한 더 좋은 일자리를 찾도록 노력해야 하는 것이고, 기존 제조업은 제조업대로 발전돼 다음 단계로 넘어가야 한다.

또한 코로나-19로 B2B의 상품은 비교적 큰 영향을 받지는 않겠지만, 코로나-19 블루를 넘어 코로나-19 레드와 같은 우울증 확대와 미래를 안정적으로 보지 않고 조심성을 가지는 사람들이 늘어날수록 B2C에서 소비를 보수적으로 하고, 소비 패턴이 변하게 될 것이다. 그리고 그만큼 B2B 상품도 장기적으로 영향을 받게 될 것이다. 예를 들어 오프라인보다 온라인에서 소비를 할수록 사람들은 좀 더 객관적이고 꼼꼼히 소비를 하게 될 가능성이 있다. 온라인에서는 가격 비교 사이트에서 객관적인 정보를 비교하지만, 오프라인에서는 물건을 파는 사람의 서비스값도 있어 온라인보다 수월하게 물건을 구매한다. 말하자면 백화점의 서비스는 물건의 품질과 그에 대한 신뢰성도 있지만, 점원들이 제공하는 친절함, 주차의 편리함 그리고 눈으로 보는 고급스러운 인테리어 환경의 값도 존재한다. 그런데 이를 온라인에서 판매하면 이제 순전히 물건의 질과 가격만 따지게 되니 소비는 여러 의미로 꼼꼼해진다. 말하자면 기존의 상품 생산의 글로벌 분업 시스템은 약화 및 변화되는 대신 코로나-19 블루와 같이 새로운 사회 시스템에 지친 사람들을 달래고자 다양한 콘텐츠, 상담, 교육 등이 더 주목을 받고 발전할 것이다.

또한 이전부터 세상의 변화는 4차 산업혁명으로 경제·사회의 모습이 급격하게 변하고 있었다. 이제 사회는 디지털화되며, 온라인 비대면으로 변해 가게 되고, 이러한 흐름에 동참하지 못하는 사람이나 기업은 서서히 경쟁에서 퇴출될 것이다. 자영업부터 대기업까지 거의 모든 산업의 부분에서 노동의 자본 대체는 급격히 가속화될 것이다. 2021년은 2020년에 비해서 경제가 어느 정도 회복이 되겠지만, 가능하면 전염병에 강하고 인건비를 낮출 수 있는 인공지능, 로봇 등 새로운 기술이 채용될 것이다. 달리 말하면 경제가 회복돼도 산업 자체의 체질이 변하면서 생각보다 실업률이 낮아지지 않을 수 있다는 뜻이다. 따라서 실업의 문제는 고질화되고 이를 해결하려는 다양한 정책적 시도를 하겠지만 쉽지는 않을 것이다.

문제는 자영업, 소기업도 자본대체를 추구하겠지만, 어느 정도 자본이 축적돼 있어 이를 감당할 수 있는 업자나 기업만이 이런 대세를 따라갈 수 있을 것이다. 결국 이러한 대세의 변화에 따라 살아남는 기업과 그렇지 않은 기업이 갈리게 될 수 있으며 이들의 격차는 더욱 확대될 것이다. 국제적으로도 미국과 중국의 패권 경쟁은 그것이 평화와 공존을 위한 길은 아니기에 어느 나라에게 우세하게 흘러가든 세계 질서가 불안정해질 것이다. 따라서 다시 안정화될 때까지 우리에게는 미국과 중국 사이에서 지속적인 선택을 강요받고 정치 및 경제에 부정적인 영향을 미칠 가능성이 높다.

그럼에도 중 · 장기적으로 새로운 산업이 성장하는 것은 고무적이다. 그중 하나는 다양한 콘텐츠 산업이다. 콘텐츠 산업은 일반적으로 영화, 음악, 웹툰, 게임 등을 가리키지만, 사회가 비대면 · 온라인화가 가속화되면서 이제 다양한 분야의 교육 콘텐츠, 정치가들의 정책 홍보 및 의견 수렴 등 양방향 소통 시스템이 강화되면서 더욱 발전될 것이다. 말하자면 새로운 통신망과 4차 산업혁명이 일종의 하드웨어라면 콘텐츠 산업은 소프트웨어가 될 것이다. 페이스 북이나 줌(Zoom)과 같은 사회관계망 서비스를 소프트웨어라고 인식할 수도 있겠지만, 새로운 비대면 시대에서는 일종의 비대면 시스템 혹은 하드웨어의 역할을 할 수 있다.

이를테면 소프트웨어는 '페이스 북에 무엇이 담길까?' 혹은 '줌으로 제공하는 강의는 무엇인가?'가 될 것이다. 혹은 3D 프린터가 디지털 사회의 하드웨어라면 이 3D 프린터를 가지고 무엇을 하고 무엇을 보여 줄 것인가가 새로운 의미의 소프트웨어가 될 것이다. 예를 들어 유튜브에는 3D 펜을 가지고 재미있는 조형물을 만들어 방송하는 '사나고'라는 콘텐츠가 있는데 인기가 대단하다. 3D 펜이 중요한 것이 아니라 사람들이 무언가를 만드는 방송을 보고 위안을 얻어 가는 것이 중요한 것이다. 말하자면 4차 산업혁명으로 이미 하드웨어의 발전과 방향성은 정해졌는데 이제 그것을 무엇으로 채울까에 대한 논의는 아직 시작도 안 했고, 아마 그것이 진정한 의미의 4차 산업혁명의 의미가 될 것이다.

이미 콘텐츠 분야의 성장은 눈부시다. 예를 들어 우리나라 대표기업인 삼성전자가 2008년부터 2019년 간 총 230조 원 규모의 설비투자를 하였으며, 이는 연평균 20조 원 규모의 설비투자 규모다. 같은 선상에서 비교하기는 어렵지만 온라인 콘텐츠 업체인 넷플릭스가 2020년에 20조 원 규모의 투자를 하고 2028년까지 투자 규모를 30조 원으로 늘린다고 한다. 세계적인 보이그룹으로 성장한 방탄소년단의 2020년 매출은 47억 달러(5조 6,000억 원)으로 추산되고 '아기상어' 노래를 유행시킨 콘텐츠 기업인 스마트스터디의 2019년 매출액은 1,055억 원으로 2018년 대비 164% 증가하였다. 이제는 콘텐츠 관련 산업의 매출이나 투자가 기존의 주요 제조업에 견줄 수 있게 되었다는 뜻이다.

또한 우리나라 주요 제조업의 최근 성장세와 콘텐츠 산업의 성장세를 비교하면 흥미롭다. 우리나라 콘텐츠 산업의 경우 2013년부터 2018년까지 연평균 매출액 성장률이 9.0%에 이른다. 코로나-19 이전부터 우리나라 GDP 성장률이 2% 내외인 걸 생각해 보면 결코 낮지 않은 성장률이다. 비록 산업당 평균 매출액 규모로 따지면 11조 원 정도로 제조업의 산업 매출액 규모와 비교해 작은 규모에 불과하다. 그렇지만 매출액 규모가 각각 190조 원, 44조 원에 이르는 자동차, 조선업은 연평균 성장률이 마이너스로 산업 규모가 축소하고 있으며, 매출액 규모가 274조 원에 이르는 전자·통신 산업의 연평균 성장률은 2.2% 정도다. 다만 전자나 통신업의 경우 사회가 비대면 디지털 교류가 증가할수록 성장에 탄력을 받을 것으로 어느 정도 성장세가 밝지만, 그렇다고 콘텐츠 산업처럼 9% 내외로 성장하기는 쉽지 않을 것이다. 물론 산업의 규모가 커짐에 따라 성장률이 낮아지는, 소위 규모에 따른 수익 체감이 나타나고는 있지만 비슷한 규모의 다른 제조업과 비교해도 콘텐츠 산업의 성장률은 매우 높은 편이다.

또 한 가지 고려할 점은 갈수록 20~30대 젊은이들의 성향이 그 윗세대와 달라지고 있다는 점도 고려해야 한다. 과거에는 사람들이 공장 등에 취직해서 장인처럼 하나의 기술을 오랫동안 제대로 배워서 그것을 바탕으로 자신의 일을 하거나 성장하는 것에 높은 가치를

그림 11. 2018년 기준 매출액 및 5년간 매출액 평균 증가율

(단위: %, 조 원)

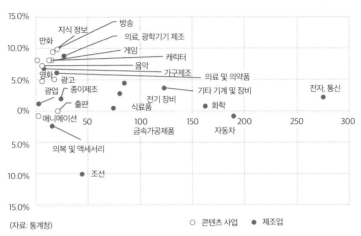

(자료: 통계청)　　　　　　　　　○ 콘텐츠 사업　　● 제조업

두곤 했다. 사회가 안정적일 경우 하나의 기술을 오랫동안 배우더라도 그 기술을 사용하여 자신의 삶 역시 안정적으로 운영할 수 있는 가능성이 있다. 따라서 인생을 투자라고 할 때 하나의 기술에 장인이 되는 것은 나쁘지 않은 전략이었다. 십수 년 전에는 독일의 장인을 양성하는 시스템과 유사한 마이스터고 등 비슷한 제도를 우리나라에 도입하기 위해 노력하던 시절이기도 했다.

그런데 요즘 젊은 친구들은 단순히 대기업의 사무직을 선호하는 수준이 아니라 오히려 그런 곳에 취직했더라도 평생직장으로 뿌리를 내리려고 생각하지 않는 경우가 더 많다. 오히려 항상 기회가 있다면 직장을 그만두고 더 나은 조건을 찾아가거나 스스로 자신의 일을 개척하여 자신을 더 드러내고 스스로를 상품화하고 새로운 관련 사업 기회를 포착하는 데도 능숙하다. 다시 말해 중·장기 미래를

135

예측하는 한 가지 방식 중의 하나가 젊은이들의 성향과 사고방식 등을 참고하는 것이다. 젊은이들을 이해하면 사회가 어떻게 흘러가는 지를 아는 데 도움이 된다는 뜻이다. 시간이 갈수록 이러한 젊은이들이 사회의 중추로 들어오게 되면 아무리 기성세대가 기존의 사고 방식과 제도를 유지하려 해도 결국 사회의 대세가 바뀌게 된다. 지금 젊은이들이 하는 생각과 고민이 결국 10~20년이 지나면 그것이 무엇이든 우리나라의 가장 중요한 가치와 고민이 될 것이다.

예를 들어 지금 젊은이들은 남자건 여자건 상관없이 외모를 잘 꾸미고 자신을 드러내며 표현하고 타인과 소통하는 것을 좋아하고 지지받고 싶어 한다. 게다가 기존의 직장 문화처럼 꽉 짜인 조직에 자신을 끼워 맞추는 것을 좋아하지 않는다. 이러한 성향과 잘 맞는 직업이 결국 연예인, 인플루언서, 연구원 등인데 이는 콘텐츠 산업이라는 키워드하고 잘 맞아 떨어진다. 이유야 어떻든 코로나-19로 사회가 비대면으로 넘어가면서 결국 광범위한 의미의 콘텐츠 산업은 갈수록 성장하게 될 수밖에 없다.

게다가 기존의 산업에서 고용이 20~30년 전의 고도 성장기처럼 빠르게 증가할 가능성도 낮다. 설령 새로운 산업, 예를 들어 의료·의약품 산업이 새롭게 발전한다고 하더라도 고용될 수 있는 사람은 그쪽에 전문지식을 갖춘 소수의 사람들로 제한될 것이다. 혹은 4차 산업이 발전하면서 인공지능, 빅데이터, 로봇 공학자나 관련 직업이 성장하게 되겠지만, 역시 필요로 하는 것은 소수의 엔지니어나, 관련 연구원이나 공학자가 될 가능성이 높다. 생산, 물류, 품질 관리,

재고 관리 등 기존의 다양한 관련 제조업 일자리는 처음에는 기계와 인간의 협업이 대세가 되겠지만, 갈수록 인간의 비율은 낮아질 것이다. 게다가 인간이 하는 모든 행동은 빅데이터로 쌓여서 인공지능과 로봇의 성능을 높이고 있다. 예를 들어 매일 저장되는 콜센터의 수많은 음성 정보를 생각해 보라. 결국 이들이 기초 자료로 향후 음성 인식 인공지능의 성능은 계속 올라갈 것이다. 이미 관련 시제품은 있지만 장담컨대 수년 내로 실재로 구매해서 사용할 만한 인공지능 전화 응대원이 시장에서 판매될 것이다.

이 때문에 정부나 정치권에서 고용 감소를 우려하여 이러한 흐름을 제도적으로 막거나 세금을 높여 여러 가지 재분배 정책을 행하려 하겠지만, 국제적인 경쟁이 일반화된 글로벌 경쟁 사회에서 지속적으로 이러한 흐름을 막지는 못할 것이다. 또한 정부가 개입하는 만큼 비효율성은 높아지게 될 가능성이 높다. 그 와중에서도 조금이라도 혁신을 일으킨 집단이 더 큰 수익을 얻을 것이고, 다양한 격차는 확대된다. 오히려 자본 및 지식 대체와 같은 시대 변화를 막으려 하면 할수록 경쟁에서 지체되고 향후 충격은 더 커질 것이다. 지극히 개인적인 예측으로 2021년은 코로나-19 이후 이러한 흐름이 가속화되는 원년으로 기록될 수도 있을 것 같다.

따라서 많은 젊은이들과 은퇴한 베이비부머들이 유튜브 등에서 관련 콘텐츠를 만들어 제공하는 것은 어쩌면 필연적인 시대의 변화일 수 있다. 지금 당장은 개인이나 소수의 단방향 콘텐츠에 그치겠지만, 조만간 이러한 시장은 양방향으로 확대되고 그 범위도 다양한 방향으로 확대될 것이다. 물론 이러한 주장이 기존의 제조업이나 대면 서비스업이 사라지게 된다는 뜻은 아니며, 그보다는 제조업은 고도화되며 더욱 발전할 것이지만, 그렇다고 스마트화되는 공장에서 고용이 더 증가하기는 어려울 것이다. 전통적인 낙수 효과는 기대하기 어려울 것이다.

이 장을 마치면서 몇 가지 사례로 장기 시대 변화를 예측해 보고자 한다. 이 예측은 주관적이며 다소 편파적이다. 그럼에도 발전 방향에 대한 주관적인 확신은 있다. 요즈음에 자유롭게 개인 강좌를 제공하는 사이트들이 있다. 개인이 특정 주제에 대해서 유료로 주로 강의를 제공하는 것이다. 과거의 개념으로 강의 내지 강좌는 학교, 학원 등 유형의 장소에서 어느 정도 권위를 가지는 기관이 주로 강의를 제공하였다. 그렇지만 이런 정형화된 강의는 개인의 수요와 잘맞지 않을 수 있다.

예를 들어 '인터넷 구매대행'이라든지, '20대 여성의 간절기 코디법', '타로로 점치는 법' 등의 강의는 개인적이며 작은 주제에 대한 강의가 많다.[6] 물론 오프라인으로 제공할 수도 있지만, 지금 직장을 다니는 직장인이나 시간이 바쁜 강사가 잠깐의 시간에 강의를 제공할 수 있다. 즉 이러한 강의도 권위가 있는 사람이 많은 사람을 오프라인에 모아서 실시하는 것이 대세였다면 이제는 소규모로 온라인에서 그때그때 필요에 따라서 하는 것도 가능하다.

또 다른 재미있는 아이디어도 있다. 스팀잇(steemit.com)이라는 사

---

[6] 실재하는 강의가 아니며, 전반적인 느낌을 제공하기 위해서 강의명을 만들어 사용하였다.

이트가 있다. 사람들이 글을 올리는 사이트인데 사람들이 재미있거나 가치 있는(가치가 있다고 평가 받는) 글을 올리면 그 글에 투표를 한다. 투표를 많이 받으며 스팀머니라고 하는 암호화폐의 일종을 발행해서 보상을 준다. 실제로 우리나라에도 스팀머니로 커피나 음식을 살 수 있는 곳도 있기 때문에 일종의 가상화폐의 구실을 한다. 따라서 스팀머니라는 가상화폐는 사람들이 타인에게 글로서 주는 재미나 가치를 일종의 기반 가치로 운영된다는 뜻이다.

현대 화폐는 정부와 전 세계 금융 시스템이 보증하는 신뢰 시스템을 기반으로 운영되지만, 가상화폐는 인간이 인간에게 주는 재미와 가치를 화폐로 바꿔 자본화한다. 물론 아직까지는 실험적이며 그 규모도 크지 않지만 자본과 화폐의 새로운 시도를 볼 수 있다. 게다가 페이스 북이 사람들의 포스트에 '좋아요'를 기반으로 한 가상화폐를 만들려 한다고 알고 있다. 기성세대는 이해하기 힘들 수 있지만, 수억 명이 사용하는 페이스북이 가상화폐를 만든다면 기존의 전통적인 경제 시스템과 독립된 수억 명의 새로운 경제권이 출현하는 것이다.

세상은 변한다. 갈수록 세상은 각박해지지만 한 번쯤은 세상이 변하는 방향을 고민했으면 한다. 본래 극과 극은 통한다고 했다. 빈부 격차, 이념 대립, 정보 격차 등 사회가 하나의 극을 향해 가니 이제 여러모로 변할 때가 된 것일지도 모르겠다. 코로나-19로 사회의 모습이 변한다고 할 수도 있지만, 어떤 이들은 사람들의 삶의 모습이 변해야 하기 때문에 코로나-19가 왔다고 주장하는 사람들도 있다. 후자의 견해를 취한다면 어떻게 변해야 할까? 적어도 그것이 약육

강식의 시대는 아니었으면 좋겠고, 일단 구체적인 방법론은 차치하더라도 더 나은 우리 모두를 위한 여유가 있는 사회였으면 하고 기대해 본다.

금리와 환율

역대 최저 수준으로 낮아진 금리에도
디플레이션이 발생할까?

들어가며

우리가 미래를 예측하려는 건 결국 자산 시장을 통해 돈을 벌기 위함임을 인정하고 들어가자. 자산 시장에 몸담고 있는 사람으로서 최근의 시장은, 아니 어쩌면 과거 10년간의 시장은 비상식의 승리, 상식의 패배라는 느낌을 지울 수 없다. 우리는 건전한 상식을 가진 사람을 우대하며, 이들이 결국 승리하는 희망적인 드라마를 상상한다. 드라마는 비현실적이기 때문에 재미있다. 현실이 허구와는 전혀 다르기 때문이다. 현실은 오히려 상식을 중요시하는 사람에게 가혹하기까지 하다.

우리가 바라보는 비상식적인 현상들의 예를 들어 보자. 미국의 주요 기술주들은 연간 벌어들이는 순이익의 100~300배 이상의 가치로 거래되고 있다. 주식 시장 전체의 역사적 평균 배율은 18배였다. 또 다른 예를 들어 보자. 경제학 교과서에서 인간은 시간 가치를 중요시 하기 때문에 미래에 얻게 될 돈이 현재보다 적어지는 마이너스 금리 같은 것은 고려조차 하지 않는다. 그러나 현재 미국과 일부 선진국을 제외한 대부분의 선진국 국채 금리는 마이너스에서 거래되고 있다.

또 다른 예도 있다. 눈에 보이는 실물이 아닌, 보이지 않는 가상의 화폐가 등장했다. 게다가 이들의 가치는 금에 비견될 만큼 대단히 높다. 교과서와 다른 세상도 일상이 되었다. 전통 경제학에서는 화폐를 풀면 인플레이션이 온다고 한다. 그러나 지난 10년간 엄청난 화폐를 풀었음에도 불구하고 인플레이션은 오지 않았다. 경제학에서는 아끼고 저축하여 부를 축장하고 이러한 자본이 쌓여 경제 발전을 이룩한다고 말한다. 그러나 부채를 끝없이 쌓고 있는 기축 통화 국가들은 낭비를 하고 화폐를 찍어 내면서도 오히려 떵떵거리면서 잘 살고 있다.

인간은 심리적으로 정도(正道), 사필귀정(事必歸正)을 추구한다. 그것이 정의롭고 마음이 편하기 때문이다. 그런데 이러한 상식이 안 통하는 세상이 되었다. 우리는 어떻게 대응해야 할까? 아직 신세계에 적응할 수 있는 사람은 적다. 업력이 오래되고 시장에서 산전수전 겪은 사람일수록 오히려 시대에 뒤떨어지며 최신 트렌드를 쫓지 못한다는 비판에 시달린다. 하룻강아지는 범 무서운 줄 모르기 때문에 범을 이길 수 있다. 세상이 바뀐 것이다.

우리도 여기서 새로운 무언가를 제시하고자 하는 희망은 크지만,

안타깝게도 뾰족한 무엇인가는 없다. 다만 현재 시장의 흐름과 비상식적인 현상이 발생하는 이유, 이를 바라보는 나만의 관점은 정립할 필요가 있다. 그래야만 혼란한 시장에서 중심을 잃지 않고 논을 벌 수 있는 게임을 할 수 있다. 금리와 외환은 주식에 비해서는 매우 고리타분하고 재미없는 분야다. 그러나 경제와 자산 가격 밸류에이션의 근간을 이룬다. 그런 만큼 이와 관련한 지식을 쌓고 2021년을 조망해 보는 것이 투자자의 실력을 업그레이드하고 투자 실적을 높이는 데 큰 도움이 될 거라고 생각한다.

1. 2021년의 금리와 외환 시장 환경

2021년의 금리와 외환 시장을 점검하는 것은 어쩌면 글로벌 금융 시장의 모든 자산을 전망하는 것과 의미가 같다. 현재 주식과 부동산, 금과 같은 원자재, 통화 가치 등 모든 자산 가격의 근저에는 금리와 통화 정책이 자리잡고 있다. 2021년에 금리가 어떻게 움직이고 중앙은행과 정부의 재정 정책이 어떻게 변하느냐에 따라 천국이 이어질 수도, 지옥도가 펼쳐질 수도 있다.

전무후무한 코로나-19 위기를 맞이하여 금융 시장의 반응은 매우 혼란스럽다. 전 세계 경제가 거대한 침체를 기록했고, 이에 따라 2020년 3~4월간 글로벌 금융 시장은 역사에 남길 만한 단기 충격을 경험했다. 코로나-19로 인한 언택트 상황은 경제 활동 자체를 마비시켜 경제에 부정적인 충격을 불가피하게 줄 것이며, 이는 결과적으로 기업 실적의 악화, 성장률 하락, 디플레이션을 일으킬 것이다.

이러한 부정적 전망에 이견을 다는 사람은 그리 많지 않다. 이번 코로나-19 바이러스는 전염력이 이례적으로 크고, 그에 따라 경제 봉쇄 여부에 따른 성장률 침체가 불가피함은 대부분 인정한다. 그런데 이상한 점이 있다. 자산 가격은 분명 경제 펀더멘털을 따라가야 하는데 이러한 상식과 다른 흐름이 나타나고 있는 것이다. 대표적으로 주식 시장이다.

다들 경제가 안 좋다는데 왜 주가가 오를까? 물론 기술주들은 미래의 꿈을 반영하고 있으며, 이들은 오히려 팬데믹 사태의 수혜주이기도 하다. 그러나 그렇다고 하더라고 경제의 절대 다수를 차지하는 소매업, 항공운수, 서비스업 등의 기업 실적은 처참하다. 상당수의 미국 부동산 관련 리츠들은 임대료 지급이 미뤄지면서 부실이 발생하기도 했다. 향후 백신이 개발되고 코로나-19가 종식된 이후의 경제 회복에 대한 선베팅이 아닐까? 주가는 경제를 선반영하니까 말이다. 그러나 그렇다고 하더라도 위기 전보다 더 주가가 오르는 것은 이상하지 않은가?

이렇듯 기업 실적이 크게 부진해지고 경제가 상당 기간 좋지 않을 것임에도 불구하고 위험 자산의 가격이 천정부지로 솟아오르는 것을 설명하기 위해서 필요한 것은 정부와 중앙은행의 통화 및 재정 정책 그리고 그에 따른 저금리다.

지금의 세상은 재화와 용역을 너무 쉽게 생산할 수 있어서 돈의 양이 많아져도 상품의 가격이 잘 오르지 않는다. 반면 공급이 명백히 제한된 상품이 있는데 바로 투자 자산이다. 부동산, 주식, 금과 같은 자산은 공급이 한정적이다. 돈이 많은데 실물 상품들은 가격이 잘 오르지 않는 반면 투자 자산들의 가격은 즉각적으로 반응하는 주요 원인 중 하나가 그것이다.

코로나-19 위기를 맞이하여 각국은 10여 년 전의 금융 위기와는 매우 다른 일사분란한 대처를 자랑하고 있다. 각국 정부는 위기 상황 타계를 위해 대규모 부양책을 펼쳤다. 정부의 빚이 크게 늘어났고, 재정 적자는 눈덩이처럼 불어났다. 한국도 예외는 아니었다. 오히려 한국의 정부 부채 확대는 다른 나라에 비하면 상대적으로 적어 보인다. 정부뿐만 아니다. 세계 각국의 중앙은행은 기준 금리를 낮추는 것을 넘어서서 대규모 자산 매입을 통해 시장에 유동성을 직접 공급했다. 유동성의 홍수가 나타나며 위험자산 가격을 높였다. 이런 흐름은 2021년에도 이어질까?

원래 사람은 빚이 늘면 경제가 개선되고 소비를 늘릴 수 있으므로 이를 좋아하기도 하지만, 다른 한편으로는 걱정스럽게 지켜보기도 하는 양가 감정이 있다. 일반적으로 대부분의 나라에서 진보 진영은 빚을 더 내려는 편이고, 보수 진영은 재정 건전성을 추구하는 성향이 있다. 현재는 코로나-19 위기 때문에 합심해서 대규모 재정 지출과 부채를 만들었지만, 향후 상황이 나아진다면 부채가 증가한 데 따른 걱정이 서서히 드러나기 시작할 것이다. 정부의 부채가 너무 많다고, 중앙은행의 유동성 공급이 사회의 불균형을 만들어 낸다고,

부유층의 세금을 더 많이 걷어야 한다는 의견들이 속속 제기될 것이다. 아직 사람들은 빚을 무한정 만드는 데에 상당한 거부감을 가지고 있다.

이러한 상황이 나타나면 경제는 어려워진다. 코로나-19 위기만큼은 아니겠지만 비정상적인 위기 상황에서 많은 부채를 쓴 이후 다시 정상으로 돌아가야 한다는 의견이 힘을 얻을 것이고, 이는 결과적으로 유동성을 긴축시키고 경제의 총수요를 위축시킨다. 글로벌 금융시장은 미국 재정지출 확대 기대감으로 금리 상승과 약달러를 기대하고 있다. 하지만 우리가 언급한 시나리오가 현실화된다면 오히려 금리는 하락하고 달러는 강해질 것이다. 재정을 건전화시키기 위해서는 지출을 줄이거나 세금을 높여야 하거나 둘 다 해야 한다. 정부의 지출 감소는 직접적으로 경제의 총수요를 위축시킨다. 세금을 높이는 것은 이중으로 긴축적이다. 일단 세수가 들어오면 시중의 유동성을 정부가 흡수한 셈이기 때문에 통화 긴축적이다. 여기에 더해서 민간의 여유 자금을 국가가 가져가는 셈인데 민간과 정부의 자금 씀씀이를 고려할 때 국가의 효율성이 크게 떨어진다. 이는 또 다시 성장을 낮춘다.

경기가 위축되면 금리는 당연히 떨어질 것이다. 그런데 달러는 왜 강세로 갈까? 이를 이해하기 위해서는 우리의 경험을 동원할 필요가 있다. 우리는 일상생활에서 한국은행이 발행한 원화를 사용하지만, 국제적으로 원화는 국제 거래나 금융 투자에 통용되지 않고 달러가 쓰인다. 따라서 글로벌 관점에서 돈이라는 것은 달러다. 결국 달러를 쥐고 있는 미국의 통화 정책과 재정 정책이 매우 중요하다. 미국의 통화 정책이 향후 덜 완화적으로 흘러가고 미국 정부가 증세나 재정 지출의 축소를 통해 부채 관리에 들어간다면 앞서 언급한 경로를 통해 긴축적 흐름이 만들어진다. 달러는 미국의 중앙은행인 연방준비은행(연준)과 미국 정부만이 만들어 낼 수 있다. 이들이 긴축을 한다면 시중의 달러가 줄어든다는 말이다. 흔한 것은 싸지고 희귀한 것은 비싸진다. 달러가 부족해진다면 달러 값은 오른다. 이를 원/달러 환율에 적용한다면 환율이 오른다는 의미다. 현재 환율 하락세가 매섭지만 이러한 원화 강세 흐름이 내년까지 지속될 가능성이 크지 않을 수 있다는 말이다.

결국 현재의 분위기와는 많이 다르게 2021년에 금리는 아래쪽, 환율은 위쪽으로 압력이 지속적으로 작용할 것으로 생각된다. 다만 금리 자체가 제로(0) 밑으로 가기란 당분간 어렵기 때문에 좁은 박스권에서 등락할 것으로 보인다. 환율도 한국의 거시 경제가 안정된 흐름이라면 상승폭이 아주 크다고 보기는 어렵다. 따라서 제한적 흐름 속에서의 금리 하락, 환율 상승이라고 생각하면 무난할 것이다.

2. 완화적 통화 정책, 그리고 낮게 유지될 단기 금리

앞서 주식이나 부동산, 금 같은 자산 가격이 금리 수준과 관련이 있다고 했다. 특히 일반적으로 우리가 보는 명목 금리가 아닌 실질 금리와 관련이 있다. 경제를 살리기 위해서는 금리를 낮추어야 한다. 그런데 이것만으로는 부족하다. 가령 중앙은행이 금리를 1% 낮췄다고 하자. 그런데 물가가 2% 하락했다면 실질 금리는 오히려 1% 오른 것이다. 이것은 경제를 부양하는 것이 아니라 긴축시킨다. 금리를 낮추었는데 오히려 경제가 위축되는 아이러니가 발생하는 것이다. 따라서 중요한 것은 명목 금리가 아닌 실질 금리다.

실질 금리가 낮을수록 경제와 자산 가격을 부양하는 효과가 발생하고 실질 금리가 높으면 그 반대 효과가 발생한다. 2020년 들어 선진국의 위험 자산 가격이 천정부지로 올랐다. 한국 주식은 미국보다도 더 강한 탄력으로 올랐다. 주변에서 주식으로 얼마를 벌었다는 소식이 자주 들려온다. 대형 IPO 주식에 청약하겠다고 몇 억씩 대출받는 모습도 심심치 않게 볼 수 있다. 이러한 현상은 모두다 실질 금리가 낮기 때문에, 또 향후에 실질 금리가 더더욱 낮아질 것이라는 기대 때문에 발생하는 것이다. 결국 이러한 자산 가격 랠리와 꿈이 가득한 분위기가 지속되기 위해서는 그 땔감으로서 낮은 실질 금리, 그리고 앞으로 더 낮아질 실질 금리가 필요한 것이다.

그렇다면 실질 금리를 낮추려면 어떻게 해야 할까. '실질 금리 = 명목 금리 - 인플레이션'이다. 따라서 실질 금리가 낮아지기 위해서는 명목 금리를 더 낮추든지, 인플레이션이 오르든지, 둘 다이든지 해야 한다.

명목 금리를 어떻게 더 낮출 수 있을까? 금리에는 단기 금리와 장기 금리가 있다. 우선 단기 금리를 생각해 보자. 단기 금리는 중앙은행이 마음대로 결정할 수 있다. 왜냐하면 돈을 만들거나 없앨 수 있기 때문이다. 돈의 가격이 금리인데 돈의 양을 좌지우지할 수 있으니 자연히 가격을 좌우할 수 있다. 한국을 비롯해서 글로벌 중앙은행은 앞으로 당분간, 혹은 매우 긴 시간 동안 기준 금리를 올리지 않을 것이라고 경쟁적으로 다짐하고 있다. 시장이 이를 잘 믿는다고 전제한다면 단기 금리는 오랜 기간 낮게 유지될 수 있다. 문제는 현재 대부분의 선진국 금리가 제로 수준이고, 한국도 실질적으로 제로 수준이다. 한국은행의 기준 금리는 2020년 9월 현재 0.5%다. 그럼

151

아직 0.5%p를 더 내릴 수 있지 않냐고 반문할 수 있다. 그러나 꼭 그렇지는 않다. 선진국은 제로 금리나 마이너스 금리를 큰 제약 조건 없이 채택할 수 있지만, 한국 같은 기축 통화국이 아닌 나라는 그렇지 않다. 낮은 금리 수준에서 한국의 원화에 대한 수요가 충분할지 보장할 수 없기 때문이다. 달러나 유로, 엔화 등은 국제적으로 통용되기 때문에 수요가 꾸준하다. 제로 금리이든 마이너스 금리이든 개의치 않고 이들 통화를 가지고 있으려는 수요가 있다. 기축 통화 국가의 특혜다.

반면 한국의 원화나 신흥국 통화는 그렇지 않다. 극단적으로 터키 리라화를 보자. 에르도안 대통령이 중앙은행에 압력을 행사해 금리를 강제로 낮게 유지하자 터키 리라화 가치가 폭락했다(리라화 환율 폭등). 아르헨티나 페소화나 남아프리가 랜드화도 비슷한 처지다. 한국이 터키나 아르헨티나보다는 거시 건전성이 우수한 나라지만, 통화 정책을 마냥 완화적으로 가져가기가 쉽지 않은 여건인 것이다. 따라서 현 한국은행 기준 금리를 0.5%보다 더 낮게 가져가기는 어렵다. 그렇다면 결과적으로 단기 금리는 낮은 수준에서 머무를 가능성이 높다. 중앙은행이 단기 금리가 오르지도 내리지도 못하게 만들 것이기 때문이다.

이제 장기 금리를 알아보자. 단기 금리와 달리 장기 금리는 채권 시장에서 결정된다. 장기 금리는 그 기간 동안 단기 금리의 평균 수준이라고 볼 수 있다. 가령 채권 시장 사람들이 향후 10년 동안 한국은행의 기준 금리가 0.5%에 머물 것이라는 강한 확신, 아마도 100%

에 가까운 확신을 가지고 있다고 가정해 보자. 그렇다면 10년물 국고채 금리는 당연히 0.5%에서 거래되어야 한다. 향후 10년간 1일물짜리 기준 금리가 0.5%일 것이기 때문에 10년물도 0.5%여야 단기투자자와 장기채 투자자 간에 상호 수지 타산에 차이가 발생하지 않기 때문이다. 따라서 장기 금리는 아주 거칠게 말하면 단기 금리의 기간 동안의 평균이라고 단순화시킬 수 있다.

이를 잘 이용하면 중앙은행이 장기 금리도 조절할 수 있는 방법이 나타난다. 중앙은행은 원래는 1일짜리 단기 금리만 통제할 수 있지만, 시장을 겁주거나 달래서 10년 채권 같은 장기 금리도 통제할 수 있다. 즉, 향후 10년 동안 중앙은행이 기준 금리를 아주 낮게 유지할 것이라는 강한 확신을 시장에 주는 것이다. 이러한 공갈, 협박, 달래기 등이 시장에 잘 먹힌다면 시장은 10년물 채권 금리를 중앙은행의 의도대로 낮게 거래할 것이다. 이것이 통화 정책을 통해 장기 금리를 통제하는 방법 중 하나다.

물론 중앙은행이 장기 국채를 직접 매입하는 양적 완화를 통해서도 장기 금리를 내리누를 수 있다. 다만 이는 실질적인 부담이 있다. 바로 중앙은행이 직접 유동성을 창출하여 금융 시장에 공급하는 것이기 때문에 자산 가격 상승, 양극화, 금융 불균형, 중앙은행 대차대조표 증가 등 다양한 부작용이 생긴다. 반면 앞서 언급한 장기간 기준 금리를 낮게 유지하겠다는 '약속'은 잘 사용하기만 한다면 세 치 혀만 가지고 장기 금리를 내리누를 수 있다. 비용이 적은 것이다.

현재 각국 중앙은행은 채권을 매입하는 양적 완화와 더불어 시장과의 소통을 통해 장기 금리를 낮게 유지하겠다고 밝히고 있으며, 아직은 채권 시장도 이러한 중앙은행의 약속에 그럭저럭 동조하고 있다. 이러한 흐름이 이어진다면 단기 금리뿐 아니라 장기 금리도 낮게 유지할 수 있다. 따라서 실질 금리가 명목 금리 상승 때문에 오를 일은 없으리라는 것이 2021년도까지의 예상이다.

　하지만 아직 안심하기는 이르다. 명목 금리가 오르기를 예상하기는 쉽지 않다고 쳐도 실질 금리가 하락하기 위해서 명목 금리 하락이 요구되는데 지금보다 명목 금리를 더 낮출 수 있을까? 현재의 제로 수준의 금리를 더 낮추는 것은 마이너스 금리뿐이다. 선진국들은 최근 6~7년간 마이너스 금리를 실험해 왔다. 우리는 향후 수년래 한국과 미국도 마이너스 금리를 채택할 가능성이 높다고 본다. 다만 그를 위해서는 현찰 화폐의 중단, 디지털 화폐 도입, 양적 완화 정책 시행 등 몇 가지 선행 조건이 있다. 이러한 조건들이 현실화되기 전까지는 당분간 마이너스 금리를 도입하기는 어려울 것이다. 당장 2021년이 그렇다. 마이너스 금리가 경제를 살리는 데 도움이 됐다면 지난 3~4월의 코로나-19 위기 상황에서 일본과 유로존은 현재의 마이너스 금리를 더 깊게 내렸을 것이다. 그러나 현실은 그렇지 않았다. 일본과 유로존의 중앙은행들은 마이너스 금리가 소기의 성과가 있다고 계속 주장하고 있다. 만약 효과가 있었다면 팬데믹 위기 때도 사용했어야 한다. 그러나 그렇게 하지 않았다. 이는 이들의 주장과는 무관하게 마이너스 금리가 경제를 살리고 인플레이션을 일으키는 데 그다지 효과가 없었다는 것을 행동으로 시인한 것으로 봐야 한다. 결국 마이너스 금리로 더 깊게 내려가는 것이 당분간 어렵다면 명목 금리를 내려서 실질 금리를 낮추기는 쉽지 않을 것이다.

그렇다면 실질 금리를 낮추기 위한 마지막 요건이 남았다. 바로 인플레이션을 일으키는 것이다. 중앙은행들이 오매불망 기대하는 인플레이션이 찾아온다면 실질 금리는 크게 낮아질 수 있다. 이미 중앙은행들은 명목 금리를 장기간 변경하지 않겠다고 스스로를 묶어 놓았기 때문에 물가가 오르더라도 금리를 낮게 유지할 것이며, 이는 실질 금리를 낮춰서 자산 가격의 상승을 합리화시킬 것이다. 그러나 안타깝게도, 또 미안하게도 우리가 보기에 인플레이션을 기대하는 것은 현재로서는 매우 어려워 보인다.

3. 낮은 인플레이션과 낮아질 장기 금리

장기 금리는 반드시 인플레이션을 반영해야 한다. 금융 위기 이후 인플레이션의 장기 금리 영향력은 더욱 커졌다. 금리는 10년 이상 계속 하락하기만 했는데 여기에는 인플레이션이 낮아진 점이 가장 큰 역할을 했다.

금리 하락에도 인플레이션이 발생하지 않는 이유

2008년 금융 위기 이후에 각국 중앙은행은 엄청난 양의 돈을 풀었다. 그런데 이상하다. 전통 경제학에서 이렇게 돈을 풀면 인플레이션이 와야 하는데 그렇지 않았다. 오히려 디플레이션이 더 심화되는 모양새였다. 이는 크게 세 가지 이유 때문이다.

그림 1. 미국의 저물가는 저금리를 가져와

(자료: Bloomberg, 미국 노동청)

첫째, 돈이 늘어난 것은 맞고 인플레이션도 왔으나, 인플레이션이 우리가 평소에 소비하는 물건에 온 것이 아니라 자산 가격에 왔다. 주식과 부동산 등의 자산 가격은 돈을 풀면 바로 반응하면서 가격이 올랐다. 반대로 돈을 덜 풀겠다고 하거나 거둬들이겠다고 하면 자산 가격은 여지없이 폭락했다. 과거 10년간 이러한 사태는 세 번이나 있었다. 2013년 버냉키 의장의 테이퍼링 발언, 2015~2016년의 연준 긴축, 2018년 4분기 파월 의장의 중립 금리 발언이 그것이다.

둘째, 글로벌 초과 공급 여력이다. 아직도 전 세계에는 2000년대 인플레이션의 시대에 투자해 놓은 대규모 생산 시설과 공장이 남아 있다. 경제가 나빠진다고 공장을 바로 없애거나 하지는 않는다. 당장은 인력을 감축하고 공장을 닫으면서 기회를 보다가 경제가 다시 괜찮아지면 공장을 다시 연다. 그러다 회사가 망하면 설비 자체가 매각되면서 사라지고 이는 공급 능력의 감소를 가져와 나중에 호황기에 인플레이션을 일으키는 중요한 원인이 된다. 그러나 최근 10년

157

간은 그러한 사이클이 작동하지 않았다. 중앙은행이 너무 낮은 금리를 유지하고 돈을 풀어 주다 보니 좀비 같은 기업도 굳이 청산하지 않고 살아 있을 수 있었다. 금리가 너무 낮다 보니 돈을 못 갚을 일이 없는 것이다. 경제가 약간의 반등만하더라도 공장을 돌려서 생산품을 쏟아 내고 경쟁이 심해지니 가격이 오를 일이 없었다. 아마존과 같은 공룡 유통 기업이 강력한 협상력을 발휘할 수 있는 배경도 이러한 초과 공급 설비에 기인한다. 그리고 글로벌 교역망은 전 세계의 초과 설비를 하나로 묶어 더 큰 잉여를 만들었다. 이는 구조적으로 물가를 꾸준히 낮추는 중요한 요인으로 작용하고 있다.

셋째, 금융 기관 규제다. 시중의 유동성은 중앙은행이 공급하지만, 민간 시중은행의 유동성 창출 능력도 그에 못지않게 중요하다. 아니 유동성에 있어서는 오히려 중앙은행보다 더 큰 역할을 한다. 중앙은행이 돈의 가격인 금리를 결정하고 시중은행은 실제 대출을 실행하거나 회수함으로써 시중 유동성에 영향을 미친다. 은행은 이윤을 극대화하는 전략을 취하므로 가용 자원 내에서 대출을 최대한 많이 하려는 행동을 보인다. 여기서 은행의 가용 자원은 규제에 의해서 결정된다.

가령, 은행의 레버리지 비율 규제가 10배라고 하자. 이는 은행의 자본금 대비 10배의 대출을 일으킬 수 있다는 말이다. 이것이 시중에 공급할 수 있는 유동성의 총량이다. 그런데 어떠한 이유로 규제 당국이 은행의 레버리지 비율 규제를 5배로 줄였다고 하자. 은행은 과거에 자본금의 10배를 대출할 수 있었지만 이제는 5배만 대출할 수 있다. 결과적으로 대출을 회수해야 하고 시중 유동성은 절반으로 줄어든다. 금융 위기 당시 은행들의 무분별한 대출 경쟁과 파생 상품을 활용한 유사 대출 행위가 부실화되어 은행이 위기에 처했다. 은행이 망하면 경제에 큰 타격이 가해지기 때문에 정부는 세금을 투입하여 은행의 파산을 막았다. 위기가 지난 이후 정치인들은 은행의 무책임을 성토하며 규제를 강화해야 한다는 법안을 잇따라 상정시켰다. 이에 의거해 미국과 유럽의 규제 당국은 은행의 자본을 건전화시키기 위해 강력한 규제를 도입하기 시작했다. 볼커룰, 바젤3, 보충적 레버리지 비율, 유동성 커버리지 비율, 스트레스 테스트 등등 수많은 규제가 은행들에게 가해졌고 은행의 대출 여력은 옥죄어졌다. 중앙은행들이 고군분투하여 대규모 유동성을 풀었지만 정작 시중은행들은 돈을 풀기는커녕 규제 충족을 위해 돈을 거둬들여야 하는 정반대의 상황을 맞이했다. 결과적으로 대출은 늘어나지 못했으며 이는 경제를 위축시켰고 디플레이션 압력을 높이는 영향력을 발휘했다.

지금까지 말한 세 가지 디플레이션적인 요소가 해소될 수 있을까? 쉽지 않다. 지금은 소위 될 놈만 되고 안 될 놈은 안 되는 세상이다. 투자자에게 돈이 아무리 많아도 성장성이 보이지 않는 산업이나 기업에는 투자하지 않는다. 소수의 성장 기업에는 돈이 몰려 높은 가격에 거래된다. 따라서 앞으로도 돈을 푼다고 해도 이러한 돈이 인플레이션을 일으킬 수 있는 일반 상품 가격을 올리기보다는 자산 가격만을 높일 가능성이 있다.

초과 공급 현상도 쉽게 해소되기 어렵다. 글로벌 초과 생산 능력은 정부와 중앙은행의 무한대의 지원에 힘입어 근근이 그 생명력을 이어 나가고 있다. 생산 시설의 구조 조정이 나타나기 어려운 것이다. 실제 구조 조정을 하려고 하더라도 먼저 구조 조정하는 사람만 바보가 된다. 국제화된 세계에서 A라는 국가가 철강 산업을 구조 조정한다고 하자. 그럼 A국가와 경쟁하던 다른 나라의 철강 산업이 반사 이익을 얻는다. 나중에 가면 A국가는 철강 산업과 이윤, 철강의 시장 점유율을 잃는다. 남 좋은 일만 시키는 것이다. 이렇듯 생산 시설 구조 조정은 쉽지 않다.

금융 기관의 규제는 일말의 희망이 있다. 금융 규제의 강력한 폭풍이 나타난 지 10년이 지났다. 최근에는 적어도 규제를 더 강화시키는 흐름은 나타나지 않고 있다. 트럼프 대통령의 경우에는 은행 규제를 일부 완화시켜 주기도 했다. 그러나 그 폭이 아주 크다고 볼 수는 없어 은행 규제 완화로 인한 유동성 증가를 기대하기란 아직은 요원하기만 하다.

디플레이션을 심화시키는 또 다른 요인

앞서 밝힌 세 가지 디플레이션 요인에 더해 디플레이션 압력을 더 심화시키는 요인들이 최근에 더 등장했다. 바로 서비스의 교역재화 및 유가 하락이다.

서비스의 교역재화란 기존에 국제 무역을 하기 어려웠던 서비스업마저도 향후에는 국제 교역의 대상이 될 것이라는 의미다. 앞서 저물가의 주요 원인 중의 하나가 초과 생산 시설이 국제 교역에 의해 공유되는 점이라고 밝혔던 바가 있다. 이는 일반적인 공산품들에 주로 해당되는 이야기다. 물가를 세분화해서 품목별로 보면 이러한 점이 극명하게 나타난다. 교역이 쉬운 제품들의 가격은 끊임 없이 하락하고 있는 반면 교역이 어려운 서비스 물가는 디플레이션 환경에서도 꾸준히 상승해 왔다. 교육, 금융, 법률, 의료 서비스 등은 가격이 꾸준히 상승하는 특징이 있고 이러한 점이 디플레이션 압력을 일부 완화시키는 역할을 해줬다.

그러나 코로나-19 위기가 이러한 판도를 바꿔 버렸다. 언택트 시대로 접어들자 국제 무역이 어렵다고 알려졌던 서비스업도 교역이 가능해졌다. 가령 현지에 가지 않더라도 교육, 법률, 의료 상담 서비스 등을 이용할 수 있게 된 것이다. 그 결과 향후에는 서비스업마저도 과거 교역재처럼 가격이 쉽게 오르지 못할 수 있다. 따라서 향후 디플레이션 압력은 더욱 강해질 것이다.

다음은 유가다. 유가는 모든 생산품의 원가 역할을 하기 때문에 글로벌 물가에 미치는 파급력이 절대적이다. 코로나-19 위기 이후로 산유국들은 어렵게 감산 합의를 이루어 냈다. 그러나 감산 합의라는 것이 쉽게 지켜지기 어려운 속성이 있다. 남들이 감산할 때 나 혼자 증산한다면 높은 유가에 수출을 많이 할 수 있으므로 배신자에게 유리한 상황이 만들어지기 때문이다. 그러므로 역사적으로 감산 합의가 잘 지켜진 경우는 드물었다. 이번에는 위기 상황을 맞이해 사우디아라비아의 리더십에 의거 산유국들이 감산 합의를 착실히 이행했다. 그러나 코로나-19 위기가 최악을 넘어선 시점에서 하나 둘씩 배신자가 나타나고 있다. 아랍에미리트가 8월 산유량을 늘렸다고 고백했고 이에 격분한 사우디아라비아가 수출 가격을 큰 폭으로 인하해 버렸다. 결국 국제 유가는 이러한 소식에 큰 폭으로 하락했다. 문제는 9월 들어 나타난 유가 하락이 이제 시작일 수 있다는 점이다. 원유 생산이 많은 중동 지역부터 감산 합의의 균열이 발생한 데다 2위 산유국 러시아가 이를 두고 볼 리가 없다. 1위 산유국인 미국도 치킨 게임이 동참을 서두를 것이다.

지금까지 알아봤듯이 코로나-19 위기로 인해 각국이 재정 지출을 늘리고 보호 무역을 시행한다고 하더라도 현실적으로 인플레이션이 나타나기는 쉽지 않다. 코로나-19 위기는 구조적으로 쌓여 있었던 디플레이션 압력을 더욱 가속화시킬 리스크를 가지고 있으며, 이는 장기 금리를 더욱 아래쪽으로 묶어 두는 역할을 할 것이다.

4. 2021년 미국 연준의 통화 정책

일반적으로 중앙은행은 인플레이션 파이터였다. 지난 수백 년간 물가는 높은 것이 일반적이었다. 정부는 돈을 더 쓰고 싶어했고 중앙은행을 압박해서 금리를 낮게 유지하도록 강제했다. 이것은 인간의 본능 같은 것이기 때문에 중앙은행은 정부나 의회에서 부양책을 쓰고 싶어할 때 이를 억제하기 위한 기관으로서 존재해 왔다고 볼수 있다.

그런데 세상이 바뀌었다. 그것이 인구 구조 때문이든, 세계화이든, 유휴 설비 때문이든, 지금은 디플레이션이 오히려 일상화된 세상이다. 그런 면에서 중앙은행의 역할도 바뀌어야 한다. 세계 각국의 중앙은행은 이러한 변화된 패러다임에 맞춰 중앙은행의 역할론에 대해 다양한 고민과 연구를 거듭했다. 그런 면에서 가장 앞서 있는 중앙은행은 연준이다.

연준은 추구하는 목표부터가 다른 중앙은행과 다소 차이가 있다. 한국은행법 1소에 한은의 목적은 "효율적인 통화신용정책의 수립과 집행을 통하여 물가안정을 도모함으로써 국민경제의 건전한 발전에 이바지함"이라고 되어 있다. 물가 안정이 제일의 목표인 점은 대부분의 중앙은행이 마찬가지다. 연준 다음으로 중요한 중앙은행인 유럽중앙은행(ECB)도 이 점에서는 확고하다. 특히 ECB의 실질적인 전신이라고도 할 수 있는 독일 분데스방크는 과거 제1차 세계대전 직후 라이히스방크 시절 겪었던 초인플레에 대한 트라우마 때문에 유독 물가에 신경을 쓴다. 반면 연준은 고용과 물가라는 이중 책무를 가지고 있다. 물가뿐만 아니라 고용도 신경을 같이 써야 한다는 의미에서 다른 나라 중앙은행과는 설립 정신부터가 차이가 있다. 이는 연준이 물가에 대해서 상대적으로 유연한 자세를 가지게 되는 계기가 되었다.

지난 2020년 8월 27일은 이러한 연준 역사에서도 중요한 한 획을 긋는 날이 되었다. 현 연준 의장 제롬 파월은 잭슨홀 콘퍼런스 연설을 통해 2012년 이후 10년 가까이 유지되었던 통화 정책의 큰 틀을 바꿀 것임을 시사했다. 기존의 통화 정책 틀에서 바뀐 새로운 제도는 평균물가목표제다. 평균물가목표제는 과거와는 다른 프레임을 갖는다. 가령 과거에 연준의 암묵적인 물가 타깃은 2%였다. 이 경우 통화 정책은 이렇다. 물가가 2%를 크게 하회할 때는 완화적 통화 정책을 펼친다. 제로 금리, 양적 완화 등이다. 그러다가 만약 물가가 1.7% 이상으로 올랐다고 가정하자. 그렇다면 통화 정책의 파급 시차와 물가 흐름의 지속성을 고려할 때 선제적인 긴축이 이루어져야 한다. 그래서 연준은 이때부터는 기존의 입장을 바꿔 매파적인 커뮤니케이션을 강화하거나 기존의 완화적 통화 정책을 서서히 거둬들인다. 그러면 시장은 즉각 반응하여 자산 시장은 하락하고 물가도 안정된다. 그런데 지금은 과거와 달리 물가가 너무 낮은 상황이다. 이런 환경에서 어찌어찌 힘들게 물가가 1.7% 위로 올라왔다고 하자. 이때 연준이 과거의 프레임에 갇혀 긴축적 시그널을 보내면 오려고 했던 인플레이션도 멀리 달아나고 말 것이다. 따라서 통화 정책은 과거와 달라져야 한다.

과거에는 2%가 일종의 천정(ceiling)의 역할을 했다면 평균물가목표제에서는 2%를 넘어도 되는 평균 기준선의 역할을 한다. 물가가 일시적으로 2%를 넘어도 몇 년간의 평균 물가가 2%에 미치지 못한다면 여전히 완화적 통화 정책을 펼쳐야 하는 것이다. 그 몇 년간이란 얼마간의 기간일까? 연준은 안타깝게도 이에 대해서는 '시간에 걸쳐서(over time)'라는 어휘를 썼을 뿐 구체적인 기간을 못박지는 않았다. 이 점은 불확실성으로 다가온다. 다만 그동안 연준이 평균물가목표제를 연구하면서 참조했던 연구 논문들을 보면 그 기간은 대략 2년 정도로 알려져 있기는 하다.

평균 2% 목표를 달성한다는 커다란 목표하에 수단으로서 채택된 것이 포워드 가이던스(Forward Guidance)다. 이는 미래의 기준 금리

경로를 사전에 안내해서 채권 시장의 수익률 곡선을 통제하려는 수단이다. 기준 금리를 변경시키는 데는 중앙은행이 나름의 기준을 가지고 있어야 하고, 그 기준이 채권 시장에 명확히 알려져 있어야 한다. 그래야 채권 시장은 중앙은행의 의지와 능력을 믿고 향후 기대 경로에 따라서 만기에 따른 적정한 금리를 산출할 수 있다. 예를 들어, 이런 것이다. 시장이 볼 때 '현재의 물가 수준을 고려 시 평균 물가가 2%에 이르려면 적어도 5년 동안은 제로 금리를 유지해야 할 것이다'라고 생각한다면 5년물 금리는 '0' 수준에서 유지되는 형식이다. 이 금리가 경제 전체에 영향을 미치고 중앙은행 정책의 효과성을 결정한다.

보다 완화적인 통화 정책을 펼치는 데 있어서 그 수단으로서 연준은 포워드 가이던스 외에도 다양한 카드를 두고 검토해 왔다. 현재 채택된 것은 평균물가목표제지만, 그 외에 검토했던 카드도 향후 상황에 따라서 언제든지 다시 고려될 수 있다. 그런 면에서 어떤 정책이 나올 수 있는지, 그리고 그 정책은 이번에 왜 채택되지 않았는지 간단히 알아보는 것도 의미가 있을 것이다.

시장이 높은 확률로 도입될 것이라고 예상했던 것이 수익률 곡선 통제(YCC, Yield Curve Control)였다. 이는 중앙은행이 특정 금리대를 결정하고 그 금리 이상의 채권은 무조건 매입하여 금리를 통제하는 것이다. 미국은 제2차 세계대전부터 한국전쟁까지 당시 전쟁 비용 조달을 위해 수익률 곡선 통제를 사용했던 적이 있다. 다만 이 정책은 중앙은행이 채권 시장에 직접 개입해야 하는 부담이 있고, 얼마의 채권을 사야 할지 불확실하다는 면에서 다소 부담스러운 정책이다. 또 다른 정책은 마이너스 금리다. 연준은 지속적으로 마이너스 금리에 대해서 부정적으로 언급해 왔다. 이는 미국만의 특수한 사정이 있다. 미국은 100달러짜리 지폐 발행액이 많은데 이는 0%를 보장하는 채권에 해당되기 때문에 마이너스 금리를 채택해도 지폐로 도피하려는 수요가 나타나면서 정책 효과성이 떨어질 수 있기 때문이다. 또 미국은 MMF나 레포 시장 등 단기 조달 및 운용 시장이 크게 발달되어 있는데 마이너스 금리를 채택하면 이들 시장이 붕괴될 위험이 있다. 이러한 점이 연준이 평균물가목표제를 기반으로 한 포워드 가이던스를 채택한 이유라고 할 수 있을 것이다. 다만, 수익률 곡선 통제나 마이너스 금리도 향후 사정에 따라 얼마든지 사용할 수 있는 옵션이 있다. 따라서 고정 관념을 가지지 말고 접근해야 할 것이며, 다양한 정책의 함의와 그 정책을 사용했을 때의 시장 영향에 대해서 미리미리 사전에 숙지하고 있어야 할 것이다.

5. 2021년 한국의 통화 정책

글로벌 자금의 흐름이 큰 방향성을 가지고 있고 한국은 그의 일부이기 때문에 통화 정책도 큰 나라를 따라갈 수밖에 없다. 요컨대 한국만의 독립적인 통화 정책이라는 것은 있을 수 없다. 미국이나 유럽, 중국 등의 거대한 국가의 중앙은행도 다른 나라의 통화 정책에 대하여 정책을 쓰는데 한국은 굳이 말할 것도 없다.

팬데믹 위기는 한국은행의 통화 정책도 과거와 완전히 달라지게 만드는 계기를 마련했다. 한국은 특성상 매우 보수적인 통화 정책을 펼칠 수밖에 없다. 신흥국이기 때문에 통화 가치를 보장받기 어렵고, 이는 완화적인 통화 정책에 상당한 제약 요건으로 작용한다. 그래서 전통적으로 한국은행은 물가 상승에는 보다 적극적으로 대응

했던 반면 디플레이션 상황에는 다소 소극적으로 대응해 왔다.

그러나 코로나-19 사태 이후 한국은행은 미국을 따라 큰 폭으로 금리를 내렸다. 역사상 최저점의 기준 금리 수준을 유지한 데 더해 실질적으로 한국 최초의 양적 완화까지 사용했다. 이는 정부의 채권 발행이 대폭 늘어나는 데 따른 정책 조합 차원에서 불가피한 선택이기도 했다. 그 전까지 한국은행은 정부채를 직접 매입하는 경우는 없었다. 다만 공개 시장 조작용 레포 담보 채권용으로 소량의 국채를 매매하는 정도였다.

그러나 코로나-19 사태 이후 단기 채권에 한해 정부채를 매입했다. 여기에 더해서 정부의 제4차 추가경정예산(추경)이 확정되자 5조 원 규모의 채권 매입을 전격 발표하기도 했다. 제3차 추경이 편성될 때까지는 매입하는 채권의 만기가 짧다 보니 채권 시장 영향력은 상대적으로 적었다. 하지만 제4차 추경이 발표된 이후 한국은행이 매입하기로 했던 채권의 만기는 한층 길어졌다. 같은 양의 채권을 매입한다고 하더라도 만기에 따라서 전혀 다른 강도를 가진다. 한국은행이 똑같이 1조 원의 채권을 매입한다고 해도 1년짜리 채권을 사는 것보다 10년짜리 채권을 사면 그 효과가 10배 가량 더 커진다.

제4차 추경 편성 이후 한국은행은 기존의 스탠스와는 달리 장기 채권을 매입하기 시작했다. 이는 과거에 비해 크게 진일보한 정책으로서 이제 한국도 명실상부한 양적 완화 국가라고 할 수 있다. 비전통적 통화 정책은 한번 발을 들여놓으면 되돌리기 어렵다. 현재는 아직까지는 매입 물량이 선진국에 비해서 크다고 보기는 어렵지만,

향후에는 위기가 도래할 때마다 양적 완화를 상시적으로 사용할 것이며, 비전통이 아닌 전통적 통화 정책으로 사용할 날이 올 것이다.

앞서 미국이 오랜 기간 제로 금리를 유지할 것으로 전망된다고 밝혔다. 따라서 한국은행도 금리를 당분간 동결할 것이다. 일부에서는 한국은행도 마이너스 금리를 도입하는 것이 아닌가 의문을 제기하기도 하는데 우리가 보기에는 아직은 시기상조인 듯하다. 마이너스 금리를 도입하기 위해서는 제로 금리, 양적 완화, 디지털 커런시로의 이행 등 선결 과제가 꽤 있기 때문이다. 우리나라는 사실상 제로 금리를 달성했지만 가까운 시일 내에 마이너스 금리를 사용할지는 미지수다. 게다가 선진국을 포함하여 디지털 커런시로의 이행은 아직 연구 단계에 머물러 있다. 따라서 이러한 선결 과제가 충분히 해소된 이후에 마이너스 금리가 국내외에서 도입될 것이다.

한은이 완화적 정책을 너무 과도하게 사용하는 것이 아닌가 하며 비판적인 시각도 존재한다. 유동성을 공급하니 부동산 가격이 너무 오른다는 문제 제기다. 실제 한국은행도 내부적으로는 부동산 시장과 금융 불안 가능성을 비공식적인 주요 정책 함수에 산입하는 것으로 추정된다. 다만 그렇다고 하더라도 디플레이션 압력이 심해지거나 경기가 나빠지면 부양책을 사용하는 것은 피할 수 없을 것이다. 부동산 시장 불안은 아마도 현재와 같이 정부의 전방위적이고 부동산에 특화된 미시적인 정책을 동원하여 통제하지 않을까 생각한다.

종합해 볼 때 현정부의 확장적 재정 정책과 맞물려 한국은행의 통화 정책이 진일보하고 있다고 판단된다. 한국은 향후에 비기축 통화

국으로서 양적 완화 정책의 상시화, 전통적 통화 정책으로의 편입 등이 고려될 수 있다. 2020년은 그러한 미래로 가는 첫 단추를 끼운 셈이다. 이러한 흐름이 원화 가치에 당연히 약세 압력으로 작용할 수 있다. 다만 그 정도가 크지 않게 적절히 조절할 수만 있다면 부양책을 제공하면서도 거시 안정성을 훼손하지 않도록 통제할 수 있을 것이다. 새로운 시대를 맞이하는 한국은행의 향후 정책에 주의를 기울이자.

6. 늘어나는 재정 부담

코로나-19 위기를 겪으면서 우리나라 정부는 과거 금융 위기 이후 가장 큰 폭의 재정을 쏟아 부었다. 2020년 당초 계획했던 빚 증가보다 추경으로 인해서만 증가한 나라 빚은 3차 추경까지 32.2조 원, 4차 추경까지 하면 거기에 7.5조 원이 추가로 더 늘어난다. 당초 2020년 증가하기로 계획되었던 본예산상의 빚이 70조 원 수준이었으므로 추경을 더하면 2020년에만 증가한 빚이 100조 원을 훌쩍 뛰어넘는다. 이에 따라 국가 채무는 본 예산 기준 2020년 846.9조 원이 추경 후 952.5조 원으로 증가하고 GDP 대비 국가 부채 비율은 44%에 육박하게 된다.

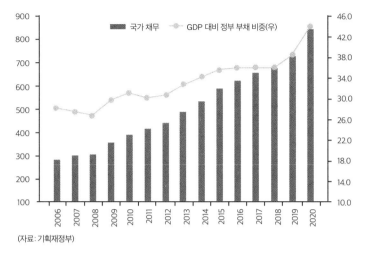

그림 2. GDP 대비 정부 채무와 그 규모

범례: 국가 채무 / GDP 대비 정부 부채 비중(우)

(자료: 기획재정부)

대규모 재정 부담에 대해 많은 말들이 있다. GDP 대비 국가 부채가 다른 나라에 비해서 아직은 건전한 것도 사실이다. OECD 국가들의 평균 GDP 대비 정부 부채 비율은 2019년에 이미 100%를 훌쩍 넘었다. 그러나 한국의 특수성을 감안할 때 국가 부채 비율은 결코 낮다고 할 수 없다. 국가마다 국가 부채의 산정 방식이 다르므로 동일 기준에서 비교하기 어렵기 때문이다.

한국의 국가 부채 비율, 믿을 수 있을까?

한국의 국가 부채 비율을 그대로 믿어서 안 되는 이유는 국민연금, 건강보험기금, 공사채 부담, 통일 비용 등의 문제 때문이다.

공사채 문제를 보자. 한국은 대부분의 선진국과는 다르게 공사나 국책은행의 형식을 빌어 나라의 업무가 공사들에게 나뉘어져 있

173

다. 선진국은 이러한 사업을 민간이 하거나 국가가 직접 하기 때문에 공사채의 비중이 크지 않다. 한국은 공사채 총 발행액이 현재 300조 원을 넘어간다(주택금융공사 MBS 포함). 이들은 국가가 직간접적으로 지급을 보장하므로 사실상의 국가 부채다. 앞서 밝혔던 명목 국가 부채가 1,000조 원에 육박함을 고려하면 30% 가량의 국가 부채가 공사채로 숨어 있는 것이나 마찬가지이고, 결국 공사가 간접적으로 떠안고 있는 국가 부채를 합하면 국가 채무가 30% 더 늘어난다고 봐야 한다.

국민연금 문제는 훨씬 심각하다. 대부분의 선진국은 국민 전체를 대상으로 하는 연금 제도를 운영하지 않는다. 이는 이 제도가 나빠서가 아니라 이미 오래 전에 운영했다가 기금이 고갈되어 사라졌기 때문이다. 한국은 그 시기가 미래에 올 것이다. 국민연금은 사실상 국가가 지급을 보증한다고 간주해야 한다. 기업들도 직원들의 퇴직연금을 부채로 계상하듯이 나라의 살림살이도 그렇게 기록하는 것이 맞다. 국민연금의 부채는 국민연금이 향후에 납입받을 돈과 운용 수익을 합친 금액에서 나중에 고령자들에게 나눠 줘야 할 돈을 빼면 된다. 이 돈이 정확히 '0'이라면 부채도 자산도 남지 않을 것이다. 인구 구조를 고려할 때 지금이야 경제 활동을 하는 인구가 많지만, 향후 대규모 은퇴 시기가 도래하면 연금은 대단히 빠른 속도로 고갈될 것이다. 국민연금연구원이 공식적으로 추계한 기금 고갈 시기는 이미 2040년대다. 현재의 저금리 상황을 고려하면 더 빨라질 가능성이 높다. 그렇다면 연금의 부채는 얼마일까? 가늠하기 어렵다. 저출산과 고령화, 장수 리스크를 고려할 때 어림잡아 수천조 원은 족히 되지 않을까 추정할 뿐이다. 국민연금뿐만 아니다. 국민연금과 정확히 동일한 문제를 안고 있는 것이 건강보험이다. 이들 두 가지 제도는 선진국과 다른 한국의 특수성으로서 결코 지속 가능하지 않으며, 언젠가 거대한 문제로 불거질 것이다. 이들 문제는 마치 기저질환 같은 것으로서 평소에는 부담을 주는 정도이지만, 다른 심각한 병에 걸리면 같이 맞물리면서 환자를 사망에 이르게 할 수도 있다.

잠재적인 통일 비용도 큰 문제다. 다들 과거 통일 기금 조성 뉴스가 기억날 것이다. 통일이 될지 안 될지는 아무도 알 수 없지만, 만약 될 경우 재정에 상당한 부담이 되기 때문에 미리 준비하지 않으면 국가가 순식간에 존망의 기로에 처할 수 있다. 통일 비용의 산출은 매우 어렵다. 다만 독일의 사례를 보면 통일 이후 20년 동안 연간 꾸준히 GDP의 4~8%의 비용이 소요되었다고 한다. 한국으로 치면 연간 80~160조 원에 달하는 엄청난 금액이 수십 년 동안 소요된다는 말이다. 2020년 대규모 국채 발행으로 늘어난 적자 국채가 170조 원 규모이므로 이러한 국가 부채가 수십 년간 계속 통일 비용으로만 쓰일 수 있다는 말이다. 실제로는 이보다 훨씬 많은 금액이 소요될 것이다. 독일은 서독 대비 동독의 소득 비율이 1/3 가량일 때 통일이 이루어졌지만, 한국은 남한 대비 북한의 소득이 1/20에도 미치지 못하기 때문이다. 통일이 될 경우 정부가 지출해야 할 비용은 잠재적인 우발 채무로 남아 있다.

이러한 한국만의 특수성을 고려할 때 단순히 국가 부채 비율이 다른 나라에 비해서 크게 낮다는 주장은 재고될 필요가 있으며, 국가의 재정 계획을 짤 때 훨씬 신중한 접근법이 필요하다. 이러한 배경하에 추정해 본다면 아마도 2021년도 국가 재정은 엄청난 증세로 다가올 것이다. 한번 늘어난 소비 지출은 개인이든 국가이든 줄이기 어렵다. 지출이 계속 늘어난다면 결국 해결할 방법은 어떻게든 수입을 늘리는 수밖에 없다. 돈을 벌고 있는 모든 경제 주체의 주머니를 최대한 털어서 세금으로 징수하는 방법 외에는 뾰족한 수가 달리 있겠는가? 소득세와 부가가치세, 법인세 등 전방위적인 증세가 있을 것이다. 지금은 여론의 눈치를 보며 부자들과 다주택자의 증세로 대응하고 있지만, 이것만으로는 한계가 있다. 이미 국제적 기준으로 봐도 기업들과 고소득층의 세금 부담이 크기 때문에 이들에게만 무한정 세금 부담을 지우는 데는 한계가 있다. 결과적으로 중산층과 면세자들의 부담을 늘리는 쪽으로 과세 정책이 움직여 갈 것이며, 부가가치세도 인상될 것이다. 이러한 증세 흐름은 단순히 2021년 한 해의 문제가 아니고 앞으로 구조적인 이슈가 될 것이다.

증세가 해결책일까?

증세는 경제에 어떤 영향을 미칠까? 이는 경제학계에서는 오래된 이슈이고 정치적 신념에 따라 생각이 극명하게 갈린다. 다만 최근의 주요 선진국들의 과세 정책 추세는 세금을 낮춰 주는 데 있다. 특히 나라를 불문하고 법인세는 경쟁적으로 낮추고 있다. 기업이 잘 되야 나라가 부강해지고, 많은 기업이 자국에 들어오면 경제 번영을 이룰

수 있기 때문이다. 미국 대통령 트럼프도 당선되자마자 기업들의 법인세를 인하했으며 고소득층들의 소득세도 감면해 주었다. 반면 한국은 2017년 말 법인세를 오히려 올렸고, 소득세도 고소득 구간을 신설하거나 부동산 관련 세금 인상, 건강보험료 인상 등을 통해 실질적으로 상당한 증세 정책을 단행했다.

　동시에 최근에는 한 발 더 나아가 세금 정책이 통화 정책과 맞물려 있을 수 있다는 아이디어가 등장했다. 양적 완화란 정부의 채권을 중앙은행이 사주는 것인데, 조금 과도한 가정을 한다면 정부와 중앙은행은 사실상 하나라고 볼 수 있다. 이렇듯 정부와 중앙은행을 하나의 주체로 보자면 묘한 결론이 나온다. 즉, 중앙은행이 돈을 풀어서 경제를 살리는 것은 정부가 부채를 발행해 지출을 늘리는 것과 같은 결과를 가져온다. 반대로 중앙은행이 시중의 유동성을 흡수하는 것은 정부가 세금을 늘려 시중 자금을 국고로 환수하는 것과 동일한 영향을 미친다. 통화 정책과 재정 정책을 따로 구분해서 말하기 어렵다는 것이다. 결과적으로 증세는 통화 긴축과 효과가 동일하다. 이는 통화 긴축 정책이 그러하듯이 경제에 부정적인 영향을 미칠 것이다.

　게다가 증세는 경제 활성화의 효율성이 떨어진다. 민간이 100만 원의 돈을 쓸 것을 증세를 통해서 가져가면 민간의 지출은 줄고 정부의 지출이 늘 것이다. 똑같은 100만 원이라고 하더라도 민간이 쓰는 것과 정부가 쓰는 것은 다르다. 정부 지출의 효율성이 현격히 떨어진다. 민간은 자기 돈이기 때문에 돈이 될 곳에만 투자하고, 이는 결과적으로 효율성을 높여 자본이 더 많은 산출물을 가져오도록 유도한다. 반면 정부는 그렇지 않다. 정부의 지출은 효율성보다는 복지 정책, 부의 재분배, 정치적 자원 배분이 주요 목적이다. 집행의 과정에서 비효율성도 높고 눈먼 돈을 빼먹으려는 일부 부정부패도 나타난다. 결과적으로 민간보다 돈이 가져오는 성장의 과실이 훨씬 작아진다.

결국 2021년에 급진적으로 다가올 증세는 디플레이션 압력을 더욱 심화시키는 역할을 할 것이다. 금리에는 하방 요인이라는 의미다. 증세를 하면 정부의 채권 발행 압력이 줄어들기 때문에 물량 부담 면에서 채권에 우호적이다. 또한 증세 자체가 가져오는 디플레이션 압력에 의해 채권 금리가 떨어진다. 증세에 따른 금리 하방 리스크에 대비할 필요가 있다. 이러한 증세에 따른 경기 둔화 흐름은 한국은 물론 전 세계에서 마찬가지로 나타날 것이다. 가장 영향력이 클 미국을 살펴보자.

가장 강력한 재정 정책을 편 미국

미국은 코로나-19 위기를 맞이하여 전 세계에서 가장 강력한 재정 정책을 펼쳤다. 이는 절대 금액 면에서나 GDP 대비 상대 규모 면에서나 가장 컸다. 측정 방식에 따라 다르지만 미국은 2020년 한 해 동안 GDP의 10%를 훨씬 상회하는 직접 재정 지출 정책을 펼쳤다. 물론 이는 공짜가 아니다. 미국의 국가 부채는 급속도로 늘어나서 국제 3대 신용평가사 중 하나인 피치는 미국의 AAA등급을 유지하기는 했으나, 향후 전망을 '부정적(negative)'으로 바꿨다. 피치는 미국이 코로나-19와 싸움을 벌이면서 재정 지출을 너무 많이 해 미국의 국가 채무가 2021년에는 GDP의 130%에 달할 것이라고 전망을 하향한 이유를 설명했다. 당초 미국의 GDP 대비 국가 부채는 100%를 약간 넘어서는 정도였다. 게다가 이러한 재정 정책에 2020년 11월 미국 대선과 의회선거는 큰 영향을 줄 것이다.

흔히 미국의 민주당이 집권하거나 민주당 대통령이 당선되면 재정 지출이 늘어난다고 생각한다. 그래서 결과적으로 재정이 악화되는 반면 국가 경제에는 긍정적이라고 생각한다. 이는 틀린 것은 아니지만 현상의 한쪽 면만을 본 것이다. 재정을 분석할 때는 필연적으로 지출뿐만 아니라 그 원천에 해당되는 세금 정책에 대한 분석을 곁들여줘야 한다. 10의 지출을 한다고 하더라도 10의 수입이 있다면 수지 차이는 0이 되어 균형을 이룬다. 미국 민주당은 지출을 늘

그림 3. 국가별 GDP 대비 코로나 -19 위기 정부 지출 규모

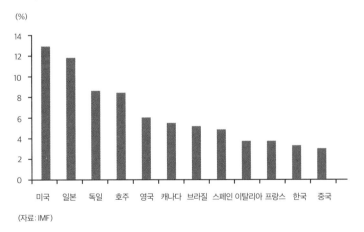

(자료: IMF)

리자는 당론을 가지고 있으면서도 다른 한편으로는 부자와 기업에 대한 증세안을 가지고 있다. 트럼프와 공화당이 집권했던 시기에 행해졌던 부자와 기업들 감세를 되돌리겠다는 심산이다. 그렇다면 민주당이 집권하여 재정 지출이 늘어난다고 해서 꼭 경제 부양 효과가 있다고 보기 어렵다. 오히려 자금 지출의 효율성은 민간보다 정부가 훨씬 떨어지기 때문에 경제가 더 어려워질 수도 있다. 기업들의 세금을 늘리면서 기업들이 국외로 이탈하고 이들이 번 돈을 해외 조세 회피처에 축장함으로써 미국의 부가 해외로 빠져나가는 결과를 가져올 수도 있다. 민주당이 집권하면 경기 회복과 재정 지출 확대로 금리가 오를 것이라는 전망도 역시 한쪽 면만 본 것이다. 세금을 늘리면 미국채 발행량이 줄어들고 앞서 밝혔던 과정으로 경제가 나빠진다면 디플레이션이 나타나 금리는 오히려 하락할 것이다.

공화당이 집권한다고 할 때도 마찬가지로 일면적인 분석을 지양해야 한다. 공화당 출신인 트럼프 대통령은 다소 예외였지만, 공화당은 본래 재정 준칙을 보다 준수하는 성향을 가지고 있다. 그렇다면 재정이 건전해지니 금리가 떨어질까? 꼭 그렇지만은 않다. 세수를 같이 봐야 하기 때문이다. 공화당은 국가의 개입을 최소화하면서 동시에 세금도 낮추기를 원하기 때문에 국가 재정이 꼭 건전해진다고 보기는 어렵다. 그래서 공화당이 집권할 때 금리가 오히려 오를 수도 있다.

게다가 지금은 여기에 새로운 변수가 등장했다. 바로 중앙은행이다. 과거 양적 완화 정책은 순전히 경제에 유동성을 공급하는 것이 그 목적이었다. 하지만 코로나-19 위기는 이러한 공식을 약간 바꾸었다. 2020년에 각국이 대규모로 시행한 중앙은행 자산 매입은 과거와는 다르게 유동성 주입이 목적이라기보다는 정부의 대규모 재정 지출에 따른 정부 채권 발행을 돕기 위함이었다. 경제학에서 말하는 구축 효과를 사전에 차단하기 위한 것으로서 과거 양적 완화와는 그 목적에서 차이가 있다. 이는 재정에 따른 금리 변화를 더욱 예측하기 어렵게 만든다. 재정 지출 증가와 세수 감소에 따른 재정 수지 적자에도 불구하고 중앙은행의 채권 매입에 따라 금리는 오르지 않거나 오히려 떨어질 수도 있다.

동시에 우리는 국가 부채의 총규모보다도 이자 비용 측면에서의 접근도 필요하다. 미국의 GDP 대비 정부 부채의 규모는 제2차 세계대전에 필적할 정도로 늘었다. 그러나 마찬가지 의미에서 GDP 대비 정부의 이자 비용 지출은 역사상 가장 낮은 수준에 머물러 있다.

그림 4. 미국 정부의 GDP 대비 이자 비용 지출

(자료: 미국 재무부)

기업의 재무 건전성을 분석할 때와 마찬가지로 국가의 부채도 이자 비용 보상 측면에서 접근이 필요하다. 그런 면에서 지금 대부분의 국가는 이자 부담이 상당히 낮아진 상태다. 심지어 유럽이나 일본의 정부는 돈을 받으면서 채무를 끌어다 쓸 수 있기까지 하다.

지금까지 밝혔듯이 국가 재정과 금리의 관계는 여러 가지 면에서 종합적으로 고려해 줄 필요가 있다. 오히려 성장률이나 인플레이션과 같은 펀더멘털 지표 분석이 훨씬 더 용이하게 금리를 예측할 수 있기도 하다. 재정의 중요성을 간과해서는 안 될 것이나 세수와 지출 그리고 중앙은행의 개입도 충분히 고려하여 종합적인 판단이 필요하다.

아직은 충분한 정보가 부족하지만 미국 대선에서 누가 당선되느냐에 따라 금리의 향방에 대한 예측은 상상력의 차원에서 해볼 만하다. 바이든이 당선될 경우 민주당이 보다 힘을 받으면서 단기적으로 재정 지출에 대한 기대감이 높아질 것이다. 따라서 경기 회복과 재정 건전성 악화 우려에 따라 금리를 일시적으로 올라갈 수 있다. 그러나 이는 단기적인 효과에 그칠 것이다. 보다 중장기적으로 본다면 정반대로 금리를 크게 떨어트릴 수 있다. 이유는 이렇다. 우선 민주당은 기존의 당론대로 기업들과 부자에 대한 증세를 서두를 것이다. 일설에 따르면 계획되는 증세 규모는 4조 달러에 육박한다고 한다. 이는 미국 GDP의 20%에 달하는 규모로서 코로나-19 위기에 지출한 규모의 2배에 이르는 엄청난 것이다. 증세안의 규모가 모두 한 해에 시행되는 것은 아니겠지만 시간을 들이더라도 누적적으로 경제에 상당한 부담으로 작용할 것이다. 이는 재정 악화 우려를 일부 상쇄시키는 데다가 디플레이션을 심화시키고 부자와 기업들의 해외 이탈을 야기하면서 성장 잠재력을 낮추는 결과를 가져올 것이다.

공화당의 트럼프가 당선된다면 현재와 큰 차이 없는 경제 정책이 펼쳐질 것이다. 트럼프는 추가 감세안을 들고 나와 월급쟁이들의 급여세 등을 인하해 줄 것으로 보인다. 이는 국가 재정에 부담이 되지만 경기에는 우호적인 영향을 미칠 것이다. 다만 그 정도는 공화당의 재정 준칙론자들에게 막혀 효과가 일부 제한될 것이다. 앞서 바이든의 경우와 정반대로 트럼프와 공화당의 치세에서는 채권 금리가 큰 폭은 아니더라도 일부 반등할 수 있다.

특정 정당이 정권을 잡았을 때 금리나 재정의 향후 전망에 대해 이야기하기 위해서는 종합적인 고려가 필요하다. 결과적으로 2021년에는 각 국가의 재정 건전성 이슈가 뜨거울 것이고, 자산 시장을 결정하는 핵심 재료가 될 수 있다. 이는 통화 정책과 재정 정책에 대한 함의가 크고 결국 자산 시장에 엄청난 영향을 미칠 수 있기 때문에 각별히 주의를 기울여야 한다.

7. 우리나라도 마이너스 금리가 온다고?

　요즘 선진국의 금리는 제로 금리가 허다하고 심지어 마이너스 금리도 존재한다. 아니 오히려 마이너스 금리가 더 일반적이다. 금리가 높은 선진국이 이상할 정도다. 우리나라도 기준 금리가 0%대에 진입했다. 제로 금리나 마이너스 금리가 특이한 현상처럼 보이지만 세계적 관점에서 볼 때 실상은 전혀 그렇지 않고 오히려 플러스(+) 금리가 이상한 것이다.

　경제적으로도 상식적으로도 마이너스 금리는 말이 안 된다. 대체 어떤 바보가 돈을 빌려 주면서 오히려 이자를 내고 싶어 한다는 말인가? 그렇지만 현실에서는 존재한다. 경제학자들도 이 말이 안 되는 현상을 제대로 설명하는 데 곤혹스러워 한다. 하지만 채권 시장

그림 5. 마이너스 금리 채택한 선진국

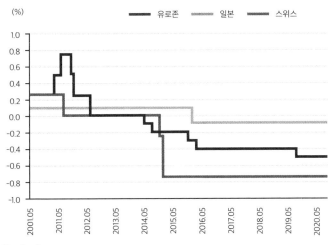

(자료: Bloomberg)

에 있는 사람들은 그 이유를 체험적으로 알고 있다. 마이너스 금리가 가능한 이유로는 다음과 같은 것들이 있다.

현찰의 보관 비용 현찰과 현금은 다르다. 현찰은 물리적인 종이돈이다. 만약 금리가 마이너스라면 상식적으로 예금을 하지 않고 모두 현찰로 인출하는 것이 당연하다고 생각할 것이다. 그러나 현실은 그렇지 않다. 가령 50억 원의 예금을 가진 기업이 있다고 하자. 시장 금리가 -0.2%라고 하면 이 기업은 돈을 현찰로 인출하려고 할 것이다. 그런데 50억 원을 인출하려 하니 귀찮은 일이 이만저만이 아니다. 돈가방도 사야 하고, 옮길 인부들도 고용해야 하고, 인부들이 돈을 들고 도망칠까 전전긍긍해야 한다. 게다가 사무실에 가져와서는 보관할 금고도 만들고 사설 경비 업체에 경비 용역도 맡겨야 한다.

이뿐만이 아니다. 거래처와 거래할 때도 은행에 돈이 없으니 직접 현찰로 전해 줘야 해서 여간 불편한 게 아니다. 이러한 모든 비용을 고려할 때 -0.2%의 금리라면 일부 보관 및 서비스료의 개념으로 은행에 맡겨 놓는 것이 나쁘지 않은 선택이 될 수 있다.

초과 유동성의 보관 수요 중앙은행과 정부가 대규모로 돈을 풀어 놓은 상황에서 돈은 무엇인가로 축장되어야 한다. 돈은 보통 가치 변화가 작고 언제든지 현금화할 수 있는 유동성 높은 안전 자산으로 축장된다. 그런 면에서 주식이나 부동산은 탈락이다. 보관의 수단은 채권이어야 한다. 돈을 많이 풀면 채권 수요가 늘어나고 가격이 비싸지면 금리는 떨어진다. 그 현상이 심해지면 금리가 심지어 마이너스까지도 갈 수 있다.

금리가 하락하는 데 따른 초과 수익 금리가 하락할수록 채권 가격은 상승한다. 이러한 관계는 마이너스 금리에서도 마찬가지다. 금리가 -0.1%에서 -0.2%로 하락한다면 채권 가격은 상승한다. 따라서 채권을 거래하는 투자자들은 이러한 초과 수익을 얻기 위해서라도 마이너스 금리의 채권을 매입할 수 있다.

다른 곳에 투자해도 마이너스 이상의 수익을 얻기 어려울 경우 마이너스 금리는 경기 침체나 디플레이션의 결과라고 봐야 한다. 즉, 돈을 가지고 사업이나 무엇인가에 투자해서 얻을 수 있는 이익보다 손실 가능성이 더 크다면 마이너스 금리는 합리화된다. 대형 금융 기관이나 펀드, 나이든 사람 등은 가격 하락 위험이나 유동성 부족의 리스크를 감내하고 싶어하지 않는다. 이들은 주식이나 부동산의 기대 수익이 매우 크고 확실하지 않다면 일부 비용이 들더라도 현금성 자산으로 보유하려는 욕구가 크다. 이러한 현상도 마이너스 금리 현상을 설명할 수 있다.

마이너스 금리가 현실 세상에서 충분히 가능함에도 불구하고 무한정 내려갈 수는 없다. 앞서 설명했듯이 현찰 보관의 비용보다 마이너스 금리 폭이 더 크다면 현찰로 인출할 가능성이 크다. 현찰이 인출되면 뱅크런이 발생하고 금융 시스템에서 유동성이 퇴장하기 때문에 강력한 디플레이션이 찾아온다. 경기를 살리기 위해 마이너스 금리를 채택했는데 오히려 경제가 크게 후퇴하는 아이러니한 현상이 발생하는 것이다. 이 때문에 유럽과 일본 등은 마이너스 금리를 더 깊게 내리는 데 매우 신중하다. 하지만 앞으로 무한정으로 마이너스 금리가 작동하지 않을 것이라고 생각하는 것은 오산이다. 극단적인 가정을 해서 만약 국가가 현찰을 없앤다면 어떨까?

정부는 현찰 사용을 매우 혐오한다. 특히 한국은 더더욱 그렇다. 현찰은 검은 거래, 매출 누락, 탈세의 온상이라는 고정 관념이 있기 때문이다. 대한민국 정부의 오랜 노력의 결과 한국은 경제 규모 대비 현찰 사용액 면에서 전 세계에서 가장 낮은 수준을 보이고 있다. 이는 정도의 차이는 있어도 모든 국가에게 있어서는 국민 통제의 꿈과 같은 것이다. 이는 중앙은행의 꿈이기도 하며 마이너스 금리의 하단을 열어 주는 역할을 한다.

저출산, 한국의 마이너스 금리를 앞당길 요소

마이너스 금리는 한국에게 훨씬 빠른 속도로 다가올 것이다. 한 국의 마이너스 금리를 빠르게 앞당길 요소는 오랜 기간 진행되어 온 이례적인 저출산이다.

전문가들은 한국의 저출산 현상이 전 세계적으로도 인류 역사적으로도 이례적인 현상이라고 입을 모은다. 2019년에는 OECD 출산율 꼴찌 및 세계 유일 출산율 1명대 미만 국가였지만, 2020년에는 198 개국 중 198위로 합계 출산율 전 세계 꼴찌를 달성했다. 2011년 이후 저출산 정책으로만 210조 원을 썼다고 하는데 노력이 무색하다. 저출산의 원인 진단과 대책에는 수많은 전문가들이 10년 이상 힘을 썼을 터인데도 이 상황이라면 앞으로도 그다지 기대할 것이 없다.

그림 6. 우리나라 합계출산율과 출생아 수 추이

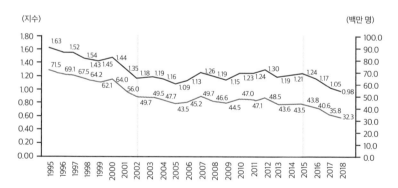

(자료: 통계청)

출산율은 경제와 깊은 관련이 있고 금리에 당연히 영향을 준다. 국가의 장기적인 실질 성장은 결국 인구 증가와 기술 발전에 달려 있다. 기술 발전은 불확실한 요소다. 예측 가능한 인자인 현재의 출산율이 획기적으로 개선되지 않는 한 한국의 저성장과 저금리는 피할 수 없으며, 그 속도는 마이너스 금리를 채택하고 있는 선진국과는 비교도 할 수 없을 정도로 빠를 것이다. 한국의 저성장, 저금리는 현재의 일본과 유럽 선진국보다도 그 속도와 정도면에서 훨씬 심각하며, 이를 반영하여 장기적으로 금리는 제로를 넘어 마이너스로 급전직하할 것이다. 마이너스 금리에서 각자도생할 방안을 미리미리 준비하는 것이 생존의 방법이 될 것이다.

8. 달러 약세 흐름, 이어지기 어렵다

코로나-19 위기가 발생한 이후 글로벌 금융 시장에서 발생했던 중요한 변화 중 하나가 달러화의 약세였다. 국제 금융 시장에서는 달러의 가치를 측정하기 위해 '달러화 인덱스'라는 것을 사용한다. 우리가 무언가의 길이를 재려면 자가 필요하듯이 어느 나라의 통화 가치는 반드시 다른 나라의 통화로 측정된다. 달러의 가치를 다른 주요국 통화로 구성된 바스켓으로 측정한 것이 달러화 인덱스다. 일종의 달러에 대한 주가 지수라고 할 수 있다. 달러 인덱스는 달러 이외의 통화로 측정되는데 그중 가장 큰 비중을 차지하고 있는 것이 유로화다. 대략 인덱스의 65%를 차지한다. 유로화가 약해지면 달러는 강해지고 반대면 달러는 약해진다.

2020년 들어 달러화 인덱스는 5월 이후 큰 폭으로 하락했었다. 5월에서 8월까지 대략 8% 가량의 낙폭이다. 주식에서는 8%가 크지 않을 수도 있지만 글로벌 통화 가치에서, 그것도 선진국 기축 통화의 으뜸인 달러화가 8%나 약해진 것은 상당한 폭이라고 할 수 있다. 달러 약세는 글로벌 자산 시장에 엄청난 영향을 미친다. 달러는 글로벌 '돈' 그 자체이기 때문에 달러 가치가 떨어진 것은 금리 인하와 동일한 효과를 갖는다. 달러 빚이 있는 사람은 달러 가치 하락분만큼 금리가 낮아지고 원금을 탕감받는 셈이다. 달러 값이 싸지니 돈 빌리기도 수월해진다. 그렇다 보니 경기도 좋아지고 인플레이션에 대한 압력도 생긴다. 원자재나 금, 원유 가격이 상승하고 신흥국 주가에도 긍정적으로 작용한다.

이렇듯 달러 약세는 매우 긍정적 영향을 가져다 준다. 어쩌면 국내 증시가 2020년 뜨거운 상승세를 보였던 것도 달러 약세가 주요 원인이었을 수도 있다. 금값도 한때 2,000달러를 넘어서며 상당한 상승세를 만들었다. 원/달러 환율도 달러 가치를 따라간다. 유로화와 원화는 비슷하게 움직이고 이들의 반대쪽에서 움직이는 것이 달러이므로 원/달러 환율도 달러 가치에 좌우된다. 따라서 달러의 가치를 예측하는 것은 자산 시장 전반에 매우 중요하다.

달러가 왜 약해졌을까?

달러가 2020년에 약해졌던 원인은 크게 다음과 같다.

첫째, 미국의 부양책이 다른 지역보다 압도적으로 컸다. 미국은 연준과 정부가 모두 힘을 합쳐 대규모 부양책을 사용했다. 다른 나라도 부양책을 쓴 것은 마찬가지였지만 그 정도는 미국이 훨씬 컸다. 이러한 것을 일률적으로 비교할 수 있는 기준 같은 것이 있는데 각국이 GDP 대비 일나나 많은 부양책을 사용했는가 하는 것이다. 미국은 GDP 대비 부양책의 사용 규모가 다른 나라, 특히 유로존과 비교해서 절대규모가 컸다. 게다가 통화 정책의 사용규모까지 합하면 상대적인 강도는 10~20%p 가량 더 컸다. 이렇게 부양책이 커지면 돈이 풀리는 효과가 있다. 돈이 풀리면 그 돈이 흔해지고 흔해진 통화는 약해지기 때문에 달러가 약해진다. 따라서 다른 나라보다 훨씬 강했던 미국의 부양책이 약달러의 주요 원인이 되었다.

둘째, 미국의 코로나-19 확진자 수 추이다. 어느 나라의 확진자 수가 늘어나면 해당 국가는 경제를 폐쇄해야 하고 경기가 나빠진다. 이는 해당 국가의 성장에 부정적인 영향을 주고 통화 가치를 약화시킨다. 미국과 유럽은 서로 주거니 받거니 하면서 확진자 수 증감이 달라진다. 미국은 6~7월에 걸쳐 확진자 수가 크게 늘었다. 그 시기에 달러화가 특히 약해졌다. 반면 해당 시기에 유럽은 강력한 경제 폐쇄에 힘입어 확진자 수가 크게 줄었던 바 있다. 이것이 성장률 전망에 대한 상호 차이를 만들어 내고 결과적으로 달러가 약해지는 결과를 낳았다.

셋째, 유로화만의 강세 재료로써 재정 안정판이 만들어졌다. 과거 10여 년간 유로화가 약했던 가장 큰 이유는 유럽의 재정 안정성에 대한 우려 때문이다. 그리스나 이탈리아와 같이 재정이 불건전한 국가에 문제가 발생할 때마다 유로존의 존립이 위태로워졌다. 유로존은 통화를 통합했지만 재정은 그렇지 않았던 것이 가장 큰 문제였다. 나라 빚을 늘리고 싶어하는 것은 인지상정이기 때문에 재정이 악화된 국가가 속출했지만, 정작 이들 국가에 문제가 발생할 경우 지원하는 방안은 마땅치 않았다. 이러한 가운데 유로존 재정 통합에 한 획을 그을 만한 사건이 2020년 5월에 있었다. 독일과 프랑스 정상은 회담을 통해 유로존의 공동회복기금을 만들기로 합의했다. 공동회복기금은 과거 유로존 위기를 겪으면서 이를 극복하기 위한 수단으로 오랜 기간 논의되었지만, 결과가 지지부진했다. 그러나 코로나-19 위기를 겪으면서 논의가 급물살을 탔다. 만약 유로존 공동회복기금이 만들어져서 유럽 각국이 해당 펀드에 돈을 납입하고 이를 이용해 재정 취약국을 도울 수 있다면 유로화에 대한 불안감은 상당 부분 가실 수 있다. 이것이 유로화의 강세를 촉발했고 그 반대편에 있는 달러는 약해졌다.

향후 달러의 가치는?

지금까지 달러가 왜 약했는지에 대해서 알아봤다. 그렇다면 앞으로 달러 가치는 어찌될까? 약달러 분위기가 만연할 때 글로벌 IB들은 약달러가 더 진행될 것이며, 이것이 글로벌 경기회복과 리플레이션, 주가 상승, 원자재와 금값의 상승을 가져올 것이라는 전망을 봇물처럼 내놨다. 그러나 안타깝게도 우리는 그러한 전망에 회의적이다. 왜인지 보자.

앞서 우리는 총 세 가지 이유를 들어 달러의 약세를 설명했다. 그런데 이 요인들이 앞으로도 그럴 것이라는 보장이 없다.

우선 첫째, 미국의 부양책을 보자. 분명 미국의 부양은 대규모였고 이것은 약달러의 주요 원동력이었다. 그러나 우리가 통화의 가치를 살펴보는 데 있어서 부양책에 대한 해석은 매우 주의해야 한다. 부양책에 앞서 통화 가치를 결정하는 가장 큰 변수는 양국가 간의 성장률의 격차다. A라는 나라와 B라는 나라 간의 통화가 각각 있을 것이다. 그렇다면 A와 B국가의 환율은 결과적으로 양국 간의 성장률 갭에 의해 결정된다. 물론 단기적으로 재정과 통화 정책이 대규모로 사용되면 해당 순간에는 그 나라의 통화가 약해진다. 하지만 시간을 두고 이들 정책이 효과를 봐서 성장률이 다른 나라보다 반등한다면 오히려 그 이후에는 통화가 강해지는 결과를 낳는다. 만약 미국이 대규모 재정과 통화 정책에도 불구하고 미국의 성장률이 유럽 대비해서 회복되지 못한다면 달러 약세는 지속될 것이다.

하지만 우리는 그렇게 보지 않는다. 미국 경제는 가장 자유롭고 따라서 경제 교과서가 잘 들어맞는다. 이는 규제가 적고 자본 시장이 발달되어 있으며 창의적인 승자에게 이익을 보장하는 선진 자본 시장이 형성되어 있기 때문이다. 글로벌 4차 산업혁명의 선두에 있는 기업은 사실상 미국밖에 없다. 따라서 부양책의 약발을 가장 잘 받는 경제 구조를 가지고 있다. 연준과 미국 정부의 대규모 부양책은 결과적으로 미국의 성장을 보장하게 될 것이고, 이는 결과적으로 다른 나라보다 높은 회복 속도를 이끌어 낼 것이다. 그 시기가 온다면 시차를 두고 달러는 다시 반등할 가능성이 높다.

둘째 원인인 코로나-19 확진자 수를 보자. 이는 미국과 유로존이 상호 교차되는 특성을 가진다. 미국은 8월 이후로는 확진자 수가 하향 안정되는 반면 유로존은 오히려 크게 확대되고 있다. 이러한 확진자 수의 격차는 자연스럽게 상호 성장에 대한 전망의 차이를 만들어 유로 강세를 제약하고 달러를 다시 강하게 만드는 역할을 한다.

셋째, 유로존의 공동회복기금은 분명 구조적인 유로화 강세 재료다. 다만 우리는 그에 따른 강세 폭은 현재의 유로/달러 환율이 이미 반영되었다고 본다. 자본 시장은 호재나 악재를 단기간에 모두 반영하기 때문에 특정 재료가 노출될 경우 초반에만 반영하고 그 이후는 원점에서 다시 시작해야 한다. 따라서 공동회복기금 재료는 과거보다 현재의 유로화의 가치를 구조적으로 한 단계 높일 수는 있지만, 꾸준히 유로화의 강세를 만들기에는 역부족이라는 말이다.

이러한 원인을 통해 향후 달러화는 약세 흐름이 제약되고 다시 강세 흐름으로 전환될 것이다. 이는 앞서 자산 시장에 미치는 영향이 그다지 긍정적이지 않은 결과를 야기한다. 따라서 이에 대한 대비가 필요하다.

원/달러 환율의 결정적인 변수

원/달러 환율도 큰 흐름에서는 앞서 유로화의 가치를 따라갈 것이다. 유로화와 원화는 달러에 대비해서 매우 유사한 움직임을 보인다. 이는 유럽의 경제, 사회 문화와 산업 구조, 금융 시장, 중국 경제에의 의존성 등이 한국과 상당히 유사하기 때문이다. 따라서 원/달러 환율도 향후에는 상승 압력(원화 약세 압력)이 더 커질 것으로 생각한다.

다만 여기에 최근 변수가 생겼다. 바로 위안화의 강세, 그리고 일본 아베 총리의 퇴임에 따른 엔화의 강세다. 원화는 위안화나 엔화의 흐름에 높은 연관성을 가지고 있다. 한국 경제가 중국과 일본에 연동되어 있는 측면이 크기 때문이다.

달러/위안 환율은 5월에 가장 높아져서(위안 약세) 한때 7.2위안에 육박했지만 이후 꾸준히 흘러내려(위안 강세) 6위안대 중후반까지 하락했다. 이러한 흐름은 앞서 유로화와 비슷하기는 하지만 위안화의 강세 흐름이 보다 연장되어 길어진 면이 있다. 여기에는 이유가 있는데 바로 중국의 팬데믹 위기 졸업 선언에 따른 경제 정상화다. 중국은 내부적으로 확진자 수가 얼마일지는 모르겠으나 공식적으로는 하루에 추가되는 환자 수는 0명이다. 따라서 경제 활동을 정상적으로 영위하고 있으며 이는 경기 회복의 속도를 빠르게 만들고 있다. 앞서 양국가 간 경제 성장률의 격차가 환율이라고 밝혔던 바 있다. 미국보다 중국의 확진자 수가 적고 경제 정상화 속도가 빠르다면 성장률 격차 면에서 위안/달러 환율은 하락(위안 강세) 흐름을 보이는 것이 자연스럽다.

둘째, 엔화의 강세다. 아베 총리가 8월에 퇴임한 이후 새로운 총리는 스가 요시히데 전 관방장관이 맡았다. 스가는 아베의 오른팔로서 향후에도 아베노믹스를 충실히 이끌어나갈 것으로 점쳐지고 있다.

그러나 일본은 이미 트럼프 행정부가 들어선 이후 마땅한 통화 완화나 재정 정책을 사용한 적이 없다. 이는 일본의 정책 특성에 기인한다. 일본은 미국의 정권에 따라서 미국이 윤허한 정책만을 적극적으로 사용한다. 즉, 정책에 있어 미국과의 관계를 중시한다. 아베는 과거 오바마 정부를 설득하여 아시아 시장에서의 중국 견제 및 군사적 역할을 맡는 대신 강력한 통화 완화 정책을 허가받았다. 반면 2016년 이후 트럼프 집권 이후부터는 엔화 약세 정책을 사용하는 데 조심스럽게 접근했다. 마침 11월 미국의 대통령 선거를 앞두고 아베가 퇴임했다. 글로벌 통화 거래자들인 현재의 상황이 엔화의 가치 변화를 테스트해 볼 수 있는 시기가 된 것이다. 일본 정부 입장에서 아직 미국 대통령이 정해지지 않은 환경에 적극적인 외환 시장 개입은 쉽지 않을 것으로 볼 수 있다. 이러한 환경에서 엔화의 강세 베팅이 나타나고 있는 것이다.

결과적으로 지금까지 언급한 중국의 경기 회복, 일본 아베노믹스의 변화 환경이 향후에도 얼마나 지속력이 있는가가 원/달러 환율에도 결정적인 변수가 될 것이다. 우리는 앞서 유로화 가치에 대해서도 언급했듯이 위안과 엔화의 달러 대비 강세가 지속 가능하다고 보지는 않는다.

지금 당장은 중국이 경제를 정상화시키면서 미국보다 높은 성장세를 만들고 있지만, 이것이 무한정 지속되는 것은 아니다. 미국도 확진자 수를 안정적으로 관리 중이며, 향후 백신 개발을 통해 경제 활동 정상화를 앞당기기 위해 노력할 것이다. 그렇게 될 경우 경제 회복세의 상대 격차는 줄어들고 이는 달러/위안 환율에도 영향을 줄 것이다.

엔화도 마찬가지다. 새로운 미국 대통령이 누가 될지 몰라도 일본의 지도자는 사국의 경제 회복을 위해 미국 대통령을 포섭하기 위해 노력할 것이다. 스가 총리도 향후 차기 총리 자리를 보다 확고히 하기 위해서는 미국 대통령과의 관계를 통해 성과를 만들어 내야 한다. 따라서 미국 대선 이후 일본의 아베노믹스가 시즌 2를 맞이하며 한층 강하게 발현될 가능성이 있다.

이를 종합해 볼 때 위안화와 엔화의 강세 흐름이 무한정 지속되기보다는 일정 부분 진행되다 마무리될 것으로 여겨지며, 결과적으로 원/달러 환율도 이들에 영향을 받아 하락하기보다는 상승하는 흐름을 만들 것으로 예상한다.

9. 한국의 재정, 통화 정책,
그리고 원/달러 환율 영향

 앞에서는 원화 가치가 유로나 글로벌 통화 가치를 따라간다는 거시적 관점에서 원/달러 환율을 조망했다. 그렇다면 보다 미시적으로 한국만의 요인에 따르면 환율은 어떻게 될까? 앞서 말한 거시적 요인보다는 상대적으로 영향력은 떨어지지만 한국만의 요인도 꼭 챙겨 봐야 할 이슈들이 있다.

 그 이슈들 중 가장 주목해야 할 것은 무엇보다 우리나라가 코로나-19 위기를 겪으면서 명실상부한 양적 완화 국가가 되었다는 점을 들 수 있다. 선진국의 양적 완화는 그 정책이 목표로 하든 그렇지 않든 필연적으로 해당국 통화의 약세를 수반한다. 한국은행이 시행한 자산 매입은 선진국에 비해서는 아직 그 절대규모나 GDP 대비 상대규모가 크지는 않다. 그러나 자산 시장이나 환율은 이러한 규모보다는 모멘텀을 훨씬 중요시한다. 즉, 한국은 기존에는 쓰지 않았던 정책을 새로이 쓰는 것이기 때문에 통화의 관점에서 볼 때 환율에 미지는 영향력이 훨씬 크다. 다른 선진국들은 이미 과거부터 자산 매입을 해왔기 때문에 현재 그 규모가 커졌음에도 불구하고 한국보다는 영향력이 작다. 환율은 양국가 간의 통화량의 격차로 볼 수도 있기 때문에 한국은행의 자산 매입은 명백한 원화 약세 재료다.

특히 한국은 기축 통화국이 아닌 점이 환율에 더욱 영향을 많이 주면서 원화 약세 압력으로 작용할 공산이 크다. 현재 각국 중앙은행의 통화 정책은 정부의 재정을 보조하는 방식으로 작동하고 있다. 한국도 예외는 아니다. 2020년 코로나-19 위기를 맞이하여 대규모 재정 지출이 있었는데 이것이 일회성으로 끝난다는 보장은 없다. 개인이나 기업도 일회성으로 지출이 늘면 향후에 일회성 사건이 없더라도 지출을 쉽게 줄일 수 없는 현상들이 종종 발생한다. 아이러니하게도 또 지출이 늘어날 일이 우연찮게 발생하거나 아예 씀씀이 자체가 커진다. 이것이 인지상정이다. 국가의 돈은 주인이 없기 때문에 더더욱 쓰기 쉽다.

2021년에도 대규모 예산 증액이 불가피할 것이다. 추경 예산은 국가 재정법에 따라 편성 조건이 제한되어 있지만, 법률 해석이라는 것이 귀에 걸면 귀걸이 코에 걸면 코걸이 식이다. 지금까지도 매년 정례 행사처럼 추경이 편성되어 왔다. 2021년에도 마찬가지일 것이다. 추경이 편성되면 국채 공급이 늘어날 것이기 때문에 채권 금리가 상승한다. 이는 정부의 조달 리스크를 높이기 때문에 중앙은행의 역할론이 부각된다. 따라서 2021년에도 한국은행의 채권 매입은 불가피할 것이다. 이는 원화에 약세 압력으로 작용한다.

원화 가격을 결정하는 또 다른 국내 요인 중 전통적으로 중요한 것이 수출 증가율이다. 수출이 잘되면 원화가 강해지고 안 되면 약해진다. 이는 국내만의 요인이라고 보기는 어려운데 수출은 글로벌 수요를 반영하기 때문이다. 따라서 글로벌 경기 회복의 강도가 수출 증가율을 결정하고 이것이 환율 흐름에 영향을 줄 것이다. 2021년도에 글로벌 경기가 빠르게 개선된다면 수출 성장을 통해 원화가 강세 압력을 받을 수 있다. 다만 경기 개선의 정도가 크지 않다면 경기 개선의 폭은 제한적일 것이다. 코로나-19 사태가 백신이 개발되고 유통이 상당 부분 진정될 때까지는 위기 이전 수준을 회복하기 어려울 것이다. 설사 백신 이후 각국이 위기 전 수준까지 경제 활동을 재개한다고 하더라도 위험이 1년 이상 지속되었기 때문에 경제에 영구적인 충격이 가해졌을 수 있다. 따라서 기술적인 반등 수준에서의 수출 증가는 예상되나 그 재료가 환율을 큰 폭으로 끌어내릴 정도는 아닐 것으로 판단된다.

원/달러 환율에 영향을 주는 요소로 최근에 혜성처럼 등장한 재료가 바로 국내 거주자의 해외 투자 증가다. '서학개미운동'으로 대변되는 해외 주식 투자 열풍으로 국내 개인 투자자들의 해외 주식 취득 열풍이 불고 있는 점은 다들 뉴스를 통해서 주지하고 있다. 사실 국내 투자자의 해외 투자가 활성된 지는 오래되었다. 예를 들어, 국

그림 7. 빠르게 증가하고 있는 국민연금의 해외 투자 비중

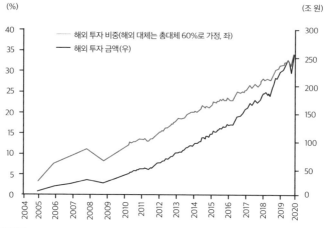

(자료: 국민연금)

민연금은 이미 총자산이 750조 원에 이르는 세계 4대 기관투자가로 성장했다. 국민연금의 해외 투자는 폭발적으로 증가하고 있으며 현재 운용 자산 중 해외 투자 비중은 30% 중반에 이른다. 증가 속도는 향후 더 빨라질 것이다. 개인과 국민연금뿐 아니라 보험사와 은행, 증권사 등의 해외 투자 속도도 빠르게 증가하고 있다. 이렇듯 대규모 자금이 해외로 유출되면서 외환 시장에는 해외 증권 투자용 달러 매수 환전 수요가 꾸준히 나타나고 있다.

환율이 하락할 때마다(원화 강세) 이러한 달러 매수 수요가 등장하는 것이 일상화되고 있다. 이는 과거와는 구조적으로 달라진 점이다. 국가의 발전 단계를 볼 때 신흥국은 자본이 부족하기 때문에 해외에서 외화 부채를 통해 자금을 빌려 온다. 반대로 선진국으로 갈수록 자국 내 투자 수요는 부족한 반면 저축은 잉여를 보이므로 자

본을 수출한다. 이러한 생각의 연장선에서 볼 때 한국 경제의 구조가 선진국 형태로 바뀌어 가고 있다고 볼 수 있다. 국내 축적된 자본은 상당한 수준인 반면 국내에서 투자할 수요는 점차 줄어들고 있기 때문이다. 이 때문에 자본 수출은 향후 구조적으로 진행될 것이다.

결과적으로 달러 약세가 지속되기 어려운 글로벌 환경과 더불어 국내에서도 달러 수요가 더 늘어날 수 있는 환경이 조성될 것이다. 이러한 국내외 환경이 같이 결합되면서 원/달러 환율은 중장기적으로 제한된 상승 압력이 유효할 것으로 판단된다.

나가며

자산 가격 전반을 결정하는 필수 요소로서 금리와 환율이 중요하다. 특히 미국의 금리는 전 세계 자산 가격의 근간을 결정하는 핵심적인 요소이기 때문에 향후 흐름을 면밀히 살펴야 한다. 주식 투자자나 부동산 투자자에 관계 없이 모든 사람들이 채권 시장을 중요시하고 면밀히 모니터링해야 하는 이유다.

일반인들은 보통 금리에 별 관심이 없다. 설사 관심이 있더라도 예금 금리가 너무 낮아 저축할 맛이 나지 않을 정도로 투자 대상에서 아예 배제되어 있다. 그러나 지금까지의 논의를 살펴보았다면 금리가 얼마나 중요하고 채권 시장이 자산 가격 전반을 결정하는 데 중요한 역할을 한다는 것을 알 수 있을 것이다.

미국의 금리와 달러화의 가치는 현재 국제 금융 시장뿐만 아니라 경기 펀더멘털까지 좌우할 수 있는 경지에 와 있다. 이는 현재 실물

경제 자체는 크게 위축되었고 공급 과잉에 따라 정책 효과를 보기 어려운 반면, 돈의 양은 과거에 비해 크게 늘어나 있기 때문일 것이다. 돈이 늘어나면 늘어날수록 돈의 가치를 측정하는 금리와 환율의 경제 및 자산 시장 영향력은 커진다. 그런 면에서 금리와 환율은 서로 이름이 다를 뿐 사실은 하나다.

금리는 돈의 가격이다. 이는 보통 통화 가치가 들어가지 않은 한 국가에서 본 관점에서의 돈의 가격이다. 여기에 국제 금융이 들어가면 서로 다른 통화를 고려해야 한다. 한 국가의 돈의 가격은 반드시 다른 나라의 돈으로 측정될 수밖에 없다. 그것이 환율이다. 돈의 가격이 국가 안에서는 금리로, 국가 간에서는 환율로 측정된다는 것을 알 수 있다.

돈의 값은 싸질수록 경기가 개선되고 자산 가격은 오른다. 금리가 낮아질수록, 달러가 약해질수록 그렇다는 말이다. 경제를 분석하는 것도 중요하지만 금리와 환율이 경제에 영향을 미치는 정도가 점차 커지고 있다. 앞으로 돈이 더 많이 풀리면 더욱 그러할 것이다. 그러니 독자 여러분도 금리와 환율 지식으로 잘 무장되어 있을수록 세상을 유리하게 살아갈 수 있을 것이다.

금리와 환율

주식

2021년 주식 시장
최대 관심 섹터는?

들어가며

　동학개미, 서학개미, 빚투, 주린이 등의 신조어가 뉴스에 심심찮게 자주 보인다. 개인들 사이에서도 주식 투자의 저변이 확대되고 있어 기쁘지만, 한편으로 변동성이 심한 주식 시장에서 빚을 내서 주식을 매수했다가 실패를 맛보고 일시적인 유행으로 끝날까 걱정되기도 한다.

　주식 투자는 어렵지만 본인의 투자 철학을 세우고 철저히 지킨다면 성공할 수 있다고 믿는다. 주식 투자와 관련된 많은 서적에서 장기 투자를 하라고 권하고 있다. 이 말에 100퍼센트 동의한다. 장기 투자가 가능한 환경, 예를 들면 시간에 쫓길 필요가 없다거나 자금의 성격이 여유자금이라면 장기 투자가 단기 투자보다 더 높은 복리 수익률을 가져다줄 수도 있다. 하지만 장기 투자를 위해서는 지속 가능한 성장성을 보유할 기업을 잘 골라야 한다. 무조건 대형주도 아닐 것이다. SK이노베이션을 2010년 9월에 매수해서 10년 동안 보유했다면 2020년 9월 현재 수익률은 대략 -7%다. 같은 기간 SK하이닉스를 보유했다면 수익률은 259%이고, 코스피 수익률은 9.9%다. 종목을 고르는 것이 어렵다면 지수 ETF를 장기 보유하는 것도 방법이다.

장기 투자를 옹호하는 분들 가운데 단기 투자나 데이 트레이딩을 비판적으로 보는 시각이 있다. 이 시각엔 동의할 수 없다. 주식 시장 참여자 모두가 장기 투자를 할 수 있는 환경을 가지고 있을 수 없고, 각자의 사정이 다르기 때문이다. 자신의 원칙이 있다면 단기 투자가 장기 투자보다 못할 법 없다. 투자와 투기에 대한 논의는 차치하고 이론적으로 일 수익률 0.1%를 1년에 200일간 꾸준히 낼 수 있다면 수익률은 대략 22%다. 낙수가 바위를 뚫을 수 있다.

이 책에서는 코로나-19 팬데믹 이후 변화된 우리의 삶에서 꾸준히 성장할 것으로 생각되는 산업과 기업을 독자들과 공유하려 한다. 온라인으로 촘촘히 연결되어 있는 우리의 생활에서부터 기업들의 사활을 건 디지털 전환과 성큼 다가온 클라우드 세상, 4차 산업에서 소금과 같은 존재인 반도체 그리고 성장 초기 국면에 위치한 자율주행이 가능한 전기차까지 다루었다.

11년 전 필자가 싱가포르에 있는 투자은행에 첫 출근을 한 날 사무실 청소일을 도와주시는 어르신이 마이크로소프트와 오라클 주식에 대해서 어떻게 생각하느냐고 물었다. 그 순간은 적잖은 충격이었다. 그 당시 한국의 개인 및 기관 투자가들은 코스피와 코스닥만을 투자하고 있었기 때문이었다.

세상이 변했다. 2020년 7월 말 현재 한국 개인 투자자의 해외 주식 보유 잔액은 24조 6,000억 원이라고 한다. 한국의 우량 기업뿐 아니라 세계 각국의 블루칩으로 눈을 돌리면 기회는 얼마든지 있다. 과거부터 개인 투자자들 중 고수들은 늘 있었다. 더 많은 고수들이 생겨나기를 진심으로 바란다.

들어가며

1. 드라마틱했던 2020 글로벌 주식 시장

2020년 한국을 포함한 글로벌 주식 시장은 코로나-19로 인해 드라마틱한 움직임을 보였다. 2020년 9월 25일 현재 2019년 말 대비 주요 국가의 주가 지수 중 미국의 나스닥 지수가 21.6%로 가장 많이 올랐고, 그 다음이 한국의 코스닥 지수로 19.9% 상승했다. 글로벌 주식 지수의 벤치마크인 MSCI World AC는 1.8% 하락했고, 프랑스와 영국의 대표 지수는 각각 20.9%, 23% 하락했다. 홍콩은 정치 불안으로, 영국은 브렉시트 협상에 대한 불확실성 등으로 성적표가 좋지 않다.

코로나-19 팬데믹이 본격화된 3월에 글로벌 주식 시장은 공포스러운 하락을 맞이했으나, 미국을 포함한 주요 국가의 발 빠른 재정 정책과 통화 정책 덕분으로 3월 말부터 반등에 성공했다. 2020년 3월 연중 저점에서 9월 고점까지 상승률은 벤치마크인 MSCI World AC가 44.6%, 한국의 코스닥이 82.1%, 미국의 나스닥이 59.1%, 코스피 53.7%순이었다. 영국과 홍콩은 반등 장세에서도 가장 언더퍼폼했다. 같은 기간 한국의 코스피와 코스닥에서 기관과 외국인은 각각 약 14조 원씩을 순매도한 반면 개인은 약 28조 원을 순매수했다. 한국 시장의 수익률을 글로벌 시장에서 수위에 올려놓은 주역이 누구였는지 쉽게 가늠할 수 있다. 미국 나스닥이 미국 3대 지수 중 가장 아웃퍼폼한 이유는 팬데믹 시기에 비대면 생활 문화로 전환되면서 이와 관련된 정보통신기술(ICT) 산업의 비중이 아주 높기 때문으로 풀이된다.

그림 1. 2020년 연간 각 국가별 지수 수익률

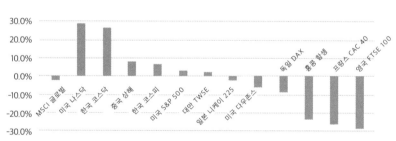

그림 2. 2020년 연중 저점부터 고점까지 상승률

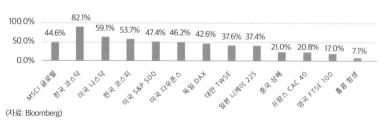

(자료: Bloomberg)

2020년 3월 급락 이후 V자 급반등의 가장 큰 동력은 미국의 제로 금리 정책이다. 사실 코로나-19로 인해 GDP 성장에 타격이 오고, 주요국들의 부채는 증가 일로에 있으며, 인플레이션보다는 디플레이션을 맞이할 공산이 크다. 미국과 중국의 갈등, 국민들 간의 불평등, 소득으로 인한 양극화는 경기에 좋은 요소들이 아니다. 하지만 2008년 금융 위기 때 미국 정부가 제시한 부양 정책보다 더 강력한 정책과 속도감 있는 금리 인하와 그로 인한 풍부한 유동성이 투자자의 위험 회피 정도를 낮추었다. 〈그림 3〉은 미국의 M2 통화량 증가율 차트다. 통화량 증가 속도가 2008년 후반 금융위기 때보다도 훨씬 빨랐음을 알 수 있다. 너무나 빨리 그리고 많이 풀려 버린 시중 유동성이 갈 길은 록다운(lockdown)으로 인해 들어갈 수도 없는 부동산도 아니고, 오를 대로 오른 채권도 아닌 주식이었다.

2008년 금융 위기 때와 코로나-19 팬데믹이 다른 점은 미국, 유럽, 아시아 금융기관의 신용 사이클에 타격이 없었다는 점이다. 금융기관의 부채 비율이 높은 상태에서 신용 경색이 올 경우 금융기관은 대출 채권을 회수하게 되고, 한계 기업의 부도가 급증하는 악순

그림 3. 미국 M2 월별 증가율

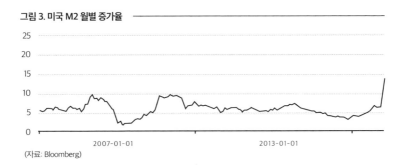

(자료: Bloomberg)

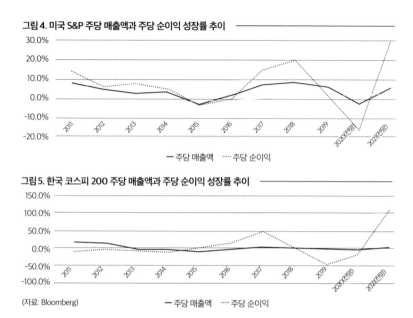

그림 4. 미국 S&P 주당 매출액과 주당 순이익 성장률 추이

30.0%
20.0%
10.0%
0.0%
-10.0%
-20.0%

2011 2012 2013 2014 2015 2016 2017 2018 2019 2020(추정) 2021(추정)

— 주당 매출액　····· 주당 순이익

그림 5. 한국 코스피 200 주당 매출액과 주당 순이익 성장률 추이

150.0%
100.0%
50.0%
0.0%
-50.0%
-100.0%

2011 2012 2013 2014 2015 2016 2017 2018 2019 2020(추정) 2021(추정)

(자료: Bloomberg)　— 주당 매출액　····· 주당 순이익

환에 접어 들지만, 이번 팬데믹은 그러한 신용 문제를 낳지는 않았다. 팬데믹이 과거에 경험했던 금융 시스템에 심각한 손상을 입히지 않는다는 가정하에 투자자들은 미국 정부의 지속적인 유동성 공급과 경기 부양을 위한 재정지출 확대에 대한 기대를 가지고, 주식 자산을 공격적으로 매입한 것으로 풀이된다. 그와 더불어 유동성 공급과 재정 확대가 지속되면 팬데믹 이후 기업의 이익도 결국 회복될 것이라는 믿음이 있었을 것이다.

한국이든 미국이든 정부의 금리 인하와 유동성 투입으로 올려놓은 시장은 유동성 투입 시기나 양이 기대를 저버리면 하락 반전할 것이다. 유럽 및 일본과 달리 미국과 한국은 마이너스 금리는 피할 것이므로 유동성 공급을 위해서는 금리 인하보다는 시중의 채권을 더 많이 매입하는 방식을 고수할 텐데, 만약 시장의 기대만큼 채권을 더 사지 않거나 예상했던 시기에 사지 않으면 유동성 공급이 감소할 것이라고 생각을 바꾸면서 주식을 팔 가능성이 높다. 아직까지 미국과 한국의 중앙은행은 사용할 카드가 많은 것이 사실이다. 그러나 유동성 공급을 언제까지고 계속할 수도 없다. 결국 유동성 증가율과 속도가 떨어지는 시점에 주식 시장이 추가로 상승을 하기 위해서는 기업 실적의 개선이 반드시 나와 줘야 한다.

〈그림 4〉와 〈그림 5〉는 블룸버그가 집계한 미국 및 한국 시장 상장사들의 평균 주당 매출액과 주당 순이익을 보여 준다. 2020년과 2021년 전망치를 포함하고 있다. 2020년 주당 순이익은 미국 S&P 500이 12.1% 감소하고, 한국 코스피 200이 20.4% 증가할 것으로 전망하고 있으며, 2021년에는 각각 29.4%와 42% 증가할 것으로 전망하고 있다. 한국 코스피 200의 2020년 주당 순이익이 증가한다고 추정하고 있는 이유는 2019년의 기저효과 때문으로 풀이되므로 큰 의미는 없다고 본다. 다만 2021년 주당 순이익 증가율 전망치 42%는 너무 높아 보이는데, 애널리스트들이 코로나-19 이후의 불확실성이 높아 기존 추정치를 아직 수정하지 않았다고 짐작되므로 이 수치는 시간이 갈수록 하향 조정될 것이다. 미국 S&P 500 2021년 주당 순이익 전망치는 2020년 대비 25.6% 증가하는 데 이는 2020년의 급감한 수치의 기저 효과로 인해 많이 성장하는 것처럼 보이지만 2019년과 비교할 경우 10.4% 늘어난 수치이므로 과거 10년 연평균 성장률 7%를 고려할 때 정상적인 성장률 궤도로 회귀할 것으로 예상한 것

이다. 주식 투자에서는 컨센서스의 방향이 중요한데 전망치가 현재로서는 시장이 기대하는 만큼의 개선을 보이고 있어도 만약 향후에 전망치가 하향 조정되면 시장은 조정받을 공산이 크다. 바꿔 말하면 애널리스트들의 현재 추정치가 상향 조정되어야 시장이 추가로 상승할 수 있다. 2017년과 2018년 S&P 500 기업의 주당 순이익 증가율은 각각 15%, 19%였다. 이 정도의 성장률은 뒷받침이 되어야 하지 않을까 생각해 본다.

〈그림 6〉을 보면 2020년 자기자본 이익률(ROE, Return On Equity) 및 영업 이익률 하락이 심하다. 애널리스트들의 이익 추정치가 상향 조정되기 위해서는 이 두 변수가 2021년에 개선되어야 하며 이는 주

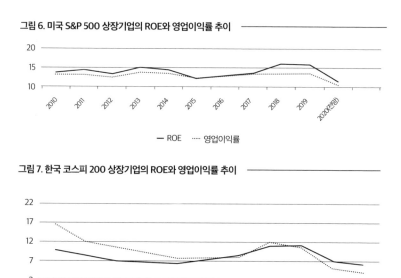

그림 6. 미국 S&P 500 상장기업의 ROE와 영업이익률 추이

그림 7. 한국 코스피 200 상장기업의 ROE와 영업이익률 추이

(자료: Bloomberg)

― ROE ⋯⋯ 영업이익률

식 시장의 추가 상승에 필요 조건이라고 본다. 중앙은행들이 추가적인 통화 정책을 펼칠 수 있는 상황이므로 시중 유동성으로 인해 지수가 심하게 하락하지는 않을 것이므로 하방 경직성은 확보되었다고 볼 수 있지만, 현재 기업의 이익 추정치를 고려할 때 지수의 상승 폭도 제한되는 박스권을 보일 수 있다. 미국 시장의 경우 고용 지표인 실업률이 굉장히 중요한데, 경제활동 재개 이후 2020년 8월 실업률은 8.4%로 하락 추세를 보이고 있는 것은 긍정적이지만, 향후 얼마나 빠른 속도로 실업률이 추가로 떨어지는지도 관건이다. 2019년 말 미국의 실업률은 3.5%로 거의 완전고용 상태였다. 앞으로 실업률이 2019년 말까지 회귀하는 데는 시간이 꽤 걸릴 것이지만, 시장이 추가로 상승하기 위해서는 2016년부터 2018년에 보여 줬던 4~5% 수준까지는 하락할 필요가 있다고 생각한다.

다음 장에서 추세적인 이익 성장의 모멘텀을 지닌 산업과 기업들을 살펴보려는 이유가 여기에 있다. 한국과 미국의 주가 지수는 팬데믹 이전 수준을 훨씬 상회하고 있다. 유동성 덕분이라고 하지만 피로감을 보이고 있는 것이 사실이다. 이 피로감은 투자자들이 2021년 기업 실적과 매크로 지표의 턴어라운드(turnaround)가 얼마나 될지 감이 서지 않기 때문이다. 결국 이러한 불확실성이 높아지는 시기에 투자자들이 선택할 수 있는 것은 추세적인 이익 증가를 보일 산업과 기업을 찾는 작업이다. 다음 장에서 온라인 서비스 산업, 클라우드 컴퓨팅과 소프트웨어 산업, 반도체 산업, 전기차와 배터리 산업에 대해서 이야기해 보고자 한다.

참고로 미국 시장에 투자해야 하는 이유는 미국 시장의 ROE가 어떠한 다른 주요 시장의 것보다 월등히 높기 때문이다. 주식을 산다는 것은 자본을 기업에 댄다는 것이고 그 자본의 수익률이 높아야 수수의 부가 많아지는 것이다. 또한 배당이나 자사주 매입을 통한 주주 친화 정책은 자기자본의 감소로 이어져 ROE를 높일 수 있다. 그런 의미에서 미국 시장은 주주 가치가 가장 높은 시장이라고 할 수 있다. 한국은 2014년 이후로 ROE가 주요 시장 중 가장 낮다. 그렇기 때문에 한국 시장에서 종목 선택이 아주 중요해졌다.

2. 언택트? e커넥트!

코로나-19 팬데믹이 쉽게 사라지지 않고 있다. 전 세계 확진자 수가 3,500만 명을 상회하고 있고, 이 지루한 팬데믹은 그 끝이 보이지 않는다. 백신의 임상이 성공했다는 뉴스도 있고, 치료제 임상도 진행되고 있다지만, 많은 전문가들은 코로나-19가 완전히 사라지는 것에 회의적이다. 우리의 일상 생활도 많이 바뀌었다. 마스크를 쓰고 외출을 하고, 의식적인 타인과의 거리 두기와 사회 체육 시설 이용이 금지되고, 직장인들은 재택 근무도 하고 있다. 학생들은 온라인 수업으로 학사 일정을 소화하고 있고, 쇼핑몰에 나가기가 부담스러우니 전자상거래나 TV 홈쇼핑을 통해서 물건을 산다. 음식 배달 직원들은 바쁘다 못해 그들의 안전이 걱정될 지경이다. 화상회의 소

217

프트웨어로 지인들끼리 같이 얼굴을 보면서 식사도 하고 술도 마신다. 은행 가는 것도 마음이 편하지 않으니 모바일 뱅킹에 거리를 두었던 어르신들도 사용 방법을 배우고 있다. 이런 우리 생활의 변화들이 완전히 새로운 생활 방식으로 고착화되지 않을까 하는 두려움마저 든다.

변화된 생활의 모습은 한마디로 타인과의 거리 두기다. 그래서 '언택트'라는 말이 유행하고 있다. 인간의 심리가 그렇듯 비접촉을 강요당하다 보니 더욱 접촉에 대한 욕구가 강해지는 것이다. 모두가 원하는 이 접촉은 비물리적 접촉인 온라인을 통해 이루어질 수 있다. 그래서 언택트라는 삭막한 느낌의 용어보다는 e커넥트 또는 e콘택트로 바꾸어 부르고 싶다.

온라인 서비스는 사실 코로나-19와는 상관없이 짧은 시간에 번개 같은 속도로 우리 생활을 점거해 왔다. 다만 이 대유행병이 온라인 서비스의 사용자 층을 확대시키고 빈도를 증가시키고 종류를 다양화시키면서 온라인 서비스와 그와 관련된 사업 모델이나 기술 등 모든 것을 앞당겨 놓았다. 그렇다면 만약 백신이 성공적으로 출시되고 코로나-19에 대해서 사람들의 공포가 사라진다면 우리는 코로나-19 이전의 생활 패턴으로 돌아갈 수 있을까? 코로나-19가 중국 우한에서 처음으로 발생한 지 거의 1년이 다 되어 가고 있어도 세계 확진자 수는 감소하고 있지 않다. 공포감이 완전히 사라지려면 앞으로 몇 년은 더 걸리지 않을까? 그렇다면 코로나-19하에서 변화된 우리의 생활 방식, e커넥트는 돌이킬 수 없는 습관으로 자리잡을 것

주식

이라 예상한다. 그러므로 코로나-19 팬데믹 이후 주가 강세를 보였던 온라인 플랫폼 기업이나 온라인 콘텐츠 사업자들의 실적은 장기적으로 꾸준히 성장할 것으로 전망한다.

3. 가시화된 카카오의 성장

카카오의 2020년 반기 보고서에 따르면 기업집단 카카오는 ㈜카카오를 포함한 97개의 계열회사를 통해 톡비즈(카카오톡 내 광고, 이모티콘, 선물하기, 톡스토어 등), 포털, 신사업(페이먼트, 모빌리티: 택시, 대리기사 호출 서비스 등), 게임, 뮤직, 웹툰 등 온라인 플랫폼/콘텐츠 사업을 영위하고 있다. 팬데믹이 본격화된 2020년 2분기 매출액의 전년 동기 대비 성장률은 30%였고, 팬데믹 전이었던 1분기 매출액의 전년 동기 대비 성장률은 23%여서 팬데믹하에서 고객들이 카카오의 서비스를 더 많이 사용한 것으로 추정된다. 과거 3년간 1분기와 2분기 매출액의 전년 동기 대비 성장률은 유사했기 때문이다. 영업 이익 증가도 눈에 띈다. 2019년 2분기 영업 이익은 405억 원이었으

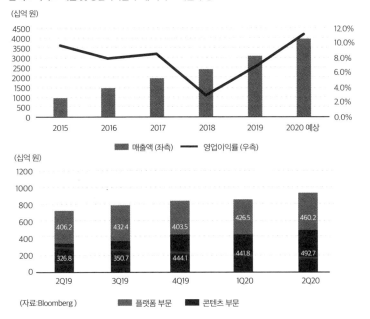

(십억 원)

■ 매출액 (좌측) — 영업이익률 (우측)

(십억 원)

(자료: Bloomberg) ■ 플랫폼 부문 ■ 콘텐츠 부문

나, 2020년 2분기는 978억 원을 기록하여 141% 증가했다. 전자상 거래와 페이먼트 거래액이 전년 동기 대비 각각 57%, 31% 증가해서 팬데믹하에서 소비자들의 행태 변화를 알 수 있다. 카카오의 매출 은 크게 플랫폼 부문 매출과 콘텐츠 부문 매출로 이루어진다. 플랫 폼 부문은 톡비즈(카카오톡 광고, 거래형 커머스), 포털비즈(다음), 신사 업으로 구성되며, 신사업은 크게 모빌리티와 페이먼트로 이루어져 있다. 2020년 2분기 신사업 매출은 전년 동기 대비 149% 성장했는 데 모빌리티 신규 매출원 확대와 페이 결제 및 금융 서비스 확대 덕 분이다. 매출 성장으로 인해 적자폭이 축소되고 있는 점도 긍정적이 다. 콘텐츠 부문은 뮤직, 게임, 웹툰 등 유료 콘텐츠, IP 비즈니스로

구분된다. 유료 콘텐츠 글로벌 거래액이 72% 증가한 것을 볼 때 콘텐츠 분야도 성장의 발판을 마련했다.

실적을 제외하고 카카오의 기업 가치를 제고하는 첫 촉매제가 카카오게임즈의 상장이었다. 그다음 기대해 볼 수 있는 것은 카카오뱅크(대주주, 33.5% 지분 보유)의 상장이다. '카카오뱅크 2019년 감사보고서'에 따르면 카카오뱅크는 2019년 영업 수익 6,650억 원, 영업 이익 133억 원, 당기 순이익 137억 원을 기록하여 영업 4년차에 흑자 전환을 이루어 냈다. 2020년 상반기 당기 순이익은 453억 원으로 속도 있는 성장을 보여 주고 있다. 미국의 비상장 디지털 은행인 바로 머니(Varo Money)가 적자를 기록 중이지만, 2020년 6월에 완료한 펀딩에서 2020년 예상 영업 수익 4,000만 달러를 기준으로 기업 가치를 4.5억 달러(약 5,500억 원)로 평가받은 것을 보면 주가매출비율(PSR, Price per Sales Ratio)이 11배였다. 단순 비교는 어렵겠지만, 카카오와 같이 바로 머니도 미국 최초의 지점이 없는 은행업 라이선스를 취득한 디지털 은행이라는 점에서 밸류에이션 연관성이 있다고 판단된다.

카카오뱅크의 2020년 영업 수익은 7,000~8,000억 원으로 예상된다. 미국 바로 머니 밸류에이션을 적용하고 PER 기준으로 우리나라 KOSPI 밸류에이션이 미국 S&P 500 밸류에이션 대비 30% 할인되고 있는 것을 반영하면, 카카오뱅크의 가치는 약 6조 원, 양 시장 간의 밸류에이션 차이를 고려하지 않을 경우 카카오뱅크의 가치는 약 9조 원으로 추정된다. 카카오가 보유한 지분 가치는 약 2~3조 원이며, 2020년 9월 현재 카카오 시가 총액 33조 원 기준으로 6~9%다. 현재는 큰 의미가 없어 보일 수 있으나, 향후 20~40대 침투율 확대와 50대 이상으로의 이용층 확대 가능성을 고려한다면 카카오 기업 가치 증대의 또 다른 한 축을 담당할 가능성이 크다. 또한 카카오페이의 상장 가능성을 고려한다면 카카오 내 테크핀[1] 포트폴리오는 큰 성장 동력이다.

카카오가 국내에서 카카오톡을 기반으로 한 사업과 모빌리티, 금융업, 게임 등의 분야에서 확장세를 보인 결과 주식의 밸류에이션 측면에서는 업종 1위 사업자인 네이버 대비 프리미엄을 받고 있다. 블룸버그 통신에 따르면, 2020년 예상 순이익 기준 카카오의 PER은 85배, 업종 시가 총위 1위 네이버는 67배다. 카카오의 2020년 및 2021년 예상 매출 성장률이 각각 28%, 23%인 데 비해 네이버는 15%, 13%로 낮은 것은 사실이다. 그러나 네이버는 사업 영역의 글로벌화, 전자상거래 플랫폼으로서 지배적 위치, 인공지능 등 4차 산업 관련 기술 개발로 우리나라 디지털 혁신을 가속화시키는 리더 중 하나로서의 가치가 크다.

---

[1] 알리바바 전 회장 마윈이 언급한 것으로 정보통신기술을 토대로 새로운 금융 서비스를 제공하는 것을 의미

4. 4차 산업의 리더, 네이버

네이버는 팬데믹이 시작된 2020년 2분기 매출 성장률은 전년 동기 대비 16.7%였던 반면, 1분기는 전년 동기 대비 14.6%로 2분기가 1분기 대비 높았으며, 2020년 2분기 매출이 1분기 매출 대비 10% 성장한 데 반해 전년 2분기 매출은 1분기 대비 7% 성장하여 네이버도 팬데믹 환경이 긍정적으로 작용했다고 할 수 있다. 네이버는 공식적으로 사업 포트폴리오를 5개로 나누고 있는데, 광고[2], 비즈니스 플랫폼[3], IT 플랫폼[4], 콘텐츠 서비스 라인과 기타 플랫폼[5]이다. 또한

---

2 포털, 쇼핑, 밴드, 네이버TV, 동영상 콘텐츠 등의 플랫폼에서 발생하는 디스플레이 광고 수익, Cost Per Millennium

3 일반 검색, 쇼핑 검색에서 발생하는 광고 수익, Cost Per Click 또는 Cost Per Sales

4 네이버페이, 클라우드, 라인웍스, IT 서비스 등

5 웹툰, 뮤직, V LIVE과 LINE, SNOW 등

네이버랩스를 통해 다양한 일상 공간에서 서비스와 연계될 수 있는 생활환경지능 기술의 연구와 개발을 진행 중이다. 로보틱스, 자율주행, 인공지능, 클라우드 등의 기술을 실제 환경에 적용해 보는 프로젝트를 활발히 진행 진행 중이다.

네이버의 향후 성장을 이끌 사업 중 하나는 쇼핑이다. 네이버가 영위하는 전자상거래는 우리가 흔히 알고 있는 전자상거래 모델인 상품을 사입해서 배송까지 해주는 전통적 모델이 아니라 온라인 유

그림 10, 11 네이버 매출 및 영업이익률 추이, 네이버 매출 구성

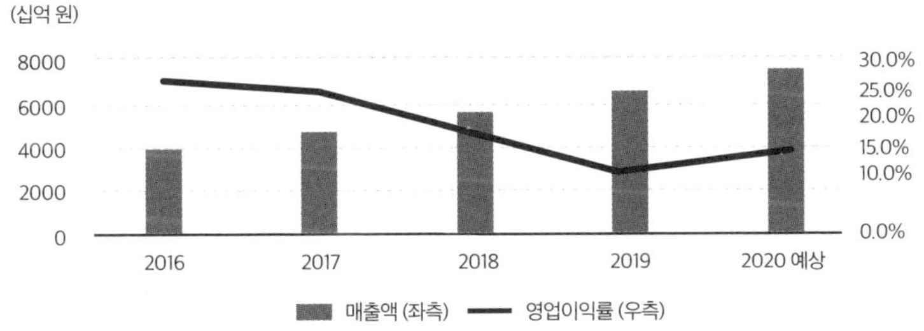

(십억 원)
8000
6000
4000
2000
0
30.0%
25.0%
20.0%
15.0%
10.0%
0.0%
2016
2017
2018
2019
2020 예상
매출액 (좌측)
영업이익률 (우측)

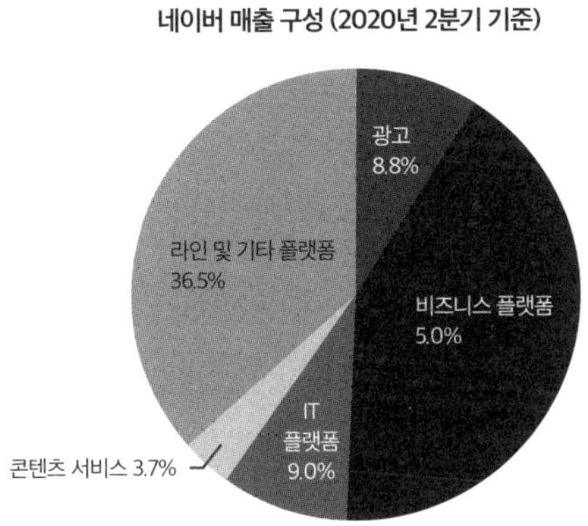

네이버 매출 구성 (2020년 2분기 기준)
광고
8.8%
비즈니스 플랫폼
5.0%
IT
플랫폼
9.0%
콘텐츠 서비스 3.7%
라인 및 기타 플랫폼
36.5%

(자료:Bloomberg)

통업자들이 네이버 쇼핑이라는 플랫폼에 입점해서 물건을 파는 것이다. 네이버 사용자가 구매하고자 하는 상품을 네이버 포털 검색창에 입력하면 네이버 쇼핑 플랫폼에서는 검색어와 관련된 다수의 온라인 유통업자들이 판매하는 상품과 각각의 가격을 보여 준다. PC 등 전자제품 가격을 비교해 주는 웹사이트인 '다나와'를 연상시킨다. 네이버가 얻는 것은 쇼핑 플랫폼에서 나오는 광고 수익과 입점해 있는 온라인 유통업자로부터 받는 판매 수수료다. 사용자 수 측면에서 독보적인 트래픽을 가지고 있는 네이버이기 때문에 가능하다. 네이버 쇼핑 플랫폼과 같은 사업 모델을 영위하는 업체들도 있지만, 그들은 매출을 판매 수수료에만 의존하고 있기 때문에 적자를 기록하고 있다.

재미있는 것은 네이버 쇼핑 사업이 네이버의 다른 사업과 유기적인 생태계를 만들어 내면서 같이 발전하고 있다는 것이다. 네이버 쇼핑이 지속적으로 잘 되려면 물건을 사는 구매자 트래픽과 함께 물건을 파는 온라인 유통업자들의 숫자가 꾸준히 증가해야 한다. 사용자를 안에 묶어 둔다는 의미로 '록인(lock-in)'이라는 표현을 쓰는데 양쪽 모두 전략적인 접근이 필요하다. 먼저 구매자 트래픽을 록인시키고 나아가 증가시키기 위해서 네이버가 가진 인공지능 기술을 사용한 추천 시스템(AiTEMS)과 결제를 위한 네이버페이를 연결시켜 놓았다. 또 구매 실적에 따른 적립은 금융기관과 연계해서 출시한 네이버통장을 통해 이루어지고 있다. 네이버통장에 100만 원을 예치해 두고 이 통장에서 네이버페이를 충전해서 쇼핑하면 최대 3%가

적립되는 식이다. 고객에게 3%나 포인트로 혜택을 주는 것은 네이버쇼핑의 수익원이 온라인 유통업자들에게 받는 수수료 외 광고 수익이 있기에 가능한 것이다.

온라인 유통업자를 록인시키기 위해서는 풀필먼트 서비스[6]를 시작했다. 네이버 쇼핑은 플랫폼이지 자신이 직접 상품이나 제품을 판매하지 않기 때문에 물류 서비스와 관련한 인프라가 없다. 배송은 플랫폼에 입점한 온라인 유통업체가 해야 할 일이기 때문이다. 하지만 배송 이전에 재고관리, 상품의 선택, 포장, 배송, 교환 등의 업무는 중소형 온라인 유통업자들에게 큰 부담이다. 따라서 네이버가 물류 서비스를 제공함으로써 중소형 온라인 유통업자들은 상품기획과 마케팅에만 집중할 수 있어 네이버 입장에서는 더 많은 온라인 유통업자들을 끌어들이는 효과를 기대할 수 있다.

이러한 풀필먼트 서비스 도입은 기존 온라인 유통업자에 대한 록인 효과뿐 아니라 인프라를 갖추기 힘든 개인사업자들의 소형 쇼핑몰(스마트 스토어)의 입점이 쉽고 간편하도록 해준다. 또한 전자상거래 업체들처럼 엄청난 비용을 투하하지 않고, 종전보다 배송이 빨라지는 상품군을 확대할 수 있다. 이러한 풀필먼트 서비스를 네이버가 직접 하는 것은 아니고 온라인 유통업자와 물류회사를 연결만 시켜주기 때문이다. 또한 배송이 빠른 상품이 많아질수록 구매자의 만족도도 올라갈 수 있다.

---

6 fulfillment service, 물류 전문업체가 판매자로부터 위탁을 받아 제품 및 상품 보관, 재고관리, 주문에 맞춰 제품 선택, 포장, 배송, 교환 및 환불 서비스 등의 모든 과정을 담당하는 물류 일괄 대행 서비스

2019년 네이버 쇼핑의 거래액은 20조 원, 쿠팡은 17조 원으로 추정된다. 거래 금액 기준으로 한국 1위 전자상거래 플랫폼이다. 쿠팡의 2019년 매출액은 7조 1,531억 원, 영업 손실은 7,205억 원인 반면 네이버 쇼핑이 속해 있는 비즈니스 플랫폼의 같은 해 매출액은 2조 8,510억 원이었다. 네이버의 2019년 영업 이익률이 10.7%임을 감안하면 네이버 쇼핑이 속해 있는 비즈니스 플랫폼의 영업 이익률도 10% 정도로 추정할 수 있다. 최근 진행한 해외 투자 설명회에서 쿠팡은 자사의 기업 가치를 15조 원으로 제시했다고 알려졌다. 제시된 기업 가치가 투자자들에게 받아들여졌는지는 알 수 없으나, 2020년 거래액 증가율을 30%로 가정하면 밸류에이션은 거래액 대비 0.7배이고, 이는 해외 전자상거래 업체의 밸류에이션과 유사한 수준이다. 네이버 쇼핑의 가치 산정 시 쿠팡에 적용한 가정을 동일하게 적용할 경우 네이버 쇼핑은 18조 원으로 추정된다.

네이버의 또 다른 성장의 축은 일본의 소프트뱅크와 야후재팬과의 물리적, 화학적 결합에서 나올 것이다. 결합 과정을 간단히 설명하면, 결합의 골자는 네이버의 자회사인 일본의 라인은 야후재팬과 전자상거래업체 조조 등을 소유하고 있는 Z 홀딩스라는 지주회사에 편입이 된다. 이 과정에서 일본 증시에 상장되어 있는 라인은 주식 공개 매수를 통해 Z 홀딩스의 100% 자회사가 되고 라인은 상장 폐지가 된다. 야후재팬은 이미 Z 홀딩스의 100% 자회사이므로 추가 지분 매입은 필요 없다. 현재 일본 동경증시 1부에 상장된 Z 홀딩스만 상장을 유지한다. Z 홀딩스는 현재 소프트뱅크가 44%로 대주주지만, 이 통합 작업 이후에는 Z 홀딩스를 지배하는 지주회사가 A 홀딩스라는 이름으로 탄생하며, A 홀딩스의 주주 구성은 네이버가 50%, 소프트뱅크가 50%가 될 계획이다. 이 모든 통합 작업은 2021년 중에 완료될 계획이다.

다시 말하면 네이버와 소프트뱅크가 만든 조인트 벤처(JV)인 A 홀딩스가 Z 홀딩스를 약 65% 소유하는 대주주가 되고, Z 홀딩스 아래에는 일본 1위 메신저 라인, 1위 포털 야후재팬, 전자상거래 플랫폼 야후쇼핑과 조조, 핀테크 재팬넷뱅크, 결제 서비스 페이페이 등을 두게 될 계획이다. 라인과 야후재팬의 2019년 합산 매출액은 1조 2,275억 엔으로 일본 1위 전자상거래 업체 라쿠텐의 매출 1조 2,639억 엔과 유사하다. 라인과 야후재팬의 경영 통합은 2020년 8월 초 일본의 공정거래위원회에서 승인이 났다.

네이버가 한국에서 성공한 전자상거래 플랫폼 생태계를 일본 사업에 이식시켜 매출 신장을 주도할 수 있다. 두 회사의 통합 경영이 성공하면 1억 명의 사용자를 지닌 메신저, 전자상거래 플랫폼, 페이먼트, 금융으로 이어지는 거대 디지털 플랫폼이 생길 것이다. 현재 기업 가치를 기준으로 통합 Z 홀딩스의 가치는 약 50조 원이며, 이 중 네이버의 지분 가치는 약 16조 원이다. 앞에서 살펴봤던 네이버쇼핑의 가치 18조 원과 일본 사업의 지분 가치 16조 원을 합하면 34조 원이다. 현재 네이버의 시가 총액은 약 50조 원이다. 네이버의 기존 사업의 가치도 적지 않음을 고려할 때 네이버의 전체 가치의 증가가 예상된다.

K-Pop 콘서트, 비욘드 라이브로 시청한다!

V LIVE는 사회적 거리두기 영향으로 K-POP 아티스트들이 세계 각지를 다니면서 콘서트를 할 수 없는 상황에서 스튜디오 내에서 진행되는 라이브 콘서트, 아티스트들의 개인 방송, 팬과의 온라인 미팅 등을 보여 주는 네이버 콘텐츠 사업 부문의 동영상 스트리밍 서비스다. 2020년 4월 SM 엔터테인먼트와 제휴하여 서비스를 시작했다. 아티스트들이 정해진 일시에 준비된 특수 무대에서 콘서트를 하면 사전에 온라인 티켓을 구입한 팬들은 모바일 기기나 PC를 통해 네이버의 V LIVE 내 '비욘드 라이브(Beyond LIVE)'라는 온라인 유료 콘서트 채널에서 콘서트를 시청한다. 팬데믹 이후 주로 SM 소속의 아티스트들이 활동했으나 최근 JYP 엔터테인먼트 소속의 아티스트들도 온라인 콘서트를 성공적으로 마쳤다. 비욘드 라이브는 생동감 있는 무대를 표현하기 위해 증강현실 및 실시간 3D 그래픽 기술을 동원하고, 공연 중간에 공연을 시청하는 전 세계의 팬들이 화상통화로 질문과 답을 하는 등 상호간의 소통 시간이 마련된 기술 집약적 플랫폼이다.

여기서 주목할 것은 콘텐츠를 기획, 제작, 발표하는 대형 기획사들이다. SM은 한국의 최대 엔터테인먼트 기획사로 2019년 매출이 6,578억 원이고 이 중 콘서트 매출이 1,065억 원으로 전체의 16%를 차지한다. JYP 엔터테인먼트는 매출 1,554억 원 중 콘서트 매출이 213억 원으로 13.7%의 비중이다. 팬데믹이 시작된 2020년 2분기는 콘서트를 할 수 없으니 콘서트 매출이 없는 것이 맞다. JYP 엔터테인먼트의 2019년 2분기 콘서트 매출은 47억 원이었는데 2020년 2분기는 콘서트 매출이 없다. 그런데 SM 엔터테인먼트는 2019년 2분기 콘서트 매출 150억 원에서 감소하긴 했지만 2020년 2분기에 50억 원의 콘서트 매출을 거둬들였다. 비욘드 라이브 채널을 통해서다.

2020년 4월부터 8월까지 아티스트 여덟 그룹이 비욘드 라이브를 통해 공연을 했다. 모든 공연의 매출액이 공개된 것은 아니다. 그러나 SM 소속 보이즈 그룹인 NCT 127의 경우 세계 129개국에서 10만 4,000명의 시청자를 모았고, 티켓 수익으로 40억 원 이상의 매출을 올렸다. 비욘드 라이브가 SM과 네이버의 협업 체제하에서 티켓 판매 등의 수익이 어떻게 배분되는지는 알 수 없다. SM은 협업의 형태를 보다 더 체계적이고 성장성 있는 사업으로 진화시키려 한다. SM이 일본에 온라인 전용 콘서트를 기획하고 운영하는 회사인 비욘드 라이브 코퍼레이션(이하 BLC)을 설립했고, JYP가 BLC에 투자할 것으로 알려졌기 때문이다.

이 비욘드 라이브 플랫폼은 확장성이 커 보인다. 온라인 공연을 못 본 팬들은 차후에 VOD를 구매할 수도 있다. 또한 아티스트와 관련된 상품 매출도 기대해 볼 수 있다. 팬데믹이 완전 종식되더라도 미국이나 유럽에서 하는 공연을 아시아에 있는 팬들이 비욘드 라이브를 통해 실황으로 시청할 수도 있다. 해외 콘서트 티켓은 대략 100~200달러로 티켓 파워가 약한 시장에서는 온라인 시청자를 유치할 수 있다.

이 플랫폼은 코로나-19로 인해 생겨난 아이디어이지만 팬데믹 이후에도 콘서트 관람 문화의 한 축으로 자리잡을 것이라 생각한다. BLC는 당분간은 SM과 JYP의 아티스트들이 주축이겠지만, 향후 온라인 전용 콘서트 플랫폼으로서 확고한 입지가 생기면 중소형 기획사들이 BLC의 플랫폼에 추가될 수도 있다. 아주 보수적으로 SM과 JYP의 아티스트 중에 온라인 공연을 할 아티스트가 10개 그룹이고, NCT 127의 예와 같이 10만 명이 시청하며, 티켓 가격은 가장 저렴한 3만 3,000원이라고 가정을 하면 매출은 330억 원이다. 양 사의 2019년 콘서트 매출 합계는 1,278억 원이며, 330억 원은 매출 합계의 26%다. 적지 않다.

일본에 설립한 BLC의 대주주는 2020년 6월 말 기준 SM 엔터테인먼트 재팬(일본 사업 지주회사)의 100% 자회사인 SMEJ였다. SMEJ는 일본 증시에 상장되어 있는 스트림미디어와 2020년 8월에 합병했다. 존속 법인은 스트림미디어(Stream Media)다. 합병 비율에 따른 신주 교부로 SM 엔터테인먼트 재팬이 스트림미디어의 84.5%를 보유하게 되어 대주주가 되었다. SMEJ와 스트림미디어의 합병으로 SMEJ 아래에 있던 BLC가 합병 법인인 스트림미디어로 들어 오게 된 것이다. BLC의 사업 방식, 계획, 매출 인식과 비용이 어떻게 계상될지 지금은 알 수 없지만, 일본 증시에 상장된 스트림미디어를 통해 BLC의 장기 성장 가치에 투자할 수 있다. 합병 직후 BLC는 스트림미디어의 100% 자회사지만 향후 JYP가 BLC에 투자하기로 함[7]에 따라 BLC의 지분 구성은 변화할 것이다.

---

7 이데일리, 윤기백, 'SM-JYP 코로나 시대 똑똑한 동행' 2020년 8월 5일

5. 비디오 콘퍼런싱의 선두주자, Zoom

e콘텍트 시대에 필수 아이템 중 하나가 비디오 콘퍼런싱(video conferencing) 소프트웨어다. 재택근무를 하면서 화상회의로 사용되기도 하고, 선생님과 학생들은 이를 통해 온라인 수업을 한다. '구글 Meet'나 '마이크로소프트 Teams' 같은 대형 IT 기업에서도 비디오 콘퍼런싱을 서비스하고 있지만, 편의성에서 매력적이지 않다는 평가가 많다. 비디오 콘퍼런싱 서비스에서 주목할 기업은 독립적으로 비디오 콘퍼런싱 소프트웨어를 개발하고 제공하는 'Zoom 비디오 커뮤니케이션(이하 Zoom)'이다.

Zoom은 미국 시스코의 비디오 콘퍼런싱 사업 자회사 웹엑스(We-bex)의 개발자 에릭 유안이 2011년 4월 동료들과 퇴사해서 창립한 회사다. 창업 초기에는 화상통화 시장이 이미 성숙 단계에 접어들어 성장을 기대하기 어려운 사업이라는 주변의 우려로 투자금 유치에 애를 먹었다. 2012년 웹엑스의 창업자 수브라 이야르와 전 시스코 부사장 댄 셰인만 등으로부터 300만 달러를 시드 머니(seed money)[8] 로 투자받았다. 전 직장의 창업자가 자기 사업을 한다고 뛰쳐나간 개발자에게 투자하는 모습이 아름답다. 다른 각도로 보면, 화상통화 시장에 대해 가장 잘 아는 웹엑스의 창업자가 투자하는 것에서 아마 도 화상통화의 성장은 지속될 것이라는 혜안을 어깨너머로 배워야 했을지도 모른다.

2012년 비디오 콘퍼런스에 15명이 동시 접속하는 소프트웨어의 베타서비스가 성공적으로 끝이 나고 퀄컴 벤처, 야후 창립자 제리 양 등으로부터 시리즈 A 투자금 600만 달러를 유치했다. 2013년 1 월에는 첫 고객으로 스탠퍼드 대학교와 계약을 맺고 서비스를 제공 했으며, 2013년 9월 사용자 300만 명을 기록, 2019년 4월 나스닥에 상장했다. 2020년년 4월 에릭 유안 CEO는 코로나-19 팬데믹 영향 으로 Zoom의 일별 사용자 수가 2억 명을 상회한다고 밝혔다.

Zoom의 2016년 매출은 6,100만 달러이었으나 2019년에 6억 2,000만 달러를 기록해 3년 만에 10배 폭증했다. 팬데믹의 영향으로

---

8 벤처 기업의 펀딩 단계 중 하나. 보통 벤처 기업은 창업자들의 초기 자본으로 설립되고 비즈니스 모델 이 세워지면 엔젤 투자자로부터 시드 머니(seed money)를 받고, 그다음에 시제품이나 기술 개발의 진척이 있을 시 자금이 필요할 때 시리즈 A, 시리즈 B 단계를 통해 투자금을 유치한다. 제품, 기술, 서 비스 등이 출시될 때, 마케팅 비용과 추가 개발 비용이 필요할 때 시리즈 C, 시리즈 D를 통해 자금을 유치한다. 투자자 입장에서는 의미 있는 매출이 나오고 사업의 성장동력이 마련되면 IPO나 M&A를 통해 투자금을 회수한다. 글로벌 기업으로서 성장을 하고자 할 때 시리즈 E, 시리즈 F 단계를 거치기 도 한다.

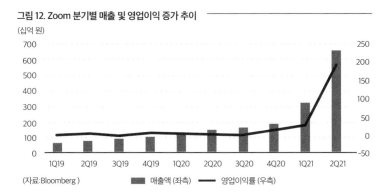

그림 12. Zoom 분기별 매출 및 영업이익 증가 추이

(십억 원)

(자료:Bloomberg) ■ 매출액(좌측) ── 영업이익률(우측)

미국의 애널리스트들은 2020년 매출액은 2019년 대비 3.8배 급증한 23억 5,000만 달러로, 순이익은 32배 폭증한 7억 달러로 애널리스트들은 전망하고 있다. 코로나-19 팬데믹으로 인해 모든 경영지표가 급상승하고 있는 이면에는 Zoom의 경쟁우위가 존재한다고 생각한다.

지속적으로 기업 고객과 개인 고객의 숫자도 증가하고 있다. 2020년 8월 31일 Zoom의 2020년 상반기 실적 발표회에서 경영진은 10인 이상 기업 고객이 28만 개 늘어 전년 동기 대비 458% 증가했다고 밝혔다. 또한 팬데믹이 본격화된 2020년 2분기에 10만 달러 이상의 사용료를 지불하는 고객의 숫자가 전년 동기 대비 112% 상승하여 988개로 늘어났고, 매출 성장의 81%가 신규 고객에 의해서, 나머지가 기존 고객에 의해서 달성되었다고 밝혔다. 세계적 에너지 회사인 엑손모빌, 게임회사인 블리자드 등이 신규 고객으로 계약을 체결했다.

이미 우리 사회는 물리적인 사무실 공간과 집이라는 개인적인 공간에서 하이브리드로 근무하는 환경으로 접어들었다. 미국 로펌인

235

수어드 앤 키셀(Seward & Kissel)은 헤지 펀드 및 대체 자산 운용자들을 대상으로 한 서베이에서 응답자의 54%가 2020년 말에 사무실에서 근무하기를 희망하지만, 72%는 회사가 여전히 재택근무 방침을 고수할 것으로 예상했다. 69%는 향후 사무실 구조가 변화할 것으로 내다봤다. 투자 대상 및 거래 상대방에 대한 대면 실사의 대안으로 60%가 비디오 콘퍼런싱을 택했고, 34%가 컴퓨터 화면 공유 방식을 택했다. 팬데믹이 멈추고 우리의 생활이 정상적으로 돌아가면 재택근무자 비중은 팬데믹 시기보다는 낮아지겠지만, 일정 비중 유지될 것으로 전망한다. Zoom이 2020년에 보여 준 실적은 코로나-19가 없었다면 2023년 정도에나 성취될 수 있었다. 코로나-19로 한 해에 압축, 폭발한 것으로 볼 수 있기 때문에 향후 2020년과 같은 드라마틱한 성장은 보기 어렵겠지만, 팬데믹이 사라져도 지속적인 성장은 가능할 것이다.

Zoom은 서비스형 소프트웨어(SaaS, Software as a Service)[9] 업체이기 때문에 사용자가 소프트웨어를 구입해서 PC에 저장할 필요 없이 Zoom의 클라우드에 접속해서 비디오 콘퍼런싱을 진행하면 된다. PC 환경이나 모바일에서 두세 번의 조작으로 화상회의가 시작된다. 사용자 친화적이다. 기업 고객용에게 제공되는 서비스도 다양하다. 가상회의 모드, 웨비나(webinar), 온라인 교육 등의 기능도 제공한다. 또한 일정 수준 이상의 인터넷 환경에서 장시간 동안 깨끗하면서도 끊김 없는 화면과 깔끔한 음질이 지속적으로 서비스된다. 당연하다

---

9 소프트웨어를 구입해서 PC에 설치할 필요 없이 클라우드 환경에서 운영되는 애플리케이션 서비스

고 생각될 수 있겠지만 실제 기업의 화상회의에서 끊김 없는 화면 퀄리티를 유지하는 것은 대단히 중요하다. 거래처와 가격 협상을 하는데 갑자기 연결이 끊어진다고 상상을 해보면 감이 올 것이다.

다양한 기기에서 동시 접속이 가능한데, 모바일 기기, PC뿐 아니라 사무실의 화상회의 시스템으로도 Zoom에 접속하여 어느 기기로든 비디오 콘퍼런싱이 가능하다. 보안에 취약하다는 문제점도 2020년 상반기 말에 해결되었다. 보안 문제가 해결되면서 교육용 이용자도 급증해 3만 5,000개 교육기관이 가입되었다.

Zoom의 향후 성장의 동력은 고객의 글로벌화와 고객에게 화상회의용 하드웨어까지 제공하는 HaaS(Hardware as a Service)다. 그 일환으로 Zoom Phone, Zoom Room, Zoom for Home(재택근무자용)을 출시했다. 연방 정부 기관 및 25개 기업의 기존 전화기 시스템이 Zoom Phone으로 교체되었다. 전화 시스템이 Zoom의 클라우드에 있는 것이다. Zoom Phone은 기존 Zoom 사용자가 음성통화만을 하고자 할 때 지원하는 소프트웨어다. 한국에서 사용하는 카톡 전화나 스카이프 같은 인터넷 전화와 유사하다. 다만 시스템이 Zoom의 클라우드에 있고, 사용자는 PC, 모바일, 사무실 화상회의 시스템 등 어느 환경에서도 사용 가능하며, 통화 관련 모든 데이터를 클라우드에 저장할 수 있기 때문에 기업 디지털 전환의 한 분야로 자리잡을 수 있다. Zoom Phone은 비디오 콘퍼런싱 기능과 맞물려 강력한 고객 록인 효과를 거둘 수 있다.

6. 4차 산업혁명의 중심, 클라우드 컴퓨팅

앞서 설명한 SaaS와 HaaS는 클라우드 컴퓨팅 서비스 범위와 종류에 따른 분류 중 하나로, Zoom의 서비스 뒤에는 클라우드 컴퓨팅이 있다. 클라우드 컴퓨팅은 내 컴퓨터가 아닌 인터넷으로 연결된 다른 컴퓨터로 정보를 처리하는 기술을 말한다. 컴퓨터의 문서 작업을 예로 들어 보자. 일반적으로 우리는 한글이나 마이크로소프트 워드 등 소프트웨어를 구매해 자신의 컴퓨터에 직접 설치하고 구동시켜 문서 작업을 하고 하드디스크나 USB 같은 저장장치에 기록한다. 그런데 클라우드 컴퓨팅 개념에서는 내 컴퓨터에 문서 작업용 소프트웨어가 없어도 웹사이트에서 다른 컴퓨터에 접속해 문서 작업 소프트웨어를 사용하고 저장한다. 따라서 클라우드 컴퓨팅을 이용하면 소프트웨어를 살 필요도 없고 자신의 컴퓨터가 고장이 나도 걱정 없다. 다른 컴퓨터의 이용료를 지불하면 된다. 최근 개인 사용자가 많이 사용하는 구글 클라우드, 아이 클라우드, 네이버 클라우드 등이 이런 저장 서비스를 제공하는데, 저장 서비스는 클라우드 컴퓨팅 서비스 전체로 보면 빙산의 일각이다.

또 다른 예를 들어 보자. 여기 소비자를 위한 온라인 서비스를 개발하는 벤처기업 '대박'이 있다. 이 벤처기업은 개발하려는 서비스와 연관된 시장에 대해 리서치를 하거나 전략을 수립하고, 그 결과를 최적의 기술과 연결시켜 앱으로 서비스하는 것만으로도 시간과 자금이 빠듯하다. 시간이 지나 서비스를 시작하고 보니, 창업자는 서비스와 관련된 시장 데이터뿐 아니라 고객 데이터, 마케팅 데이터 등 각종 데이터를 모으고 분석하고 그 결과로 더 나은 전략을 도출해서 자체 개발한 기술과 접목시키는 것이 가장 중요하다는 사실을 알게 된다. 본격적으로 서비스를 하고 데이터의 양이 기하급수적으로 많아지다 보니 데이터 수집, 분석, 저장 작업 자체에 고도의 기술이 필요하고, 그에 따른 비용이 급증할 거라고 깨닫는다. 자금은 여전히 모자란다.

이런 상황에서 창업자는 데이터를 보관하는 서버를 새로 구입해야 할까? 저장할 데이터의 양이 계속 늘어나면 서버를 추가로 구입해야 할까? 서버 설치 공간, 네트워크 장비 등도 추가로 필요한데 어떤 대안이 있을까? 등의 걱정과 고민이 머릿속에서 떠나지 않는다. 이때 아마존 웹서비스(AWS)나 마이크로소프트의 애저(Azure) 같은 클라우드 컴퓨팅 서비스 회사에서 방법을 알려 준다.

"우리가 갖추어 놓은 서버와 네트워크 장비를 쓰세요. 우리가 데이터도 분석하고 분석 결과도 알려 드릴게요. 쓰는 만큼만 요금 내시면 돼요. 순간적으로 고객 접속이 급증해도 걱정 마세요. 우리 서버는 자동으로 용량이 늘었다 준답니다."

창업자 입장에서 귀가 솔깃한 제안일 수밖에 없다. 비용도 절감되지만, 더 중요한 것은 데이터 분석을 위한 컴퓨팅 능력도 살 수 있다.

클라우드 컴퓨팅은 최첨단 정보통신기술이 구현되는 플랫폼

2016년 6월 스위스에서 열린 다보스 포럼에서 의장이었던 클라우스 슈밥(Klaus Schwab)이 처음으로 언급했다고 알려진 '4차 산업혁명'은 정보통신기술의 융합으로 이루어지는 차세대 산업혁명으로 '초연결', '초지능', '초융합'을 지향한다. 즉 정보통신기술로 '초연결 사회'를 구현하는 것으로 정리할 수 있다.

기업들이 각각 그들만의 데이터 센터를 만들어 사용한다면 '연결'이 될 수 있을까? 정보통신기술 측면에서 A라는 기술은 고도로 발전했는데, 그것을 구현하기 위한 B라는 기술은 A에 비해서 5년이 뒤쳐졌다면 A는 지금 바로 사용할 수 없다. 결국 흩어진 여러 기술이 격차를 줄이면서 융합되어야 하고, '융합'된 기술은 기업과 개인에 '연결'되어야 한다. 그것이 데이터통신과 네트워킹이 극대화된 '초연결 사회'를 발전시키는 원동력이다. 이 '융합'과 '연결'에 클라우드 컴퓨팅은 필수다. 그리고 클라우드 컴퓨팅을 토대로 인공지능(AI), 사물인터넷(IoT), 자율주행차, 로보틱스, 가상현실, 증강현실 등의 정보통신기술이 활용될 수 있으며, 이러한 기술은 클라우드 컴퓨팅에 의해 서비스된다.

클라우드 컴퓨팅 서비스를 사용하는 기업들은 데이터 저장 서비스뿐 아니라 클라우드 안에 있는 AI, IoT, 로보틱스, 증강현실 등 수많은 기술을 기업의 상황에 맞게 빌려 쓰면서 자신들의 사업을 발전시킨다. 앞에서 설명한 벤처기업 '대박'은 클라우드 컴퓨팅을 기반으로 한 온라인 서비스 기업이며, 그 뒤에는 '대박'에게 클라우드 컴퓨팅 서비스를 제공하는 아마존과 마이크로소프트와 같은 글로벌 기업들이 있는 것이다.

온라인 서비스 기업뿐 아니라 제조업, 에너지 기업 등의 기존 대기업도 경영 성과를 극대화하기 위해 클라우드 컴퓨팅 서비스를 한다. 글로벌 오일 메이저 중 하나인 엑손모빌은 마이크로소프트와 클라우드 컴퓨팅 서비스 에저(Azure)를 이용하는 파트너십을 체결했다. 엑손모빌은 마이크로소프트 애저에서 제공하는 머신러닝, IoT 기술을 통해 미국 텍사스 퍼미안 분지에 있는 자사의 석유와 천연가스 유전개발 사업을 2025년까지 미국에서 가장 생산량이 많으면서 투자 효율이 극대화된 프로젝트로 개발할 계획이다. 그 전 단계 작업으로 이제까지 퍼미안 분지에서 개발한 유전과 관련한 모든 사항을 데이터화해서 클라우드로 이전하는 작업을 진행하고 있다. 세계적인 화장품 기업인 로레알도 마이크로소프트 애저를 통해 화장품

연구개발과 관련된 데이터 통합 작업을 하고 있다.

한국의 SK그룹과 LG그룹 등 대기업들도 디지털 전환에 박차를 가하고 있다. 이렇게 기업들이 내부 리소스를 디지털화해서 생산성을 제고하고 비용구조를 합리적으로 개선시키고, 고객이 원하는 제품 및 가치에 적극적으로 대처하는 등의 경쟁력을 확보하는 일련의 과정을 디지털 전환이라고 한다.

그러면 과연 구체적으로 무엇을 디지털화하는 것일까? 바로 데이터와 시스템이다. 4차 산업혁명 개념이 나오고 나서 그에 맞춰서 디지털화 작업이 갑자기 튀어 나온 것은 아니다. 이제까지 대기업들은 기업 내 컴퓨터나 데이터 센터에 데이터들을 축적하고 관리해 왔다. 그에 맞는 자체 전산 인프라에도 투자해 온 것이 사실이다. 하지만 이러한 내부 시스템은 단순히 데이터 자체를 보유하는 것이지 축적한 데이터로 사업적인 의사결정을 내리거나 전략을 수립할 수 없다. 왜냐하면 데이터를 가공하고 유의미한 정보로 전환시키는 기술과 장치가 없기 때문이다. 이것을 가능하게 하는 기술과 장치가 클라우드 컴퓨팅에 있다. 대표적인 기술이 인공지능이다. 그러므로 디지털 전환은 클라우드 컴퓨팅으로 데이터와 시스템의 디지털화가 이루어지는 것을 뜻한다. 그리고 디지털화된 데이터와 시스템으로 기업은 전략적 의사결정을 내린다. 이를 비즈니스 인텔리전스(BI)라고 한다. 정리하면 기업은 비즈니스 인텔리전스를 획득하기 위해 비용을 들여 디지털 트랜스포메이션을 수행한다. 만약 앞의 사례에서 엑손모빌이 경영 성과 개선을 위해 클라우드 컴퓨팅을 이용하지 않으면 내부에서 인공지능을 개발해야 한다. 엑손모빌이 석유회사인가 IT 기업인가? 합리적인 결정이라면 외부 클라우드 서비스를 사용할 수밖에 없다.

클라우드 컴퓨팅 생태계에 존재하는 기업을 밸류 체인으로 분류해 보면 1) 아마존과 마이크로소프트 등과 같이 클라우드 컴퓨팅 서비스 일체를 제공하는 기업 2) 인공지능, IoT, 자율주행 소프트웨어, 증강현실, 가상현실, 로보틱스와 같은 첨단의 정보통신기술의 하부 기술을 연구 개발하는 기업 3) Zoom과 같이 제공하는 서비스가 클라우드 컴퓨팅과 연결되어 있는 기업 4) 엑손모빌, 로레알, SK그룹, LG그룹 등 기업과 같이 생산해 내는 제품이 있고, 경영 혁신을 이루는 디지털 트랜스포메이션을 이루기 위한 방책으로 클라우드 컴퓨팅 서비스를 이용하는 기업 등이다.

클라우드 컴퓨팅 서비스는 종류와 범위에 따라 크게 세 가지로 나뉜다. 서비스 제공자와 이용자 운영하는 범위에 따른 것인데, 서비스형 인프라스트럭처(IaaS, Infrastructure as a Service)는 컴퓨팅의 인프라인 가상화, 서버, 네트워크 장비, 스토리지를 제공하는 것으로 아마존의 AWS, 마이크로소프트 애저, 구글 클라우드, 오라클, IBM 등이 제공하고 있다.

서비스형 플랫폼(PaaS, Platform as a Service)은 소프트웨어를 개발할 때 필요한 플랫폼을 제공하는 데 개발자가 앱을 만들 때 여러 가지 API(Application Programming Interface)를 제공해서 좀 더 간편하게 만들 수 있도록 돕는다. PaaS는 앞에 열거한 IaaS를 제공하는 기업과 세일즈포스(Salesforce) 같은 서비스형 소프트웨어(SaaS)를 제공하는 기업 중 기술력이 좋은 일부 기업이 하고 있다.

SaaS는 웹에서 실행하는 소프트웨어 서비스를 의미하며, 모든 서비스가 클라우드 컴퓨팅 내에서 이루어진다. 소프트웨어를 구입할 필요 없이 웹에 접속해서 필요한 소프트웨어를 사용하고 클라우드에 저장한다. 요즘 잘 나간다는 소프트웨어 개발회사들은 대부분 SaaS 제공자들이다. 대표적인 SaaS 업체는 세일즈포스(Salesforce), MS오피스365, 아도비(Adobe), Zoom, 허브스팟(Hubspot) 등이며, 한국에는 더존비즈온, 한글과 컴퓨터의 넷피스 등이 있다. 그러면 클라우드 컴퓨팅 서비스의 종류에 따른 그룹별 대표 기업들의 사업과 성장성에 대해서 좀 더 살펴보자.

7. 클라우드 컴퓨팅 서비스 제공 기업
(IaaS + PaaS + SaaS)

없는 것이 없는 아마존

아마존은 세상에서 가장 넓고 가장 다양한 생물이 사는 브라질의
아마존처럼 세상에서 가장 많은 정보통신기술을 가진 기업일지도
모른다. 전자상거래 분야의 독보적인 위치는 논외로 하고, 아마존의
클라우드 컴퓨팅 서비스 브랜드 AWS는 그룹 내 캐시카우(cash cow)
역할을 톡톡히 한다. 2020년 상반기 말 기준 AWS는 아마존 매출의
12.5%를 차지한다. 2015년 매출 성장률 70% 달성한 이후 성장률은
지속적으로 하락하여 2019년 37% 증가에 그쳤으나, 아마존 전체 영
업이익에서 차지하는 비중은 60%로 높은 이익률을 보여 준다.

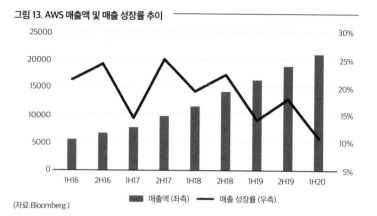

그림 13. AWS 매출액 및 매출 성장률 추이

(자료:Bloomberg)

■ 매출액 (좌측) ── 매출 성장률 (우측)

아마존이 클라우드 컴퓨팅을 시작한 것은 2006년이다. 전자상거래 부문의 고객, 거래량, 거래 대금이 급증하면서 트래픽을 원활히 소화하기 위해서다. 2020년 현재 컴퓨팅, 스토리지, 데이터베이스, 마이그레이션 및 전송, 네트워킹 및 콘텐츠 전송, 개발자 도구, 관리 및 거버넌스, 미디어 서비스, 보안, 분석, 머신러닝, 증강현실 및 가상현실, 애플리케이션 통합, 고객 인게이지먼트, 비즈니스 애플리케이션, 최종 사용자 컴퓨팅, IoT, 게임 개발, 블록체인, 로보틱스 등 약 160개, 하부 기술로 1,000개가 넘는 클라우드 서비스를 하고 있다.

조사기관 캐널리스(Canalys)에 따르면 2020년 2분기 기준 클라우드 컴퓨팅 글로벌 시장 1위는 AWS로 시장점유율 31%, 2위인 마이크로소프트 애저는 점유율 20%로 두 회사가 클라우드 컴퓨팅 점유율의 절반을 차지한다. 그 뒤로 구글 클라우드 6%, 알리바바 클라우드 5%를 점유하고 있으며, IBM, 오라클 등 나머지 업체들이 37%를 차지하고 있다. 세계 최대 IT 컨설팅 및 연구기관인 가트너는 2020

년 전 세계 클라우드 컴퓨팅 시장 규모는 코로나-19로 인해 2019년 대비 6.2% 증가에 그치겠지만, 2021년에는 전년 대비 19% 증가한 3,069억 달러, 2022년에는 18.6% 증가한 3,641억 달러로 전망한다.

AWS의 매출 증가율은 1위 사업자로서 지속적으로 시장 성장률을 상회할 것으로 예상한다. AWS의 경쟁력은 무엇보다도 클라우드 컴퓨팅 분야에서의 오랜 업력에서 오는 기술력과 규모의 경제를 통한 가격 경쟁력이다. 막대한 자금력으로 투자가 가능하기 때문에 빠른 기술 개발에 이은 서비스 범위의 확대로 집객력이 높아지고 고정비가 감소하면서 인하된 서비스 가격으로 경쟁한다. 고객군이 넓기 때문에 고객의 피드백을 적극 수용하여 신기술 개발에도 적극적이다. 2020년 1분기 기준으로 전 세계 24개 리전(Region)[10]에 데이터센터 클러스터를 보유하고 있고, 일본, 인도네시아 등 9개 리전을 추가할 계획이다.

클라우드 컴퓨팅 서비스가 가진 구조적 위험은 데이터센터가 동작을 멈추는 것이다. 보조 장치마저도 작동이 안 되는 비상 사태에도 안정적으로 모든 시스템이 작동되도록 하나의 리전에 2개 이상의 가용 영역을 마련해 놓고 있다. 가용 영역에는 완전히 분리된 별도의 데이터센터가 있어 비상시 정상적으로 운영되도록 해두었다.

적극적인 투자 활동은 선제적인 신기술 탑재를 가능하게 한다. 음성인식 인공지능 알렉사(Alexa)는 1999년에 아마존이 인수한 회사다. 오디오책 인공지능 기업 오더블(Audible)은 2008년에, 온라인 스

---

10 클라우드 서비스를 하는 데이터센터의 묶음

트리밍 기업 트위치(Twitch)는 2014년에 인수했다. 클라우드 커뮤니케이션 기술 개발을 하는 트윌리오(Twilio)와 자율주행 소프트웨어 개발 업체 오로라(Aurora)와 리비안(Rivian)에는 지분투자 형식으로 기술 신짐에 나선 바 있다. 이러한 기술들이 AWS 클라우드 컴퓨팅 서비스를 발전시키는 동력이다.

AWS의 리스크 요인은 경쟁 심화다. 시장 점유율 측면에서 여전히 1위이고, 2위인 마이크로소프트와 10% 포인트 차이가 있지만, 최근 2년 동안 시장 점유율 2% 포인트를 잃었다. 마이크로소프트, 구글 클라우드, 알리바바 클라우드의 공격적인 투자 때문이다. 영업 이익률이 하락할 가능성을 배제할 수 없다.

맹렬히 뒤쫓는 마이크로소프트 애저

클라우드 컴퓨팅 서비스 2위 사업자인 마이크로소프트의 맹렬한 추격이 심상찮다. 2019년 10월 미국 국방부는 향후 10년 간 미국 합동 방어 인프라(JEDI) 구축 파트너 회사로 마이크로소프트를 선정했다고 밝혔다. 아마존을 꺾고 12조 원 가량의 미국 국방부 디지털 전환 파트너가 된 것이다. 이에 아마존은 미 연방청구법원에 이의를 제기하는 소송을 진행 중이다. 소송 중임에도 최근 미국 국방부는 JEDI 사업의 적임자는 마이크로소프트임을 재확인해 주었다. 재판 결과는 불확실하지만 아마존을 꺾고 역대 최대 규모의 디지털 전환 사업을 수주한 것은 마이크로소프트의 클라우드 컴퓨팅 기술력이 입증된 것이다.

그림 14. 주요 클라우드 컴퓨팅 서비스 시장 점유율

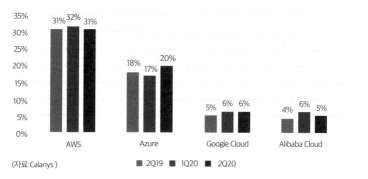

(자료:Calanys)　■ 2Q19　■ 1Q20　■ 2Q20

그림 15. 클라우드 사업 매출액 및 매출 성장률 추이

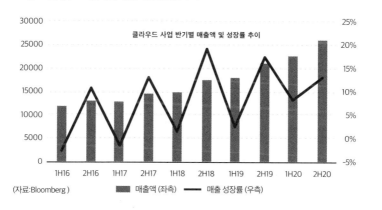

(자료:Bloomberg)　■ 매출액 (좌측)　— 매출 성장률 (우측)

2019년부터 마이크로소프트가 유치한 대형 고객사는 소니, 노키아, JP 모건, AT&T, 블랙락 자산운용, 코카콜라 등이다. 아마존보다 늦은 2010년에 애저를 출시하고 2011년 IaaS, 2013년에 PaaS를 시작한 것을 감안할 때 놀라운 성과다. 후발주자이지만 기존의 B2B 사업 영역에서 강력하게 구축해 온 고객과의 관계가 크게 작용한 것으로 풀이된다. 퍼블릭 클라우드 서비스인 애저가 포함된 사업부는

인텔리전트 클라우드(Intelligent Cloud)인데 애저뿐 아니라 SQL 서버, 윈도우 서버, 비주얼 스튜디오 등 기업용 제품이 주를 이룬다. 2020년 상반기 말 기준 인텔리전트 클라우드는 전체 매출 중 34%를 차지하고 있으며, 세계 클라우드 시장 규모의 증가와 추가적인 시장 점유율 상승으로 인텔리전트 클라우드의 비중은 장기적으로 40%까지 확대가 되면서 마이크로소프트 실적 견인차가 될 것으로 전망한다.

마이크로소프트의 경쟁력으로는 소프트웨어 개발업체로서의 태생적 DNA와 오랜 업력으로 구축해 놓은 기업 고객과의 강력한 고객 관계다. 또한 기업 고객이 애저를 통해 마이크로소프트의 소프트웨어 데이터를 디지털화해도 호환성이 확보되기 때문에 고객 입장에서는 추가 비용이 제한적이다. 경쟁사 대비 운영 리전의 수가 가장 많은 것도 경쟁력이다. 아마존이 24개의 리전을 운영하고 있는데 반해 마이크로소프트는 57개를 운영 중이며 카타르, 이스라엘, 폴란드 등에 6개를 추가할 계획이다. 리전의 개수가 많으면 처리 속도가 향상되는 장점이 있고, 고객군을 확장하기 쉽다. SQL 서버와 윈도우 서버를 제공해서 프라이빗 클라우드를 구축할 수 있는 장점을 살려서 프라이빗 클라우드와 퍼블릭 클라우드 사용이 가능한 하이브리드 클라우드 시장을 선도할 수 있다.

SaaS 기업

SaaS 기업은 소프트웨어 개발 업체다. 클라우드 컴퓨팅 환경에서 소프트웨어 사용자는 SaaS 기업이 클라우드에서 호스팅하는 소프트웨어를 사용하고 정액제 또는 정량제 방식으로 요금을 지불한다. 업력이 길지 않은 소프트웨어 개발 업체들은 처음부터 SaaS 모델로 사업을 시작했지만, 업력이 긴 마이크로소프트나 어도비 같은 글로벌 소프트웨어사들은 클라우드 컴퓨팅이라는 새로운 환경에 적절히 대응한 결과 성공적으로 SaaS 기업으로 변신했다. SaaS 기업들은 대부분 기업용 소프트웨어를 개발하는데, 요즘은 클라우드 컴퓨팅의 보안 관련 SaaS 업체들도 인기를 얻고 있다.

SaaS 기업들은 급변하는 사업 환경에서 고객들의 니즈를 적극적으로 대응하거나 고객들의 성장을 위한 소프트웨어 패키지를 빠르게 개발하고 선제적으로 제공하여 고객과 동반 성장하고 있다. 그리고 정액제 또는 정량제 형식의 회원제 구독 모델을 도입하여 현금흐름 확보에 있어 SaaS 형태가 아닌 소프트웨어 개발사보다 더 우위에 있다. 이들 주식의 밸류에이션은 아주 높은데 시장은 높은 매출성장률에 대한 프리미엄을 부여하고 있기 때문이다. 그러므로 적자가 지속되더라도 매출 성장률이 상승하면 높은 밸류에이션은 정당화될 것이며, 만약 매출 성장률이 꺾이는 주식은 고평가의 부담에서 벗어나기 힘들므로 주의가 필요한 섹터다. 대표적인 SaaS 기업들에 대해서 간략히 살펴보자.

① 세일즈포스

기업용 소프트웨어는 용도에 따라 고객 관계 관리(CRM), 전사적 자원 관리(ERP), 데이터분석(BI), 생산성(Productivity), 공급망 관리

251

(SCM) 등으로 분류된다.

세일즈포스는 글로벌 SaaS 업체 중 가장 대표적인 기업으로 기업용 고객 관계 관리, 고객 서비스, 광고 및 마케팅 자동화, 재택근무 솔루션 등과 관련된 소프트웨어 개발 기업이다. 1999년 창업부터 클라우드 컴퓨팅을 이용한 SaaS를 제공해 온 SaaS 업계 대표 회사로 금융 서비스, 통신업, 제조업, 엔터테인먼트, 정부 등 15만 기업 고객이 있다. SaaS로서의 긴 업력을 가지고 자체적으로 고도의 클라우드 컴퓨팅을 기반으로 PaaS도 제공한다. 매출 기준 미국 고객이 70%를, 유럽이 20%를 차지한다. 매출의 94%는 세일즈포스의 대표적인 서비스인 CRM(Sales Cloud), 고객 서비스(Service Cloud), 광고 및 마케팅 솔루션(Marketing & Commerce Cloud), 세일즈포스 플랫폼(Salesforce platform) 및 기타 서비스에서 나온다.

기타 서비스 중 Community Cloud는 기업들이 자사의 고객, 사업 파트너, 종업원을 위한 브랜드화된 디지털 커뮤니티를 쉽게 만들고 관리하도록 해주는 서비스며, IoT Cloud는 기업들이 사물인터넷과 관련된 기기, 제품, 센서, 애플리케이션으로부터 정보를 취합하도록 하는 서비스다. 또한 Analytics Cloud는 기업의 직원들이 어떠한 기기나 생산성 소프트웨어 등으로부터 얻어지는 데이터를 가공하고 분석해 주고 있으며, Work.com은 재택근무 솔루션으로 기업의 종업원들이 기존 사무실에서 수행하던 근무가 집에서도 동일하게 진행되도록 한다. Work.com은 코로나-19 팬데믹 이후 5월에 출시한 서비스다. 블룸버그에 따르면, 세일스포스 직원들이 재택근무를 하면서 석 달도 채 안 걸려서 개발한 이 서비스 덕분으로 2020년 2분기 매출액과 세전 이익을 시장 예상치 대비 각각 5.1%, 115% 상회했다.

위기에서 빛난 실적을 근거로 본 세일즈포스의 경쟁력은 시장 변화에 대한 발 빠른 대응과 시장을 선도해 나가는 기술력이다. 2분기 실적 발표 전까지만 해도 세일즈포스 주식은 최근 2년간 소프트웨어 ETF인 IGV와 마이크로소프트, 어도비 대비 언더퍼폼했으나 2분기 실적 발표일인 8월 26일부터 이들 세 종목을 아웃퍼폼하고 있다. 언더퍼폼의 여러 이유 중 대표적으로 2019년에 데이터 분석 및 통합 소프트웨어 개발 업체 태블로(Tableau) 인수에 148억 달러, 기타 세 건의 인수에 22억 달러 등 총 170억 달러를 들인 공격적인 M&A의 효과에 대해서 시장이 의구심을 가진 것을 들 수 있다. 또한 다른 대형 소프트웨어 개발사보다 영업 이익률이 낮은 점도 약점이다. 그러나 2분기에 보여 줬던 시장 대응을 통한 영업 이익률 개선과 2019년의 공격적인 M&A의 후유증이 사라지고, 앞으로 M&A를 통한 매출 성장보다는 유기적 성장을 보여 줄 때 꾸준한 아웃퍼폼이 가능할 것이다.

② 어도비

어도비는 우리가 많이 사용하고 있는 퍼블리싱 소프트웨어 브랜드 애크로뱃(Acrobat)과 포토샵으로 유명한 기업으로 1982년에 설립되었다. 주요 고객은 콘텐츠 개발자, 웹 애플리케이션 제작자, 마케팅 및 광고 기획자 등이다. 소프트웨어 제품들을 클라우드 컴퓨팅 버전으로 바꾸면서 SaaS 제공자로 거듭나고 있다. 사업을 크게 두 부문으로 나누고 있는데 디지털 미디어(Digital Media)와 디지털 익스피리언스(Digital Experience)다.

매출의 70%를 차지하고 있는 디지털 미디어는 구독 서비스 형태로 Creative Cloud의 콘텐츠 제작 툴인 포토샵, 일러스트레이터와 Document Cloud의 애크로뱃 문서 작업 소프트웨어가 주를 이루고 있다. Document Cloud는 전자 서명 기능이 더해져서 디지털화에 최적화된 문서 작업 소프트웨어로 성장을 주도하고 있다. 2020년 코로나-19 팬데믹으로 인해서 디지털화가 속도감 있게 진행됨에 따라 그 수혜를 보고 있다.

디지털 미디어 부문에 고객 유치 비용이 증가하겠지만, 영업 이익률은 29~30%로 유지될 것으로 전망한다. Creative Cloud의 고객 재방문율이 코로나-19 이전 수준으로 회복하고 있고, 고객사들의 재택근무로 광고 관련 소프트웨어 매출은 둔화되지만, 콘텐츠 제작과 전자 서명 트래픽이 급증하여 전체 매출은 성장세를 유지할 것이다.

매출의 30%를 차지하는 디지털 익스피리언스 부문은 마케팅 소프트웨어와 데이터 분석 소프트웨어로 이루어져 있다. 팬데믹 상황에서 기업들의 광고 및 마케팅 비용 절감으로 디지털 익스피리언스 부문의 매출은 2020년 소폭 증가에 그칠 것으로 보이지만, 팬데믹 상황이 풀리면 재성장이 가능할 것이다. 2016년 매출액은 58억 달러였고 만 3년 후 2019년 매출액은 90% 증가한 112억 달러로 성장하였다. 클라우드 컴퓨팅 서비스로 변화에 성공한 덕분이다.

③ 워크데이

워크데이(Workday)는 2005년에 설립 후 기업용 인사 관리, 재무 관리, 사업 계획 소프트웨어를 클라우드 컴퓨팅 기반으로 개발하고 서비스하는 SaaS 기업이다. ERP 소프트웨어 개발자로서 늦게 시장에 참여했으나, 대형사인 오라클과 SAP가 디지털화에 속도가 느린 점을 틈타 클라우드 컴퓨팅 사업자로서 빠른 시장 침투로 자리를 잡았다. 주요 고객군은 금융회사, 제약사, 제조업체, 교육사업자, 정보통신 기업들이다. 대형 고객인 어도비, 비자(Visa), Aon, 도요타, 소니 등을 비롯해 인사 관리 제품군 고객 3,000여 곳, 재무 관리 제품군 고객 700여 곳, 사업 계획 제품군 고객 4,000여 곳을 보유하고 있다.

2013년 매출 성장률 103.6%를 정점으로 매년 성장률은 낮아지고 있으며, 2019년 매출 성장률은 31.7%에 그쳤고, 팬데믹의 영향으로 고객들의 계약 지연이 일부 발생하면서 2020년에도 성장률은 낮아져 20% 초중반이 될 것이다. 그러나 비용 감소로 영업 이익률은 18%로 상승할 것으로 예상한다. 워크데이 매출의 90%는 구독 서비스로 이루어진다. 재무 관리 소프트웨어 중 클라우드 비중이 50%를 밑돌고 있어 클라우드 비중이 확대될 경우 성장 동인이 되겠지만, 성장률이 다시 30%대로 올라가기에는 어려워 보인다. 소프트웨어 종류를 확대하여 매출 성장을 다시 끌어올려야 2020년 예상 영업 이익률 10%대 후반 수준을 유지할 수 있을 것이다.

④ 비바 시스템즈

비바 시스템즈(Veeva Systems)는 2007년에 설립한 기업으로, 바이오텍 기업과 제약사와 같은 헬스케어 기업의 신약 임상 준비부터 최종 제품 생산, 마케팅 및 고객 관계 관리 등에 이르기까지 고객이 원하는 클라우드 기반 맞춤형 소프트웨어를 제공하는 기업으로 구독 요금이 전체 매출의 81%를 차지한다. 주요 소프트웨어인 Veeva Commercial Cloud와 Veeva Vault는 바이오 기업이 요구하는 사업적인 요소요소에 적합한 모든 서비스를 제공한다. 2007년 출시한 Veeva Commercial Cloud는 고객 관계 관리 및 마케팅과 관련된 소프트웨어로 구독 증가는 둔화세를 보이고 있지만, 2011년 출시된 Veeva Vault의 성장세는 아주 가파르다.

Veeva Vault는 바이오테크 기업의 영업 및 마케팅에 필요한 콘텐츠 제작과 관리 기능을 제공하는 소프트웨어뿐 아니라 임상 실험과 관련된 데이터, 비디오, 이미지, 문서 등을 관리하고, 실험 후 신약 승인을 위한 절차, 법규, 규제 등을 체크 및 관리하고, 신약 승인 이후 약의 생산에 필요한 품질관리시스템 등과 관련한 소프트웨어를 제공하고 있다. 한마디로 제약사나 바이오테크 기업의 사업 부문마다 연관되어 있다. 2019년 매출 기준 전체 매출의 47%를 차지하고 있다. 지역별 매출처로 미주 55%, 유럽 28%, 아시아 14% 등이다.

비바 시스템즈의 고객은 화이자, 머크, 일라이 릴리, 암젠, 바이엘, 노바티스, 길리어드 등 700개가 넘는 글로벌 제약사 및 바이오텍 기업이다. 경쟁 업체로는 임상 실험 관련 컨설팅 서비스 업체인 아이큐비아(IQVIA)와 클라우드 기반 임상 실험 솔루션 업체 메디데이터 솔루션(Medidata Solution)이 있다. 최근 5년간 매출 증가율은 28%로 견조한 성장세를 보이고 있다. 향후 임상 실험 대행업자(CRO)나 위탁 생산업자(Contract Manufacturing Organization)로 사업 영역을 확대할 계획이다.

⑤ 도큐사인

도큐사인(Docusign)은 전자 서명 서비스 업체로 2003년에 설립되었고, 2018년에 나스닥에 상장되었다. 아직까지 서비스가 보편화되지 않아 2019년까지 적자를 기록했으나, 팬데믹 영향으로 2020년 흑자 전환을 전망한다. 전자 서명 서비스가 생소한 국가들도 있겠지만, 미국의 ESIGN 법과 EU의 eIDAS 법을 근거로 도큐사인에 의한 전자 서명 작업은 공식화되었다. 클라우드 기반의 SaaS상에서 서명은 거의 모두 도큐사인의 전자 서명을 통한다고 보면 된다. 매출의 94%가 구독 수수료며, 최근 3년 평균 성장률은 37%로 고성장세를 유지한다. 경쟁사인 Adobe Sign, SignNow, Righ Signature, MyLiveSignature, Hello Sign의 시장 점유율이 3~6%로 높지 않은 반면 도큐사인은 70%로 독보적이다.

도큐사인의 성장은 초기 국면으로 보이는데, 그 이유는 여전히 대부분의 부동산 거래, 금융기관 내 거래, 보험 상품 계약 등의 분야에서 서명이 지면에서 이루어지기 때문이다. 그러나 세상이 클라우드 컴퓨팅 기반으로 변하고 있기 때문에 향후 모바일 앱이나 PC 환경의 서명 빈도가 증가할 것은 자명하다. 기업의 경우 시간 단축 효과가 클 것으로 보이는데, 일대일 서명이 아닌 일대다 서명의 경우 지면에 각자 사인을 해서 취합하는 데 시간이 걸리지만, 전자 서명은 짧은 시간에 모든 계약 당사자의 서명이 가능하다. 또한 전자 서명은 암호화되어 클라우드에 저장되므로 보안성과 안정성이 보장된다. 지면 서명은 물리적인 서류 보관 공간이 필요하지만, 전자 서명은 모든 파일을 클라우드에 저장하면 된다.

세일즈포스, 애플, 마이크로소프트, 구글, SAP 등의 소프트웨어에서 도큐사인의 제품을 API로 연동시켜 사용하고 있다. 팬데믹 영향으로 2020년 2분기 수주 잔고가 전년 동기 대비 61% 증가했다. 같은 기간 신규 개인 고객 계좌는 8만 8,000개가 증가해서 65만 계좌, 기업용 및 상업용 계좌는 1만 개 증가하여 10만 계좌로 합계 75만 고객을 보유하게 되었다. 기업 고객이 꾸준히 증가한다면 팬데믹 종료 이후에도 전자 서명 시장의 성장 환경에서 기업 가치의 증대가 예상된다. 다만 미국 SaaS 업체 평균 EV/매출액 멀티플이 16배인 데 반해 도큐사인은 성장 잠재력에 대한 프리미엄으로 27배에 거래되고 있는 것이 부담이다.

⑥ 스노플레이크

2020년 9월 15일에 상장한 스노플레이크(Snowflake)는 워런 버핏의 버크셔 해서웨이(Berkshire Hathaway)와 세일즈포스가 투자한 것이 알려지면서 유명세를 탄 클라우드 기반 데이터 플랫폼 서비스 기업이다. SaaS 업체지만 구체적으로 서비스형 데이터 웨어하우스(Data Warehouse as a Service)가 더 적합하다.

스노플레이크는 2014년 최초로 서비스를 시작했는데, 데이터 웨어하우스는 고객이 집적해 둔 방대한 양의 데이터를 분석하기 쉬운 상태로 저장할 수 있도록 하고, 고객이 저장해 둔 데이터를 쉽게 접근해서 분석 작업을 수행하도록 한다. 물론 이와 관련된 하드웨어와 소프트웨어는 클라우드에 존재한다. 스노플레이크의 클라우드 데이터 플랫폼은 데이터 제공자, 데이터 소스, 데이터 사용자 사이에 위치하며, 데이터 웨어하우스, 데이터 엔지니어링(Data Engineering), 데이터 레이크(Data Lake), 데이터 사이언스(Data Science), 데이터 애플리케이션(Data Application), 데이터 익스체인지(Data Exchange) 등의 서비스를 통해 데이터 소스와 데이터 사용자를 연결시켜 준다. 플랫폼 내부에서 각 주체들이 필요로 하는 다양한 유형의 데이터를 통합할 수 있고, 대규모 데이터의 가공이 가능하며, 다수의 이용자가 동시에 접속해서 동일한 데이터를 가공할 수도 있다.

스노플레이크의 아키텍처는 데이터의 크기나 처리 속도에 구애받지 않고 데이터 관리의 편의성을 실현하기 위해서 Shared-Disk 데이터베이스 아키텍처[11]와 Shared-Nothing 데이터베이스 아키텍처[12] 모두를 적절

---

11 분산형 데이터베이스 관리의 아키텍처 중 하나로 네트워크상에서 모든 디스크들이 모든 노드와 연결된 형태

12 복수의 노드가 서로 연결될 때 발생하는 상호 간섭을 제거하기 위해 각 노드는 데이터를 공유하지 않는 형태

히 사용하는 하이브리드 형태로 기술적 진보가 상당하다. 고객은 스노플레이크의 서비스를 통해 데이터 처리에 있어서 복잡성을 줄이고, 클라우드 데이터 플랫폼을 구축하는 비용을 대폭 절감할 수 있다. 예를 들면, 고객의 소비 행태와 연관된 데이터를 근거로 보고서 작성의 시간이 절감될 수 있고, 성장하는 기업의 경우 필요로 하는 자원의 양과 캐파(capacity)가 급증하는 것을 무리 없이 저렴한 비용으로 대응할 수 있다. 또한 하드웨어, 소프트웨어의 설치가 필요 없으므로 그에 대한 유지 보수 작업이 필요 없고, 서비스가 제공하는 자동화된 데이터 처리 프로세스, 데이터 처리 양의 급증에 따른 용량의 자동 확장 등으로 직원들이 효율적으로 업무 시간을 쓸 수 있다.

AWS, 구글 클라우드, 애저의 데이터 분석 서비스와 유사해 보이지만, 큰 차별점은 대형사의 서비스는 그들의 기반 클라우드에서만 사용이 가능한 반면, 스노플레이크 서비스는 각각 다른 복수의 클라우드 환경에서도 서로 호환되며 사용 가능하다는 것이다. 2,500개에 달하는 기업 고객을 보유하고 있으며, 2018년 매출이 9,700만 달러에서 2019년 2억 6,500만 달러로 2.7배 급증했고, 2020년에는 상반기 매출액만 전년 대비 52% 신장한 4억 달러다.

4차 산업혁명이 지향하는 초연결에서 핵심은 데이터다. 그 데이터를 분석, 가공, 재창출하는 스노플레이크의 기술력과 성장성은 미래 가치와 닿아 있다. 그래서 그런지 현재 시장에서는 2020년 예상 매출 기준 EV/매출액 밸류에이션으로 75배를 부여하고 있다(2020년 매출 예상액 9억 달러, 2020년 9월 22일 종가 기준). SaaS 업체 평균 16배 대비 엄청난 프리미엄이다. 시장 규모가 얼마나 커질지 스노플레이크가 얼마나 매출을 거둘지에 대한 정량적 분석은 아직 없다.

⑦ 서비스나우

IT 서비스를 관리하는 소프트웨어 개발사인 서비스나우(ServiceNow)는 2003년 글라이드소프트(GlideSoft)라는 이름으로 설립되었다가 2006년에 현재의 사명을 변경했고 2012년에 상장했다. SaaS인 동시에 고객사의 전산 부서가 내부 소프트웨어를 만들기 용이하도록 플랫폼을 제공하기 때문에 PaaS도 병행하고 있다. 기업의 전산 부서가 행하는 업무 흐름을 개선하고 생산성을 제고하며 IT 자산을 관리하는 데 도움을 준다. 또한 기업과 정부 기관의 디지털 전환 작업 시 전산 부서의 업무를 기획, 실행, 사후관리로 나누어 고객사의 상황에 맞게 디자인해 주기 때문에 기업의 디지털화에서 수혜가 크다. 실제로 미국 연방정부는 2019년 IT 업무 관리를 클라우드 기반 소프트웨어로 전환하기 시작했는데 이에 맞춰 계약이 증가하고 있다.

경쟁사인 IBM, HP, BMC 등 기존 IT 시스템 관리 소프트웨어 개발업체들이 기업 자체 전산 시스템에 소프트웨어를 설치하는 온프레미스(on-premise) 방식을 고집하는 사이 서비스나우는 클라우드 서비스로 시장 점유율을 빼앗고 있다. 현재 IT 서비스 관리(ITSM) 소프트웨어 시장에서 점유율 51%로 1위다. 매출의 94%를 구독 수수료가 차지한다.

CRM, EPR 중 인사 관리, 데이터 분석, 보안 서비스 소프트웨어 개발로 제품군을 확장하고 있는데, 이는 IT 서비스 관리 소프트웨어 이용 고객들에게 추가로 팔 수 있는 제품군이 추가되어 고객당 평균 구독 매출액과 재가입률(retention rate)을 상승시키는 좋은 전략이 된다.

최근 3년 동안 인공지능을 이용한 검색 플랫폼 기업 아티비오(Attivio)를 비롯 인공지능 스타트업인 팔로(Parlo), 룸 시스템(Loom Systems), 패시지 AI(Passage AI), 데이터 분석 업체 프렌들리데이터(FriendlyData)와 모바일 분석 플랫폼 엡시(Appsee) 등을 인수하여 기존 IT 서비스 관리 제품군과 신규 제품군의 기술력을 제고하는 것은 긍정적이다. 최근 5년간 매출액 성장률 평균은 39%며, 향후 3년 성장률은 기고 효과로 인해 낮아지겠으나 25% 내외의 성장은 가능할 것이다. 잔존 서비스 계약(remaining performance obligation)은 수주잔고의 개념인데, 2020년 상반기 말 기준 70억 달러로 전년 동기 대비 31% 증가할 수치다. 블룸버그 2020년 예상 매출액 기준으로 EV/매출액 밸류에이션은 17.3배로 SaaS 기업 평균과 유사하다.

⑧ 데이터도그

데이터도그(Datadog)는 2010년에 설립되었고 2019년 9월에 상장되었다. 기업 내에서 흔히 볼 수 있는 전산 부서 개발자와 시스템 관리자 사이에 상반되는 이해관계로 인한 갈등을 줄여 보자는 목적으로 클라우드 기반 IT 인프라 및 애플리케이션 모니터링 서비스 소프트웨어를 개발하였다.

　데이터도그의 소프트웨어는 개발자와 운영팀이 회사가 가진 전산 인프라인 클라우드, 서버, 애플리케이션, IT 서비스, 메트릭스 등을 한눈에 보고 실시간으로 모니터링을 할 수 있도록 한다. 서버 상태를 모니터링하는 것이 기본 서비스인데, 데이터도그 에이전트를 특정 호스트에 설치하면 자동으로 해당 서버의 정보를 수집하고 모니터링이 가능하며, 추가적인 설정을 통해 데이터베이스와 스토리지 등에서 메트릭스를 얻을 수 있다. 인티그레이션 기능을 통해서 해당 서버 이외의 다양한 인프라들을 모니터링할 수 있다.

　인티그레이션은 AWS, 애저, 구글 클라우드 등 클라우드 서비스들뿐 아니라 MySQL, PostgreSQL, Redis, Docker 등의 애플리케이션을 포함 약 400개 이상의 인티그레이션을 지원하고 있다. 기업들이 사용하는 웬만한 IT 애플리케이션과 연동이 되기 때문에 데이터도그 서비스를 도입해도 기존의 시스템과의 마찰이 없다. 그리고 인티그레이션을 통해 수집되는 메트릭스를 기반으로 대시보드를 구성하거나 알림 기능을 가진 모니터로 재구성할 수 있다. 또한 APM(Application Performance Management) 서비스는 애플리케이션의 성능을 분석해 준다. 자바, 파이썬, 루비, 고, 노드 등으로 작성된 애플리케이션에 APM을 지원하며, 로그 수집과 네트워크 트래픽, 보안 등에 대한 모니터링 영역을 확장하고 있다.

　기업이나 정부의 디지털화의 가속은 IT 인프라의 원활하고 안정적인 운영이 필수며, 이에 데이터도그의 모니터링 서비스가 큰 수요를 창출하고 있다. 최근 3년간 매년 80% 이상 매출 성장을 보였는데 코로나-19 팬데믹으로 기업의 디지털화 속도가 느려지거나 비용 절감으로 인해 고성장세가 일시 주춤할 수는 있다. 블룸버그 2020년 매출 성장률 예상치는 57.5%다. 그러나 팬데믹 이후 기업과 정부의 디지털 트랜스포메이션 작업은 가속화될 것이고, 그렇다면 데이터도그의 서비스는 더 필요해질 것이다.

8. 반도체 산업의 변화

　반도체는 삼성전자와 SK하이닉스가 세계 시장에서 1위와 2위의 자리를 굳건히 지키고 있는 분야다. 2020년 2분기 기준 삼성전자의 디램(DRAM) 글로벌 시장 점유율은 43.5%, SK하이닉스는 30.1%를 기록하고 있고, 미국의 마이크론이 21%로 3위이다. 낸드 플래시 점유율은 삼성전자가 1위로 31.4%, 도시바로 알려졌던 일본의 키오시아가 17.2%로 2위다.

　삼성전자와 SK하이닉스가 매출을 증대시키려면 반도체 소자의 단위당 가격이 상승하거나 사용처인 서버, PC 그래픽, PC, 핸드폰, 기타 모바일 기기 등에 대한 수요가 높아져 자연스럽게 판매 개수가 증가하면 된다. 이러한 반도체 소자에 대한 수요와 공급에 따라 디램과 낸드 플래시의 가격이 정해지며, 가격은 큰 고객과 계약에 의해 공급하는 고정거래 가격과 그때그때 수요와 공급의 상황을 반영하는 현물시장 가격으로 나뉜다. 공급 측면에서는 상위 3개 업체가 증가하고 있거나 증가할 것으로 예상하는 시나리오에 대비해 생산량을 늘릴 경우 매출이 증가하는 재미를 볼 수 있겠지만, 수요가 꺾이면 재고가 증가하여 가격이 하락하는 사이클에 접어 들면서 매출의 증가가 둔화되거나 감소할 수도 있는 상황에 처하게 된다. 결국 수요와 공급의 미스매치에 의해서 가격의 상승과 하락이 반복되면서 매출과 이익에 변동성이 생기게 된다.

SK하이닉스는 메모리 반도체 소자만을 생산하기 때문에 디램과 낸드플래시 가격과 수요 변수에 노출도가 100%다. 꾸준한 매출과 이익의 성장이 가능할 수도 있지만, 반도체 산업의 특성상 변동성을 완전히 지우기는 어렵다. 3~4년 전만해도 삼성전자도 반도체 소자 사업부문은 SK하이닉스와 차이가 없는 비즈니스 모델이었는데, 2020년부터 반드시 주목해야 하는 의미 있는 변화가 시작되었다. 바로 삼성전자의 비메모리 반도체 생산에 대한 확장 전략과 그에 따른 대규모 투자다.

메모리 반도체 소자가 정보를 기억하고 저장하는 기능을 담당했다면 비메모리 반도체 소자는 연산, 추론 등 정보를 처리하기 위해 제작된 모든 반도체 소자를 아우른다. 외국에서는 비메모리 반도체를 시스템 반도체라고 부르는데 중앙처리장치(CPU)가 비메모리 반도체 중 하나다. 램은 동시에 할 수 있는 작업의 양을 결정한다면,

CPU는 작업을 처리하는 속도를 결정한다. 비메모리 반도체는 PC 뿐만 아니라 스마트폰에서 CPU 역할을 하는 애플리케이션 프로세서(AP), 테슬라의 HW3.0이라는 차량용 컴퓨터에 장착된 반도체 소자, 카메라의 이미지 센서, 인공지능(AI) 소프트웨어를 구현하는 데 사용되는 칩 등에 사용된다.

비메모리 반도체를 세분해서 분류해 보면 Micro Component(PC에 들어가는 CPU, MPU, 전자제품에서 특수 기능 및 시간 예약 등 두뇌 역할을 하는 MCU), Logic(모바일 기기에 들어가는 AP 등), Analog(앰프, 전압 조정기 등), Discrete(기초적인 형태의 반도체 소자로서 단기능 소자: 쌍극형 트랜지스터 등), Optical/Sensor(카메라 등에 사용되는 이미지 센서, LED, 기계에 들어가는 센서류 등)다.

그렇다면 삼성전자는 왜 비메모리 반도체 소자 부문에 도전하게 되었을까? 메모리 반도체 시장보다 크고 특화 제품이며, 마진이 높고 시황 변동성이 메모리 반도체 시장보다 낮아 안정적으로 이익을 낼 수 있기 때문이다. 2019년 글로벌 반도체 시장 규모는 매출 기준 4,100억 달러인데, 그중 비메모리 반도체가 74%인 3,034억 달러로 압도적으로 큰 시장이다. 비메모리 반도체에 대해서 좀 더 이야기하기 전에 비메모리 반도체 생산과 관련된 가치 사슬을 간단히 짚어 보자.

반도체 회사라고 부르는 세계적 기업들은 개발과 생산 방식에 따라 사업 모델이 달라진다. 먼저 삼성전자, SK하이닉스, 인텔, 인피니언은 IDM(Integrated Device Manufacturer)으로서 반도체 설계부터 생산, 패키징까지의 모든 과정을 내재화한 종합 반도체 기업이다. 텍사스 인스트루먼트(TI), STMicro는 팹라이트(fablite)로 원래 IDM 이었지만, 설비투자에 대한 부담으로 선단공정(선행기술개발)에서는 팹리스(fabless) 모델을 채택하는 업체들이다. 반도체 생산시설을 팹(fab)이라고 부르는데, 이 팹의 건설에는 비용이 굉장히 많이 든다. '삼성전자가 XX캠퍼스 X라인에 X조 원의 낸드플래시 메모리 생산 라인 투자를 발표했다' 같은 뉴스를 본 적이 있을 것이다.

팹 건설에 수조 원이 소요되다 보니 반도체 설계 기술자들이 IDM 에서 나와서 독립하여 설계만 하는 회사를 설립했다. 이를 팹리스 라고 부른다. 설계와 테스트 작업만 하기 때문에 IDM 대비 투자금 이 아주 적다. 이들은 자체적으로 설계한 반도체 소자에 대한 IP를 보유하면서 생산은 반도체 생산만 전문으로 하는 업체에 맡긴다. 이 러한 반도체 생산만을 전문으로 하는 업체를 파운드리(foundry)라고 한다.

대표적인 팹리스는 IDM이기도 한 인텔, 퀄컴, 엔비디아, 브로드 컴, AMD, 애플 등이 있고, 파운드리는 대만의 TSMC가 부동의 1 위다. TSMC는 거의 모든 팹리스 업체의 반도체 소자를 생산하고 있다고 보면 된다. 파운드리 영역에서 2위는 삼성전자다. 매출은 TSMC의 약 3분의 1 정도로 격차가 크지만, 여기에서 삼성전자의 성장 동력을 찾을 수도 있다. 3위가 글로벌 파운드리로 매출 기준 삼 성전자의 절반 정도다. 팹리스와 파운드리의 사업 모델을 간단히 말 하면 팹리스는 파운드리에게 칩 1개당 10달러를 생산비용으로 지불하고 최종 고객에게 칩 1개당 30달러를 받아 20달러의 마진을 취한다. 파운드리는 10달러에서 재료비용과 생산비용을 제외한 금액을 마진으로 가져가게 된다.

삼성전자는 메모리 반도체 소자뿐만 아니라 비메모리 반도체 소자에서도 메모리 부문의 위상과 같은 IDM이 되려는 목표를 가지고 있다. 삼성전자는 휴대전화 일부 모델에 자사가 설계하고 자사의 파운드리에서 생산을 한 AP칩 엑시노스를 탑재한다. 자체 설계/생산한 AP를 외부 핸드폰 제조업체에 납품하고, 퀄컴이나 엔비디아 등의 외부 팹리스로부터 주문을 받아 파운드리 업체로서의 시장 점유율을 올리려는 전략을 실행하고 있다. 팹리스와 파운드리 영역으로의 확장이 기대된다.

비메모리 반도체 소자는 성장 여력이 아주 크다. 애플 아이폰의 사양이 어떻게 변하였는지 보면 답을 찾을 수 있다. 아이폰 3부터 아이폰 11에 들어가는 메모리 반도체 소자인 디램과 낸드 플래시는 각각 1개로 변화가 없다. 그러나 비메모리 반도체 탑재 변화를 보면 먼저 디스플레이가 2017년에 출시한 아이폰 X부터 OLED가 탑재되고 있고, 통신 칩도 3G에서 5G까지 커버해야 한다. 배터리를 효과적으로 사용하기 위한 필수 전력 관리 반도체 소자 PMIC는 아이폰의 기능이 많아지면서 2개에서 5개로 늘어났고, 아이폰 12에는 6개가 탑재된다는 추측이 있다. 휴대폰 내에 안테나와 관계된 프론트엔드 모듈 칩도 3개에서 4개로 증가했고, 아이폰 12에는 최소 5개가 사용된다는 예상이 있다.

삼성전자의 비메모리에 대한 구상을 구체적으로 보자. 삼성전자는 미세공정에 있어서 타의 추종을 불허한다. 반도체 기업은 집적회로를 만들 때 기본이 되는 웨이퍼(실리콘 기판) 위에 미세하게 회로를 새길 수 있는 능력이 핵심이다. 그래야 정해진 크기에 더 높은 집적도를 구현해 생산성뿐 아니라 반도체의 성능을 끌어올리고 전력 효율을 향상시킬 수 있기 때문이다. 회로를 새길 때 필요한 장비가 노광장비(photo lithography)인데 웨이퍼에 빛으로 회로를 그리는 포토리소그래피 기술을 사용한다.

현재 삼성전자의 8나노미터 기술을 구현하는 데 사용되는 노광장비는 불화아르곤(ArF)이라는 광원을 사용하는데, 이 불화아르곤으로 구현할 수 있는 최소한의 미세 회로가 8나노미터라고 보고 있다. 그러므로 7나노미터 이하로는 새로운 광원이 필요한데 이것이 극자외선(EUV)이다. 불화아르곤보다 빛의 파장이 약 14배 짧아 더욱 세밀하게 회로를 새길 수 있다고 한다. EUV 노광장비는 세계에서 유일하게 네덜란드 기업인 ASML이 제작, 판매하고, 대당 가격이 1,500억~2,000억 원으로 알려졌다. 결국 미세공정을 지속적으로 진행시키기 위해서는 막대한 자본이 필요하다.

EUV 노광장비를 들여오기만 한다고 해서 생산할 수 있는 간단한 일이 아니다. 장비와는 별도로 생산공정 혁신에 성공해야 하기 때문에 결국 비메모리 반도체 파운드리 사업은 TSMC와 삼성전자만이 영위할 수밖에 없어 보인다. 인텔이 10나노미터까지는 기술이 있었으나 EUV 공정 전환 개발에 적절한 타이밍을 잃어 7나노미터로의 전환이 지연되고 있기 때문이다. 인텔이 시기를 놓친 덕을 보는 기업은 CPU 시장의 만년 2인자 AMD다. AMD는 팹리스이고 CPU 전량을 TSMC에서 생산하는데, TSMC가 7나노미터 기술로 전환했기 때문에 AMD는 경쟁력 있는 CPU로 시장 점유율 상승을 즐기고 있다. IDM이 기술 혁신에 꾸준히 성공하지 못하면 팹리스에게 시장의 주도권을 뺏길 수 있다는 것을 보여 준 좋은 예이며, 팹리스는 아주 영리한 사업 모델임을 알게 된다. 삼성전자와 TSMC는 EUV 노광장비의 성공적인 도입으로 5나노미터 기반 제품까지 생산이 가능한 상태에 이르렀고, 4나노미터 및 3나노미터 제품 개발에 가속도를 내고 있다.

삼성전자는 2019년 4월 '반도체 비전 2030'을 발표하고 2030년까지 설비와 인력 확보에 133조 원을 투자하겠다고 밝힌 바 있다. 2020년 5월 두 번째 EUV 파운드리로 평택 비메모리 생산라인에 대한 투자 계획을 발표하고, 2021년 하반기 가동을 목표로 삼고 있다. 현재 삼성전자의 비메모리 반도체 생산라인의 캐파는 웨이퍼 기준 40나노미터부터 5나노미터까지 모두 합쳐 월 26만 5,000장이며, 이 중 7나노미터 이하 EUV 장비 캐파는 월 3만 장으로 평택 증설이 완성되는 2021년 말에는 EUV 캐파를 4만 5,000장으로 끌어올릴 것으로 전망한다. 추격의 대상인 TSMC의 EUV 캐파가 약 12만 장임을 고려할 때 지속적인 투자가 필요하다.

생산 설비의 확대에 맞게 신규 거래처 확보와 공급 계약 증가가 중요한데 2020년 들어 큰 고객들과의 계약 체결 뉴스가 나오고 있다. 퀄컴이 신형 5G사용되는 X60 통신 모뎀칩 생산을 삼성전자의 5나노미터 공정에 맡기기로 결정했고, 미국 IBM의 차세대 서버용 CPU 'Power 10'의 위탁생산도 따냈다. 그래픽 연산 처리 전용 반도체 소자(GPU) 글로벌 1위 업체인 엔비디아는 차세대 GPU인 RTX3000 시리즈 위탁 생산자로 삼성전자 8나노미터를 선택했다. 또한 중화권 스마트폰 업체들의 엑시노트 채택이 확대됨에 따라 파운드리 물량 증가를 기대해 볼 수 있다.

삼성전자의 비메모리 반도체 사업 매출액은 2015년 13조 3,000억 원이었고, 4년이 지난 2019년 14조 7,000억 원으로 3%의 연 평균 성장에 그쳤다. 2020년 초부터 시작된 신규 수주를 감안할 때 2021년과 2022년에 의미 있는 성장을 거둘 가능성이 높다. 인텔이 기술 개발 로드맵에서 우왕좌왕하는 현재 분명 비메모리 반도체 분야에서 시장 점유율을 올릴 절호의 찬스다. 메모리 반도체에서 보여 줬던 초격차를 비메모리 반도체 분야에서도 기대해 본다.

그림 16. 삼성전자 비메모리 반도체 매출 추이

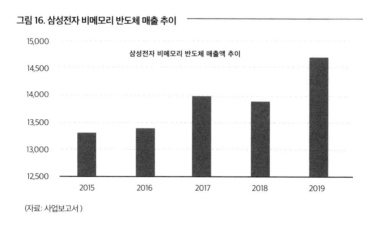

(자료: 사업보고서)

9. 전기차

코로나-19 발발 이후 자동차에 대한 수요는 감소했다. 지난 2분기 세계 주요 자동차 업체들의 매출액은 전년 동기 대비 22%에서 56% 감소했는데, 현대차가 18.9% 감소했고 피아트크라이슬러가 가장 부진한 56.2% 감소를 기록했다. 더불어 2020년 3월 유가 폭락으로 시장에서는 저유가를 바탕으로 내연기관 자동차 판매 유인책이 발표될 경우 전기차의 성장이 저해되는 것은 아닌가 하는 우려가 있었다. 그러나 이는 단기적인 시각이라 생각한다.

1903년 미국의 포드가 설립되고 자동차의 대중화를 이끈 최초의 모델인 T가 1908년에 출시된 이후, 당시 주요 교통수단이던 마차가 사라지는 데 걸린 시간은 지역에 따라 다르겠지만 20년 정도였다.

273

전기차가 내연기관에 비해 가지는 혁신성이 자동차가 마차에 비해 가지는 혁신성보다 크다고 보기 어렵다는 사람들도 있다. 그러나 전기차가 자율주행이라는 기술과 접목되었을 때 우리의 실생활에 끼칠 영향은 결코 초기 자동차의 도입 시기에 인류가 겪었던 경험에 비해 뒤처지지 않을 것이다.

결국 전기차는 대세로 자리잡을 것이며, 전기차와 수소차 사이의 우위논쟁은 전기차라는 대명제 안에 있는 속도감 있는 대중화를 위한 기술적 선택의 문제에 지나지 않는다. 이브이 볼륨스닷컴(Ev-volumes.com)에 따르면 코로나-19 팬데믹이 시작된 2020년 3월부터 6월까지 월별 글로벌 전기차(하이브리드 타입과 순수 전기차) 판매량은 시장의 우려대로 전년 동기 대비 약 20% 감소하였지만, 유럽 시장의 가파른 회복세에 힘입어 2020년 7월 77% 성장했다. 대기 수요가 코로나-19 상황이 개선되자 폭발한 것이다. 전기차의 성장은 이제 시작이다.

현재 우리가 알고 있는 전기차의 종류를 보자. 가장 비중을 많이 차지하는 것은 하이브리드 방식인 HEV다. 엔진과 모터가 주행 상황에 따라 서로 적절한 조합을 이루면서 작동하는 방식이다. 모터는 주로 출발, 저속 주행, 초반 가속 모드일 때 사용되며, 엔진은 고속 주행 시 사용된다.

HEV에서도 모터의 동력 개입 정도에 따라 Mild HEV, HEV, PHEV(Plug-In EV)로 나뉜다. PHEV는 HEV보다 용량이 큰 배터리를 사용하며, BEV(Battery Electric Vehicle)처럼 외부의 전기차 충전기로 배터리 충전이 가능하고 배터리로만 주행이 가능하므로 내연기관 자동차에서 전기차로 전환되는 과도기에 적합하다. 엔진과 모터가 함께 장착된 하이브리드와 달리 엔진 없이 모터로만 주행하는 순수 전기차가 BEV다. 테슬라와 현대차의 코나, 아이오닉이 이에 해당한다. 몇 년 전만해도 배터리 완충 시 주행거리가 200km 내외로 상업적 가치가 낮았으나 배터리 기술 발전으로 테슬라의 최고급 사양 모델은 약 600km 주행 거리의 수준이다.

2019년 BEV의 전 세계 판매량은 약 220만 대로 전 세계 자동차 판매량에서 2.5%의 점유율을 기록했다. 전 세계적으로 자동차 메이커들이 BEV 모델 수와 생산 대수를 늘려서 2025년에는 10%까지 확대될 것으로 예상한다. 조사기관인 BloombergNEF는 2030년에 28%, 2040년에는 58%까지 확대될 것으로 전망하고 있다.

그림 17. 글로벌 BEV 판매량 및 비중 추이

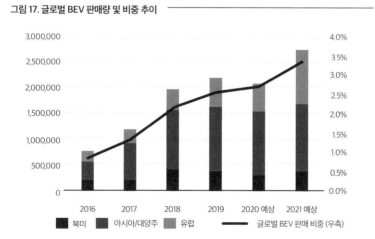

(자료: EV-Sales, 유진투자증권 리서치)

내연기관 자동차의 경우 엔진의 성능이 핵심이지만, BEV에서의 핵심은 배터리다. 배터리가 힘과 주행 거리를 결정하기 때문이다. 전기차의 역사는 배터리의 발전사라고 해도 과언이 아니다. 전기차용 배터리의 기술 발전은 한국의 LG화학, 삼성SDI, 중국의 CATL, 일본의 파나소닉 등에 의해 이루어졌다. 전기차 관련 기업에 대한 이야기를 할 때 고급화된 이미지와 배터리 성능의 혁신적 성과를 바탕으로 전기차 시장의 문을 열어 준 테슬라를 빼놓을 수 없다.

테슬라

테슬라는 2003년 미국 캘리포니아 팔로 알토에서 설립된 전기자동차, 배터리 저장장치, 태양광 셀 및 태양광 루프 셀을 제조하는 기업이다. 최초 설립은 마틴 에버하드와 마크 타페닝에 의해 이루어졌고, 일론 머스크, 이안 라이트, J. B. 스트로벨이 설립 직후 동참했는데, 5명 모두를 창업자로 일컫는다. 회사명은 유명한 전기 공학자이자 발명가인 니콜라 테슬라에서 따온 것으로 알려져 있다. 현재 일론 머스크가 CEO며 발행 주식의 18%를 보유한 대주주다. 시가 총액은 500조 원에 육박하고 있으며, 자동차 메이커 중 시가 총액으로 단연 1위 업체다. 우리가 알고 있는 밸류에이션 지표인 주가수익비율(PER)은 2020년 예상 순이익 기준으로 1,200배를 상회하며, 2021년 예상 순이익 기준으로도 700배를 웃돈다. 이러한 높은 밸류에이션의 배경에는 자동차 섹터 내에서 독보적인 매출 및 이익 성장률이 있다. 2021년도 매출 및 순이익 증가율은 각각 40%, 80%에 육박할 것으로 예상되기 때문이다.

모델 S라는 로드스터 타입의 고급 전기차를 출시하여 브랜드 이미지 구축에 성공한 테슬라는 2018년 모델 3 양산에 성공하며, 2019년 말부터 흑자로 전환된 이후 주가가 폭등하기 시작했다. 2020년 상반기 기준으로 BEV 시장에서 시장 점유율은 30%를 상회하는 것으로 추정하고 있으며, 플러그인을 포함한 전기차 시장 전체에서는 20%를 넘을 것으로 보여 글로벌 1위 전기차 메이커로 등극하였다. 테슬라의 기업 가치가 지속적으로 증가될 것으로 보는 시각은 단순히 글로벌 1위 기업이라는 표면적 이유보다는 테슬라가 가진 전기차 시장에 대한 파괴적 혁신과 상품성이 주요 배경이다. 테슬라와 기존 자동차 메이커들이 생산하는 전기차의 차이점은 1) 자율주행 기술 2) 배터리 기술력 2) 무선 업데이트(OTA, Over The Air) 기술이다.

오토파일럿(Autopilot)이라는 서비스 명으로 알려진 자율주행 기능은 구글의 웨이모를 비롯 각 국가별 인터넷 기업들이나 자동차 업체들이 개발을 하는 핵심 테마다. 테슬라의 자율주행 기술도 아직은 완전하지 못하다고 한다. 테슬라의 자율주행은 크게 오토파일럿과 완전 자율주행(FSD, Full Self-Driving)으로 나뉘며, 완전 자율주행 기술은 미국 자동차공학회 SAE 기준 레벨 2와 레벨 3 사이 정도로 알려져 있다. 여러 나라에서 레벨 3 이상을 자율주행차로 인정하고 있는 만큼 아직 테슬라의 자율주행 기술도 가야 할 길이 많이 남아 있다. 이는 자동으로 속도와 방향을 제어하지만, 운전자는 주변 상황을 인지하고 있어야 하며 상황에 따라 운전자가 상황을 통제해야 함

277

을 의미한다.

그럼에도 테슬라의 자율주행 기술은 타사 대비 우위에 있다. 이것은 테슬라가 자율주행 기술 발전이 선순환에 접어들었음을 의미한다. 인공지능을 발전시키려면 방대한 데이터의 입력이 가장 중요한데, 테슬라는 실제 자사 자율주행 기술을 탑재한 차량 판매가 급속도로 증가하면서 판매된 차량으로부터 데이터를 빨아들이고 있다. 구글의 웨이모가 기술적인 측면에서 가장 발전되었다고 한다. 그러나 실제 도로 데이터를 축적한 것은 약 2,000만 마일 정도인 반면, 테슬라는 약 100만 대로부터 10억 마일 정도를 얻고 있다. 기술적으로 최고라고는 할 수 없으나 실제 가장 많이 데이터를 수집해 실제 주행에 도움되는 차별된 기술로 발전시킬 가능성이 높다.

배터리 기술로 인해 올라간 상품성은 경쟁사들이 아직까지 따라오고 있지 못하다. 파나소닉과의 협업으로 이루어 낸 기가팩토리는 테슬라가 가진 장점이며, 독일의 프리미엄 브랜드들과 비교할 경우 배터리 용량은 유사한 수준인 데 반해 주행 거리는 테슬라가 40% 정도 더 길다. 또한 출력과 토크도 50% 이상 높아 경쟁력이 두드러진다. 자체적으로 보유한 배터리 기술은 아직 베일에 가려져 있지만, 배터리 관련 특허를 지속적으로 내고 있는 것은 주목할 만한 행보다. 기존 제품의 2배 이상의 수명을 지닌 100만 마일 배터리 제조 기술을 보유하고 있다는 시장의 예상은 더 이상 놀라운 일이 아니다. 22019년 1월 전고체 배터리 개발 업체인 맥스웰 테크놀로지를 인수한 후 전고체 배터리 연구작업이 본궤도에 올랐다.

전고체 배터리는 현재 리튬 이온 배터리에 사용되는 전해액 대신 고체 전해질을 사용하고 분리막을 없앤 차세대 배터리다. 리튬 이온 배터리보다 구조가 간단해 저장할 수 있는 전력량이 증가하고, 폭발과 화재 위험이 적으며, 용량과 부피, 형태의 자유로운 변형이 가능해서 배터리 업체들의 연구 대상이긴 하지만, 아직 상용화에 성공한 배터리 메이커나 자동차 메이커는 없다.

테슬라는 반도체 회사이기도 하다. 내재화를 통한 자체 설계, 개발한 반도체 칩을 사용하는 전자 플랫폼을 사용하고 있기 때문이다. HW3.0이라는 차량용 컴퓨터가 장착되는데 여기에 사용되는 반도체 칩은 통합 ECU(Electronic Control Unit)로서 자율주행 기능이나 인포테인먼트 등을 제어한다. 내연 자동차는 ECU와 부품 및 기능이 거의 일대일로 매칭되어 있는 구조이므로 ECU의 개수가 수십 개다. 그러나 테슬라는 통합 ECU 1개, 보조 ECU 3개로 ECU 개수를 획기적으로 줄여서 원가를 낮추고 ECU 간의 불필요한 간섭을 제거해냈다. 테슬라의 반도체 칩은 엔비디아 칩보다 더 자율주행에 최적화되었다고 알려졌다.

전자 플랫폼의 장점은 소프트웨어를 업데이트함으로써 차량을 업그레이드시킬 수 있다는 것이다. 스마트폰의 OS가 업데이트를 거쳐서 꾸준히 진화된 서비스를 즐길 수 있는 것과 마찬가지다. 이를 OTA(Over The Air)라고 하는데 와이파이 환경에서 파일을 다운로드 받아 업그레이드를 한다. 브레이크 기능이나 배터리의 주행거리와 같은 하드웨어도 소프트웨어 업그레이드를 통해서 가능하다. 기존

그림 18. 테슬라 매출액 및 영업이익률 추이

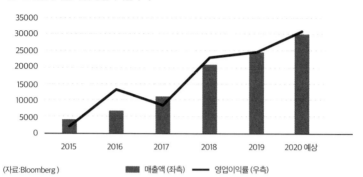

(자료:Bloomberg)　　　■ 매출액 (좌측)　　── 영업이익률 (우측)

자동차 메이커들의 차량은 내비게이션 지도 정도는 와이파이로 업데이트가 가능하지만 기타 인포테인먼트는 서비스 센터를 가야 가능했던 것에 반해 테슬라는 모든 업데이트가 무선 네트워크를 통해서 가능해진 것이다.

　이렇게 테슬라는 단순한 자동차 완성차 조립업체를 넘어 내재화된 반도체 칩을 탑재한 통합 제어 시스템과 자율주행 플랫폼을 소비자들에게 제공하는 비즈니스 모델로 차별화에 성공하였다. 아마존은 1997년 상장부터 2002년까지 적자 기업으로 PER이 존재하지 않았고, 2002년 흑자 전환된 이후부터 2015년까지만 해도 주당 순이익이 -0.23달러에서 2.53달러 수준에 머물러 같은 기간 동안 PER은 1,000배에 다다른 적도 있다. 아마존의 2020년 예상 이익 기준(블룸버그 기준) PER은 약 70배 수준인데 100배 아래에서 거래가 된 것은 불과 5년 전인 2016년부터이고 상장 이후로는 19년 만이다. 아마존의 주당 순이익은 2016년 4.91달러에서 2019년 23달러로 3년 만에 4.7배 증가하였다. 전기차 시장이 지속적으로 성장하고 그 안에서 테슬라의 시장 점유율이 꾸준히 상승한다면 테슬라의 밸류에이션에 대해서 갑론을박하는 것이 큰 의미가 있는지는 의문이다. 다만 잠재적인 리스크는 미중 갈등으로 인해 중국 정부가 테슬라 중국 공장에서 생산된 차량에 대해 규제할 가능성이다.

현대차

현대차 그룹의 행보도 주목할 만하다. 2019년 현대차 그룹의 전기차(BEV와 PHEV) 출하 대수는 현대차가 8만 3,000대, 기아차가 6만 1,000대로 합계 14만 4,000대, 2018년 대비 49% 성장했다. 테슬라의 37만 대(전년 동기 대비 50% 증가)에 비하면 차이가 크지만 의미 있는 성장세를 보여 주었다고 평가한다. 현대차 그룹의 현재 주력 BEV 모델은 코나, 아이오닉, 니로, 쏘울 등으로 기존 내연기관의 구조에서 파생되어 변형된 모델들이다. 초기에는 전기소비 효율과 주행거리 모두 만족할 만한 수준은 아니었으나, 배터리 용량 확대로 주행거리는 코나의 경우 현재 약 400킬로미터까지 증가하였다.

현대차 그룹이 수소전기차에만 주력하고 있는 것으로 우려하는 시각이 있으나 사실은 그렇지 않다. 미국 내 판매되는 전기차 모델 중 물론 전기소비 효율과 주행거리 등의 지표에서 테슬라가 수위이지만, 현대차의 코나와 기아차의 니로도 주행거리는 각각 250마일과 240마일로 테슬라의 300마일과 크게 차이가 나지 않는 상위권에 있다. 내연기관의 연비에 해당하는 전기소비 효율 측면에서도 테슬라의 모델 3의 208Wh/마일 대비 코나가 248Wh/마일, 니로가

268Wh/마일로 높지만, 테슬라의 모델 Y와 유사한 수준이며, BMW i3보다 낮은 수준으로 기술이 입증되어 있다. 이러한 기술의 발전은 2019년 글로벌 전기차 시장 성장률이 9.5%에 그쳤으나 현대차 그룹이 49% 성장하여 시장 점유율 상승을 가능하게 한 것이라 생각한다.

현대차 그룹은 이러한 성장 모멘텀을 발판으로 전기차 전용 생산 플랫폼 e-GMP(Electric-Global Modular Platform)에 기반한 전기차 2종을 2021년에 론칭하고, 2025년까지 수소전기차를 포함한 친환경차 종을 44개로 늘리고, 현대차/기아차 167만 대의 친환경차량 판매 목표를 가지고 있다. 현대차는 전기차 브랜드를 '아이오닉'으로 정하고, 2024년까지 준중형 CUV, 중형세단, 대형 SUV의 전용 전기차 라인업을 갖출 계획이다. 또한 고급 브랜드인 제네시스에서도 전기차가 출시될 예정이다. 현대차는 2025년 기준 PHEV 36만 대, BEV 56만 대, FCEV 11만 대 판매 목표를 가지고 있다.

e-GMP가 본격 가동되는 2021년부터 현대차의 전기차 시장 공략은 본궤도에 오를 전망이다. e-GMP는 개발 단계부터 전기차 특성에 맞춰진 플랫폼으로 차체 하부에 고전압 배터리를 평평하게 장착하고 무게 중심을 낮추어 주행에 균형감과 안정감을 줄 수 있다. 또한 고객의 옵션 선택에 따라 배터리 용량도 선택할 수 있어 유연한 생산이 가능해질 것으로 알려졌다. 전체적인 효율성이 높아짐에 따라 주행거리와 급속충전 시간도 현재 코나의 수준보다 더욱 개선될 것으로 예상된다.

현대차의 자율주행 기술 개발의 주축은 현대차와 미국의 자율주행 소프트웨어 개발 업체 앱티브(Aptiv)가 2020년 3월에 만든 합작 법인인 모셔널(Motional)이다. 현대차 그룹은 20억 달러를 투자했고, 앱티브는 자회사로 있던 누토노미(nuTonomy)의 자율주행 기술과 무형자산, 자율주행 솔루션 개발인력을 제공하는 형태로 투자했다.

모셔널은 미국 자동차공학회 SAE 기준 레벨 4 수준[13]의 기술을 개발하고 상용화할 목표를 가지고 있으며, 2022년에는 로보택시 및 모빌리티 사업자에게 자율주행 시스템과 지원 기술을 공급할 계획인 것으로 알려졌다. 모셔널의 설립은 2020년에 이루어졌지만 CEO 및 주요 핵심 인력은 자율주행 기술 개척자들이다. CEO인 칼 이아그넴마와 CTO인 에밀리오 프라졸리는 2013년 자율주행 소프트웨어 개발 스타트업인 누토노미의 창립자이며, 누토노미는 2017년 10월 앱티브에 인수되었다.

누토노미는 2016년 8월 싱가포르에서 세계 최초로 로보택시 시범 서비스에 성공했고, 자율주행으로 뉴욕에서 샌프란시스코까지 대륙 횡단에 성공시킨 바가 있다. 2018년부터 리프트(Lyft)와 제휴하여 라스베가스에서 자율주행 로보택시 서비스를 10만 회 이상 제공하고 있다. 따라서 모셔널에는 누토노미의 자율주행 기술 개발 DNA가 고스란히 녹아 있는 것이다.

현대차 그룹은 모셔널의 자율주행 고급 기술을 외부의 로보택시 사업자에게 제공함과 공시에 현대차/기아차 전기차 모델에도 적용하여 자율주행 기술에 대한 고객 만족도를 세계적 수준으로 끌어올

---

13 자동차가 모든 상황에 스스로 대처할 수 있는 수준

릴 것으로 전망된다. 이렇게 될 경우 현대차 그룹은 LG화학과 삼성 SDI의 수준 높은 배터리를 탑재하면서 전기차 전용 플랫폼에서 생산되는 상품성 좋은 전기차로 세계 시장 공략이 가능할 것으로 본다. 폭스바겐과 아우디 등이 BEV를 2020년 출시했으나, 상품성에 있어 기대 이하인 것은 현대차 그룹에 좋은 기회라 생각한다. 2020년 1분기 기준 현대차/기아차의 글로벌 전기차 시장 점유율이 8%, 세계 4위로 상승한 것은 현대차 그룹의 실력이 검증되었다고 봐야 한다.

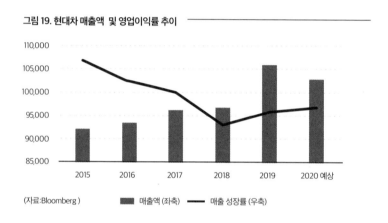

그림 19. 현대차 매출액 및 영업이익률 추이

(자료:Bloomberg) ■ 매출액 (좌축) — 매출 성장률 (우축)

10. 전기차용 배터리

전기차 시장의 성장과 뗄 수 없는 것이 배터리 산업이다. 글로벌 배터리 시장에서 전기차용 배터리가 약 80%를 차지하기 때문이다. 배터리 시장 규모를 말할 때는 금액과는 별도로 전력량을 나타내는 기가와트시(GWh)로 표시를 많이 하는데, 2019년 글로벌 배터리 시장 규모는 약 220GWh다. 1GWh가 얼마나 큰 전력인지 이해를 돕기 위해 예를 들어보자. 테슬라 모델 S 롱레인지에 탑재된 배터리 용량이 100KWh다. 1GWh가 100만 KWh이므로, 1GWh는 테슬라 모델 S 롱레인지 1만 대 분량이며, 220GWh는 테슬라 모델 S 롱레인지 220만 대 분량인 것이다.

리서치 기관에 따라 조금씩 다르지만 BloombergNEF는 글로벌 배

285

터리 시장이 2025년에 825GWh까지 성장할 것으로 전망하고 있다. 또한 배터리 가격은 2024년에 KWh당 100달러로 2019년 평균 가격인 158달러 대비 37% 하락할 것으로 예상하고 있으며, 2025년에는 850만 대의 전기차가 판매될 것으로 전망하고 있다. 연구 결과가 사실대로 된다면 2019년 글로벌 배터리 시장 규모는 약 347억 달러에서 2025년 약 825억 달러(약 95조 원)로 폭증하는 셈이다.

이러한 성장성이 큰 시장에서 한국, 일본, 중국, 미국, 유럽(독일-프랑스)이 사활을 건 전쟁을 치르고 있다. 배터리 메이커들의 전략을 보면 그야말로 이득이 된다면 합종연횡도 불사하는 중국의 고전《삼국지》를 보는 듯하다. 유럽은 뒤늦게 배터리 사업에 뛰어들었다. 폭스바겐 그룹이 주축이 되어 European Battery Union을 출범시킬 계획인데, 그 배경에는 고성장세인 전기차 시장에서 경제적 부가가치를 한국, 중국, 일본에게 뺏길 수 없다는 위기 의식과 유럽 내 자동차 생산기지의 노동시장의 안정을 보장하기 위해서다.

폭스바겐은 스웨덴의 노스볼트(Notrhvolt)사와 합작하고 프랑스의 PSA 그룹은 자국 배터리 업체인 Saft와 합작으로 배터리 셀을 생산하겠다는 것이 계획의 골자인데 한국, 중국, 일본 업체의 기술력과 생산 캐파를 고려할 때 게임 체인저가 되기에는 무리가 있다고 조심스럽게 예상한다. 유럽 자동차 메이커들은 LG화학과 삼성SDI의 배터리를 안 쓸 수 없다.

한국에는 LG화학, 삼성SDI, SK이노베이션이 세계 수위에 포진해 있다. 이들 3사는 해외 전기차 생산업체에 적시 납품이 가능하도록 중국, 헝가리, 폴란드, 미국 등 생산기지의 다변화를 통해 폭스바겐, 글로벌 고객의 신뢰감 있는 파트너로 자리잡았다. 현재 현대차는 LG화학과 SK이노베이션의 배터리를 사용하는데, 삼성SDI도 파트너십을 가진다면 현대차는 배터리 소싱에 있어서 유리한 위치를 점하게 될 것이다.

배터리 종류를 모양에 따라 분류해 보면 크게 원통형, 내연기관 시동에 사용되는 배터리 모양과 유사한 각형, 핸드폰처럼 생긴 파우치형으로 나뉜다. LG화학과 SK이노베이션은 파우치형에 집중하고 있고, 삼성 SDI는 각형을 생산하고 있다. 현대차와 GM은 파우치형이 주를 이루고 있고, BMW는 각형, 테슬라는 원통형을 선호하고 있다. 사실 배터리 모양에 대한 세계 표준은 없다. 다만 모양에 따라 성능, 내구성 등에 차이가 있다. 전기차 메이커들이 지향하는 성능 및 디자인이 각자 다르기 때문에 전략적 선택에 의해 배터리 모양이 결정된다.

배터리 메이커들이 하나의 모양에만 집중할 경우 전기차 메이커들의 전략 변경에 의해 선호되는 모양이 변경될 수도 있고, 다른 모양의 배터리를 탑재한 차량 모델을 디자인할 수 있으므로 배터리 모양과 그에 따른 소재와 부품 등을 다변화할 필요가 있다. LG화학과 삼성SDI는 원통형 배터리 양산으로 다변화에 성공한 결과 LG화학은 테슬라 중국 공장에서 생산되는 차량에 원통형 배터리를 공급하기 시작했고, 삼성SDI도 중국의 샤오펑자동차에 공급하고 있는 것으로 알려졌다.

한국 배터리 제조 3사가 짧은 역사에도 불구하고 세계 시장의 수위에 있는 것은 아주 자랑스럽다. 2020년 1월부터 7월까지 전기차 배터리 글로벌 시장 1위는 점유율 25.1%를 이루어 낸 LG화학으로 밝혀졌다. 2위는 CATL로 23.8%로 2019년 1위에서 한 단계 내려왔다. LG화학의 대활약이 눈에 띈다. 중국 업체들이 코로나-19 이후 위축된 것으로 풀이되지만 쉽게 무너질 플레이어들이 아니므로 한국 업체들이 마음을 놓을 수 없다.

전기차에 사용되는 2차 전지인 리튬 이온 배터리는 크게 양극재(+극), 음극재(-극), 분리막(+극과 -극의 접촉을 차단해서 안정성을 높이는 얇은 필름), 전해액 등으로 구성된다. 양극재를 구성하는 물질에 따라 삼원계 배터리(NCM 배터리: 니켈, 코발트, 망간)와 인산철 배터리(LFP 배터리: 삼원계에서 구하기 어려운 코발트를 빼고 인산철을 이용)로 나눈다. 인산철 배터리는 삼원계 배터리에 비해 폭발 가능성이 낮아 안전성이 좋고 싸다는 장점이 있지만, 무게가 무겁고, 에너지 밀도가 낮으면서 출력이 약해 대부분의 전기차에는 삼원계 배터리가 사용되었다. 이런 이유로 한국 업체들도 인산철 배터리는 생산하지 않는다.

중국 기업의 약진

중국의 배터리 업체인 CATL과 BYD 그리고 테슬라의 행보에 변화가 감지된다. CATL은 전기차 배터리 시장 점유율 기준으로 2019년에는 26.7%로 세계 1위 업체고 2020년 1월부터 7월까지 기준으로는 23.8%로 하락하여 2위다. 한국 배터리 업체들이 중국에 공장을 설립해서 중국 내에서 생산되는 중국 및 유럽 전기차 브랜드에 납품하려 했으나, 중국 정부가 보조금을 받을 수 있는 리스트에서 한국 배터리 업체들을 제외시키면서 수년간 어려움을 겪는 동안 중국 정부의 지원으로 CATL은 고속 성장을 이루었다.

CATL은 중국 내에서 BMW, 폭스바겐, 북경차, 지리차 등의 고객을 성장의 발판으로 삼았는데, 품질을 인정받아 독일에서 생산되는 BMW 전기차에 납품을 하기 위해 독일에 배터리 공장을 설립 중에 있으며, 2021년부터 납품할 것으로 알려졌다. 이는 최초의 중국 외 공장이다. 원래 BMW는 개발 단계부터 삼성SDI와 강력한 파트너십이 있었는데, CATL을 거래선에 추가한 것은 주목할 만하다. 볼보 그룹도 2019년에 LG화학에 이어 CATL과 배터리 장기공급 계약을 체결했다.

중국 시장에서 한국 업체의 배터리가 보조금 화이트 리스트에 편입이 되었다 하더라도 중국 정부의 견제로 인해 사업 확장의 기회가 제한적이므로 한국 업체들은 주요 매출처를 유럽으로 겨냥하고 있었는데, CATL이 유럽 자동차 메이커들과 공급계약을 꾸준히 늘려가면 유럽 시장에서 한국과 중국 업체의 경쟁은 심화될 수 있다.

또한 CATL은 2019년부터 테슬라와 인산철 배터리 탑재에 대한 협의를 해왔고, 테슬라는 2020년 인산철 배터리 사용에 대해서 중국 정부의 승인을 받았다. 인산철 배터리의 강력한 가격 경쟁력을 무시할 수 없기 때문으로 풀이된다. 중국에서 생산되는 모든 테슬라 전기차에 인산철 배터리가 탑재되는 것은 아닐 것으로 추정되지만, 중국 시장에서 인산철 배터리 수요가 증가하면서 중국 업체가 이에 대응하는 것은 삼원계 배터리만 제조하는 우리 업체에게는 부담이다.

인산철 배터리의 상자는 중국의 BYD다. BYD는 전기차와 배터리를 모두 생산한다. 인산철 배터리를 주력으로 하다 보니 주행거리와 출력 면에서 뒤처져 글로벌 플레이어로 부상하기에는 부족한 면이 많았다. 하지만 BYD가 영국에 공장을 짓고 재규어 랜드로버 그룹에 배터리를 공급하는 계획 가능성에 대한 뉴스가 최근 나왔다. 그 배경에는 BYD가 기존 인산철 배터리의 단점을 개선한 주행거리와 출력을 증강시킨 신모델 '블레이드 배터리'에 있다.

글로벌 배터리 메이커들은 미래를 대비하면서 꾸준히 자기 혁신의 과정을 거칠 것으로 예상한다. 누가 승자이고 누가 패자인지 가늠하는 것은 성장의 초기 국면에서 의미 없다. 다만 미래의 배터리라고 알려진 리튬 황 배터리나 전고체 배터리의 상용화에 대한 노력은 향후 배터리 메이커가 진일보하는 데 필수일 것이다. 리튬 황 배터리의 에너지 밀도는 리튬 이온 배터리보다 5~6배 높다고 알려져 있다. 황이 전기전도도가 낮고 충전 및 방전으로 인해 부피가 변화하는 등의 문제로 상용화에 어려움을 겪었으나, 호주의 전기차 회사인 브라이선(Brighsun)이 리튬 황 배터리 개발에 성공했다고 발표한 이후 상용화에 대한 가능성이 높아지고 있다. 이론적으로 리튬 황 배터리의 에너지 밀도는 리튬 이온 배터리 대비 10배 높다고 알려져 있다. 전고체 배터리는 양극과 음극간 이온을 전달하는 전해질 물질로 현재 사용하고 있는 액체 대신에 고체 물질을 쓰는 것이 핵심이다. 고체를 사용할 경우 폭발 위험성이 낮아지고 배터리의 크기가 작아지고 무게를 줄일 수 있다. 또 양극과 음극을 분리하는 분리막도 필요 없어져 더 얇게 만들 수 있다.

자동차 메이커들은 자국의 배터리 메이커와도 손을 잡는 동시에 원가 경쟁력을 확보할 수 있다면 어느 누구와도 전략적 파트너십을 구축할 것이다. 그 사이에 업체별로 희비가 엇갈릴 수 있으나, 한 가지 확실한 것은 전기차 시장과 배터리 시장의 성장은 초입 국면에 있다는 것이다. 배터리 기술을 발전시키는 것과 고도의 상업화를 이루는 것은 분리해서 생각해야 한다. 한국 업체들과 CATL은 양산에 대한 기술적 우위를 가지고 있다. 기회가 왔을 때 성장을 가속화시킬 체력이 충분하다.

그림 20. LG화학 배터리 부문 및 영업이익률 추이

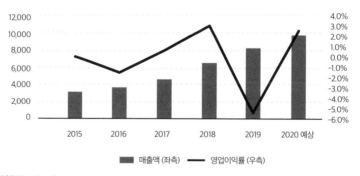

(자료:Bloomberg)

11. 하락 폭이 컸던 섹터와 부동산 리츠

연초부터 2020년 9월 25일까지 수익률 기준으로 한국 코스피에서 가장 상승폭이 큰 섹터는 삼성 바이오로직스와 셀트리온이 포함된 의약품 섹터로 51.8% 올랐다. SK 바이오팜은 서비스 섹터로, SK 케미칼은 화학 섹터로 분류가 되어 이 두 종목이 의약품 섹터에 포함되었다면 의약품 섹터의 상승률은 더욱 높았을 것이다. 다음으로 많이 오른 섹터는 서비스로 네이버와 카카오가 포함되어 있다. 미국 S&P 500에서 상승폭이 가장 큰 섹터는 아마존이 속한 인터넷으로 57.2% 올랐고, 그 뒤를 애플이 속한 테크 하드웨어 섹터가 이었다.

2021년 팬데믹 상황이 개선되고 경기 회복을 가정한다면 2020년

그림 21. 한국 코스피 Top 10 섹터 및 Worst 10 섹터 수익률

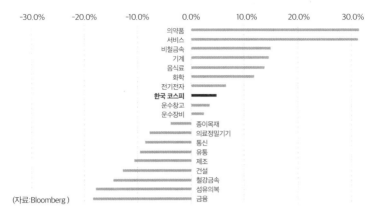

그림 22. 미국 S&P 500 Top 10 섹터 및 Worst 10 섹터 수익률

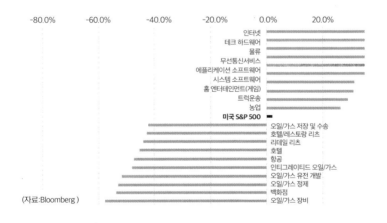

에 낙폭이 과다한 업종을 주목할 필요가 있다. 1장에서 시장의 추가
적인 상승이 나오기 위해서는 경기 회복과 기업의 이익 개선이 필요
조건이라 언급하였다. 만약 2021년 미국의 주요 경기 지표인 GDP
성장률, ISM 제조업 지수, 비농업 부문 고용증가 등이 컨센서스와

일치하거나 상회할 경우 2020년 언더퍼폼했던 섹터의 반등이 시장을 견인할 가능성이 크다. 이들의 이익이 좋아져서가 아니다. 상당 기간의 약세 기간 동안 수급이 개선되었을 것이기 때문이다. 2020년 미국과 한국에서 소외된 섹터가 여행, 호텔, 카지노, 항공, 유통, 리츠이다. 전 세계 확진자 수가 증가함에도 불구하고 코로나-19 예방 백신의 임상이 완료되었다는 뉴스만 나와도 이런 섹터들은 반등할 가능성이 높다. 그중에서도 낮아진 금리 환경에서 투자 대안이 될 수 있는 부동산 리츠를 살펴보자.

리츠 중에서 주도 섹터 찾기

한국의 상장 리츠의 배당 수익률 평균은 5%를 상회하고 있고, 미국도 리츠 평균 배당 수익률이 4%에 육박하면서 주가가 싸졌다. 리츠는 코로나-19의 희생양이다. 2020년 부동산 리츠의 하락 배경은 1) 재택근무로 상업용 오피스 수요 감소 2) 자영업자들 경영 악화로 상가에 대한 수요 감소 3) 이동금지명령과 격리에 의한 리테일 몰의 경영 악화 4) 리츠의 기초자산 가격 하락에 대한 우려 등이다. 재택근무는 빈도와 기간은 대폭 줄겠지만, 팬데믹 이후로도 지속될 가능성이 있고, 팬데믹 기간 동안 전자상거래를 통한 쇼핑 문화가 자리를 잡고 있어 오피스 리츠와 리테일몰 리츠는 여전히 불확실성 속에 있다. 다만 주요 상업지구 내에 A급 자산을 보유한 오피스 리츠와 물류창고 등으로 용도가 변경되는 호재가 있는 리테일 리츠는 팬데믹 이후 반등이 가능하다.

2020년 8월 미국 리테일 부동산 최대 그룹 중 하나인 사이먼 프로퍼티(Simon Property)는 파산 신청한 미국 최대 백화점 체인인 제이씨페니(JC Penney)를 인수하여 아마존과 전략적 제휴를 맺고 일부 백화점을 아마존의 풀필먼트 센터로 전환시키는 계획을 발표했다. 미국 산업용 리츠 최대 운용사인 프로로지스(Prologis)의 연구조사에 따르면, 리테일 몰의 물류센터로의 변신은 경우에 따라 아주 필요한 조치이고 합리적인 의사결정으로 보이지만 새로운 임차인을 구해야함과 동시에 임대 수지가 경제적으로 부합해야 하는 점과, 지역 사회의 반대와 용도 변경에 따른 정치적 문제, 물리적으로 리테일 몰의 규모와 구조가 물류창고에 적합한지 여부, 부지의 공동소유의 경우 상호 합의 문제와 물류창고로의 재개발에 대한 다자간의 협상과 관련한 법적인 이슈 등을 해결해야 하는 숙제를 풀어 내야 한다. 프로로지스는 향후 10년간 미국에서 연평균 500만~1000만 스퀘어피트(14만~28만 평)의 리테일몰이 물류와 관련된 부동산으로 전환될 것으로 내다봤다.

오피스와 리테일을 제외하고 구조적으로 중장기 성장이 가능한 영역은 데이터센터 리츠, 물류창고 리츠, 스토리지 리츠, 헬스케어 리츠다. 2장에서 보았듯이 클라우드 컴퓨팅 수요가 폭발적으로 늘어남에 따라 서버를 포함한 데이터 센터의 증설은 필수적이다. 또한 전자상거래의 꾸준한 성장으로 풀필먼트 센터를 포함한 물류 관련 부동산은 이익 증가가 가능하다. 스토리지 리츠는 노령화 사회가 가속화되고 1인 가구가 증가하면서 집의 면적이 줄어들고 창고에 대한 수요가 꾸준히 증가하고 있기 때문에 주목할 필요가 있다. MSCI 미국 리츠 인덱스는 크게 오피스, 리테일, 산업용, 특수용으로 나뉜다. 특수용은 데이터센터, 통신용 셀타워, 스토리지, 극장, 카지노 등이 포함된다. 2017년만 하더라도 미국 리츠 하부 섹터 간의 움직임은 큰 차이를 보이지 않았다. 그러나 2019년 데이터센터와 물류 인프라 수요가 폭발적으로 증가함에 따라 산업용과 특수용이 오피스 및 리테일 대비 초과 수익을 달성하기 시작하여 2020년 코로나-19 상황에서도 지속적으로 아웃퍼폼하고 있다.

리츠를 매수하는 목적이 장기적인 배당 수익 때문인지 저가 메리트를 이용한 시세차익인지는 투자자의 성향과 자금의 성격에 따라 달라질 것이다.

리츠 투자는 단순히 현 시점에서 예상되는 시가 배당수익률이 높다는 이유로 종목 선정을 하면 위험하다. 전년의 배당금이 유지될 것이라는 가정하에 주가가 많이 하락한 상황이라면 배당수익률이 높게 보일 수 있지만 향후에 배당금이 감소할 경우 주가가 추가적으로 하락할 수 있기 때문이다. 그러므로 과거 5~10년 동안 배당 성향과 배당금의 증감, 배당의 지속성 등을 검토하고 리츠가 보유하고 있는 기초자산을 분석해야 한다. 리츠의 가치 분석을 위해서는 배당을 할 수 있는 배당 재원을 파악하는 것이 가장 우선이다. 주식 가치를 볼 때 대표적인 주가수익배율(PER)을 구하려면 기업의 이익을 가늠해 보는 것이 가장 우선인 것과 같은 이치다. 리츠의 배당 재원은 각 기초자산인 부동산이 벌어들이는 임대수익에서 여러 비용을 차

감하고 현금 유출이 없는 회계적인 비용을 더해줘서 얻는 영업 현금 흐름(FFO, Fund From Operation)이다. FFO에서 말하는 Fund는 우리가 흔히 말하는 집합투자기구가 아니라 현금을 의미한다.

FFO＝영업수익-운영비용＋감가상각비 및 기타 상각비-간접비용-이자비용-자산매각차익(해당 경우 시)

시가총액을 FFO로 나누면(P/FFO) 상대비교가 가능한 배율이 생긴다. 미국 리츠는 보통 15배에서 20배에서 거래된다. FFO를 사용한 가치 평가는 미국에서는 보편적인 방식인 데 반해 아시아권은 순자산가치(NAV, Net Asset Value) 대비 시가총액(P/NAV)을 많이 사용한다. 순자산가치를 구하기 위해서는 부동산의 현재가치를 추정하는 작업이 수반되어야 하는데 정확한 가치 측정은 투자자들의 숙제이다. 여러 방법들 중에 순영업수익과 자본환원율을 이용한 수익환원법을 많이 사용한다. 순영업수익(NOI, Net Operating Income, 영업수익 – 운용비용＋감가상각비 및 기타 상각비)을 구하고 순영업수익을 주변 시세의 자본환원율(Capitalization Rate)로 나눠주면 시가를 구할 수 있다. 부동산 가치를 현금흐름으로 볼지 자산의 가치로 볼지는 투자자들의 몫이므로 어떤 방식이 우월하다고 말하기 어렵다.

많은 사람들이 가치투자가 좋다고 한다. 하나의 기업이 지닌 내재가치보다 싸게 사는 것이다. 그런데 내재가치를 구해 내는 작업이 만만찮다. 내재가치란 기업이 지닌 절대적 가치다. 절대적인 가치를 구하는 방법 중에 대표적인 방법은 현금흐름할인(DCF, Discounted

Cash Flow)으로 사업을 해서 얻게 될 미래의 현금들을 할인율로 할인한 현재가치들의 합이다. 그런데 이 방법을 쓰려면 1) 미래의 현금흐름, 즉 매출, 비용, 이익, 투자액, 감가상각액, 금융 손익 등을 추정해야 하고, 2) 할인율로 쓰는 가중평균자본비용(WACC)에 적용되는 금리와 자기자본비용을 가정해야 하고, 3) 영구가치를 구하기 위한 영구성장률을 가정해야 한다. 가정이 너무 많다. 그러므로 가정을 조금만 바꿔도 절대적 가치가 고무줄 늘어나듯 하는 것이다. 또 다른 절대가치를 평가하는 방법으로 잔여이익모델(Residual Income Model)이 있는데 자기자본에다가 미래에 벌게 될 자기자본비용을 초과하는 이익을 할인한 현재가치의 합을 더하는 방법이다. 주주의 가치인 자기자본과 그 자기자본을 이용한 초과 수익가치를 합한 것으로 주요 가정은 ROE와 자기자본비용이다. 현금흐름할인보다 변수의 개수가 적어 병용할 경우 두 방법을 서로 보완할 수 있다.

상대적인 가치를 평가하는 방법으로 주가수익비율(PER), 주가매출비율(PSR), 주가순자산비율(PBR), EV/EBITDA 등이 있는데, 투자 대상 기업이 속한 산업에 따라 적용하는 비율들이 달라진다. 가치투자라는 것은 절대가치 평가와 상대가치 평가의 복합적인 메트릭스상에서 도출해 내는 적정가치를 알아야 가능하다. 정확할 필요는 없지만 대략의 가치는 구할 줄 알아야 한다. 가치주를 찾는다고 하면서 무조건 PBR이 낮은 기업들을 공략하면 성공의 확률은 낮아진다. 자산은 많은데 이익 성장이 없는 기업들이 투자자를 저PBR의 함정에 빠뜨린다.

가치 평가 방법들이 너무 복잡하다고 생각하는 투자자들에게는 최소한 이익의 증가폭만큼은 반드시 챙기라고 권하고 싶다. 이익이 증가하는 것도 질이 있다. 작년에 이익 성장률이 5%였는데 금년 이익 성장률 예상이 20%면 좋은 그림이지만, 작년 이익 성장률이 20% 였는데 금년 이익 성장률이 10%면 생각할 변수들이 꽤 생긴다. 이익 성장률이 상승하는 기업을 찾아야 한다. 그러고 나서 그 기업의 가치가 싸냐 비싸냐를 판단하면 성공 확률이 높아질 것이다. 성장주가 가치주일 수 있다. 이익 상승률이 상승한다는 것은 ROE가 상승하는 것이고 ROE가 상승하면 잔여이익모델에서 기업의 초과이익이 증가한다는 의미이며, DCF에서 현금흐름이 증가한다는 것을 의미한다. 개인적으로 증시 격언 중 'ROE가 올라가는 주식을 사라'와 '수급이 모든 재료에 우선한다'를 맹신한다.

나가며

정보의 비대칭성이 확연히 낮아진 투자 환경이다. 감독 당국, 정보 제공의 주체인 기업, 기관 투자자, 개인 투자자 모두가 노력한 결과다. 특히 개인 투자자들의 정보 획득에 대한 노력과 분석 능력은 상당한 수준이라 판단한다. 그런 독자들을 상대로 말하고자 하는 내용이 도움될까 근심하면서 조금이라도 더 많이 공유하려고 고민도 많이 했으나 제한된 지면을 핑계로 삼고 싶다.

지난 20년간 애널리스트로서 산업 및 기업을 분석하고 국내외 기관투자자들을 상대로 한 영업, 그리고 기관 투자자로서 투자 업무를 해오면서 숨은 고수들을 많이 봤다. 롱런하면서 유명세를 떨치는 펀드매니저들도 있지만, 자기의 투자 스타일에 맞는 장세가 펼쳐질 때 철저히 수익을 내고 자기와 맞지 않는 장세에서는 손실을 최소화하면서 다음 변곡점을 기다릴 줄 아는 숨은 고수들이 씽상히 많다는 것이다. 말은 쉽지만 이러한 투자 방식에는 오랜 시간 쌓아 온 경험과 자기에게 맞게 발전된 철학이 기본이 되어야 할 것이다. 기관 투자자들도 한두 해 이름을 떨칠 수는 있어도 매년 양호한 성적을 내기는 무척 어렵다. 마켓 타이밍에 타고난 감이 있는 투자자도 있겠지만, 우리가 우리 스스로를 확신시키는 첫걸음은 산업과 기업을 연구하는 것이라 믿는다. 확신이 서면 조급해 하지 않으면서 기다릴 수 있다.

부동산

거대 유동성,
부동산 시장으로 몰리나?

들어가며

明鏡 所以察形, 往者 所以知今.

밝은 거울은 얼굴을 살필 수 있고, 지나간 일은 현재를 알 수 있다.

-《명심보감》성심 편

결국 2020년은 코로나로 시작하여 코로나로 끝나는 분위기다. 각 분야의 이슈는 대부분 코로나-19 사태를 떼놓고 판단할 수 없다. 통째로 한 해를 힘겹게 보냈음에도 불구하고 아직 현재진행형이니 가히 한 세기에 한 번 나타날까 말까 한 대역병이라 하겠다. 여전히 우리는 매일 코로나-19 관련 특보를 듣고 일희일비하며, 확진자 수와 확진자 발생 지역에 따라 행동을 제약받고, 이젠 정말 남의 일이 아님을 실감하며 살아간다.

그나마 다행스러운 점은 국난 극복이 취미라는 유별난 국민성에 더하여 특별한 질병관리본부(청)와 그 수장을 보유(?)하고 있는 덕에 방역이 성공적이라 평가받았고, 이는 IMF가 예측하는 2020년도 국가별 경제성장률로 나타나고 있는 점 정도겠다.

필자는 2020년 3월 말에서 4월 사이 우리나라에서 코로나-19 사태가 최정점에 올라 있을 때, 세계보건기구(WHO)가 발표한 네 가지 시나리오에 주목하고, 각 시나리오별로 부동산 시장에서의 피해 범위와 깊이에 대하여 1997년의 외환 위기와 2008년의 금융 위기에 비교하여 예측을 전개한 바 있다.[1]

그 후 6개월, 최근의 상황을 보면서 느낀 것은 두 가지로 요약할 수 있다.

첫째, 위기든 기회든 과거와 동일한 원인과 동일한 상황과 동일한 결과가 그려지는 일은 결코 없다. 이는 기존에 겪은 위기에 대한 경험이 반영된 작게는 개인, 크게는 국가 단위의 대응이 기존의 위기 상황들과는 달라진다는 점에 크게 기인한다.

둘째, 부동산 시장, 한국 경제, 더 나아가서 세계 경제, 자본주의는 고도화될 대로 고도화되어, 우리가 예측하기도 전에 이미 반응하고 결과를 만들어 내고 있다. 코로나-19 사태가 한창일 때에 미국 연준의 발표 직후, 침몰하던 지표들은 일제히 우상향으로 돌아서기 시작했다.

우리는 1997년의 외환 위기와 2008년의 금융 위기를, 미국은 2008

---

1 임승규 외 6인, 《포스트코로나-19》, 한빛비즈, 2020.

년의 금융 위기를 겪으며 경제 위기에 대한 대응 경험을 축적했다. 이는 2020년의 코로나-19 위기 대응으로 이어졌고, 미국 연준은 C등급 회사채까지 사들일 수 있는 무제한 양적 완화를 천명하며 시장에 플로어 스킵(Floor Skip)을 깔아 주었고, 우리나라 또한 저금리 기조를 지속적으로 유지하며 버티고 있다.

이를, 잘했는지 못했는지 또는 선인지 악인지의 판단을 떠나 지금 미국과 우리나라의 여러 지표들은 이게 정말 위기인가 싶을 정도로 코로나-19 이전의 지표들과 큰 하락이 없이 유지 중이다.

그러나 한쪽으로는, 여전히 민감하고도 취약한 상태의 금융 시장이고, 언제든지 붕괴될 수 있는 위험에 대하여 이야기하고 있다. 1997년과 2008년을 기억하고 두려워하는 시각 또한 여전하며, 각각의 개별적인 분야에서 고통받는 상황과 사람들은 공존하고 있다.

느닷없는 옛날 이야기가 될지 모르겠으나, 필자에게 2020년처럼 정신 사나운 한 해는 없었다. 과거 굵직굵직한 모멘텀들을 지속적으로 겪었으나, 이번 코로나-19 사태는 기존에 겪어 왔던 흉사(凶事)들과는 결이 다르다. 경제활동 위축은 당연하고, 교육, 사회, 보건, 문화 등 수많은 분야에 영향을 미치지 않는 구석이 없다. 회사의 회의 방법을 바꾸어 놓았고, 업무 방법을 바꾸어 놓았다. 생활 양식을 바꾸고, 자녀의 하루 일과를 바꾸어 놨으며, 덩달아 아내의 하루 또한 뒤집어 놓았다. 좋아하는 영화 한 편 맘대로 볼 수가 없으며, 연로하신 부모님을 맘대로 찾아 뵙기도 어렵다.

그러나 이 정도는 배부른 소리일 수 있다. 자영업자들은 계속되는

들어가며

방역 조치로 인하여 매출이 줄고, 수입이 줄어들었으며, 특히 사람이 많이 모여야 하는 업종이나 관광, 항공업계는 엄청난 타격을 입었고, 여전히 입고 있는 상황이다. 이렇게 고통 받고 힘겹게 관통하고 있는 한 해인데 지금 여러 지표들은 어떠한가? 주식 시장과 부동산 시장은 어떠한가?

무언가 많이 달라지고 제약받고 고통받고 있는데, 주가 지수는 어렵지 않게 2,400을 넘나들 분위기다. 정부는 부동산 가격이 주춤할 거라고 이야기하고 있으나, '이제 와서?'라는 느낌이 강하다. 지역별, 단지별로 신고가 이야기도 심심치 않게 계속된다.

왜 이런 걸까? 우리는 힘든데 여러 지표는 견조하다. 도대체 왜 그렇지? 혹시 이거 나만 이렇게 힘든 건가? 앞으로는 어떻게 될 것인가? 지금 이렇게 힘든데, 힘들다고 이야기들 하는데, 이렇게 수치는 견조하면서 우리는 힘든 것 같은 이율배반적인 상황이 계속될 것인가?

필자도 매우 궁금하다. 그래서 우선, 지금 대한민국의 부동산 시장은 어디 위에 서 있는지부터 알아보고자 한다. 예측은 그 다음이다. 어디에 서 있는지 알아야 어디로 갈 수도 있을지 예단할 수 있다. 반복해서 이야기하지만, '어디로 갈 것인지'가 아니고, '어디로 갈 수도 있을지'다.

1. 혼돈의 2020년

정말 위기의 한가운데에 서 있는 건가?

우리는 위기를 이야기할 때 1998년 IMF 외환 위기와 2008년의 미국발 금융 위기를 이야기한다. 물론 그 이전에도 오일 쇼크 등 사회, 경제적으로 국가와 국민 개개인의 생활을 뒤흔든 크고 작은 위기들이 있었지만, 우리의 인식 속에 가장 크게 '위기'로 자리잡은 것은 두 사건이다. 1990년 이전의 것들에 비해 경제 규모도 상당히 커졌고, 사회적으로도 상당 부분 민주화가 진행되어 경제 상황이나 국가의 대응 등이 사실에 가깝게 보도되었던 탓도 크다.

1998년 IMF 외환 위기는 기존의 경제 구조를 뒤흔들었고, 그때의 주식 시장과 부동산 시장의 진폭은 감당할 수 없는 수준이었다. 2008

년 금융 위기는 미국의 서브프라임 모기지 사건이 촉발점이었고 금융 시장 및 부동산 시장의 출렁임도 상당하였으나, 나름 발 빠른 대응으로 1998년의 외환 위기에 비하면 큰 출혈은 막아 내고 지나갔다. 그렇게 두 번의 위기를 겪어 낸 후, 우리는 심심치 않게 10년 주기설을 이야기하곤 했었다.

그리고 2020년, 10여 년이 경과한 후에 코로나-19 사태가 터졌고, 마치 이것은 운명인 양 이의 없이 받아들여졌다. 2020년 3~4월 동안 코로나-19 대응이 미진했던 유럽과 미국의 확진자 증가는 다우 지수의 폭락, 유럽 증시의 폭락으로 이어졌고, 코스피 또한 주가 대폭락으로 이어졌다. 그리고 그 시점으로부터 6개월이 지났다.

지금 2020년 10월 초, 현 시점에서 주요 지표 몇 가지를 살펴보도록 하자. 그리고 이게 도대체 정말 위기인지 생각해 보자. 다음은 2020년 10월 5일자에 발표된 금융감독원의 금융 시장 주요 지표다.

〈표 1〉에서 보는 바와 같이 10월 2일 현재 종합주가지수는 2,327로 2018년 말이나 2019년 말보다 오히려 높은 상황이다. 10월 12일자

표 1. 금융감독원 주간 금융 지표(2020.9.28~2020.10.2)

	18말	19말	9.25일	10.2일	9.25일 비	19말 비
코스피지수	2,041.0	2,197.7	2,278.8	2,327.9	2.2%	5.9%
코스닥지수	675.7	669.8	808.3	848.2	4.9%	26.6%
고객예탁금[1]	25.28	28.52	55.66	54.82	-1.5%	92.2%
외국인순매수(주식)[2]	-6.3	0.8	-5,314	-1,325		

<주> 1) 최근일 고객예탁금은 전영업일 기준 고객예탁금 (조 원 기준)

2) 단위: 연중 금액은 조 원 기준, 9.25일, 10월.2일자 순매수 금액은 당일 일자가 포함된 주간 순매수금액(억 원 기준)

종합주가지수는 2,403이다. 2020년 3월 19일자 종가 1,457포인트에서 약 7개월 만에 1,000포인트 가까이 뛰어올랐다. 다음의 그래프는 2019년 9월 및 2018년 9월과 함께, 2020년 3~4월의 상황을 함께 나타낸 것이다.

그림 1. 국내 주가 지수 추이

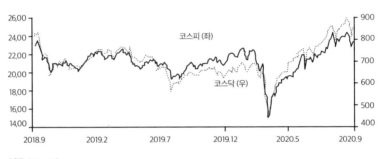

(자료: Petronet)

2020년 3~4월의 극심한 하락을 뒤로 하고, 2020년 10월은 2018년과 2019년의 종합주가지수를 뛰어넘었다. 백신이라도, 치료제라도 개발된 걸까? 우리나라만 이러한 걸까? 해외 주요 증시도 살펴보자.

표 2. 해외 주요 증시(2018~2019)

	18말	19말	9.25일	10.2일	9.25일 비	19말 비
미국(다우)	23,327	28,538	27,174	27,683	1.9%	-3.0%
영국(FTSE100)	6,728	7,542	5,843	5,902	1.0%	-21.7%
독일(FTSE100)	10,559	13,249	112,469	12,689	1.8%	-4.2%
프랑스(FTSE100)	4,731	5,978	4,730	4,825	2.0%	-19.3%
일본(FTSE100)	20,015	23,657	23,205	23,030	-0.8%	-2.6%
중국(FTSE100)	2,494	3,050	3,219	3,218	0.0%	5.5%
대만(FTSE100)	9,727	11,997	12,233	12,516	2.3%	4.3%

(자료: 금융감독원)

영국과 프랑스의 유럽 증시를 제외하면 미국 다우지수는 큰 차이를 보이지 않았고, 중국 상하이 종합지수와 대만 가권지수는 오히려 상승하였다. 코로나-19 대처가 미흡하였다고 평가받던 영국과 프랑스가 영향을 받았고, 코로나-19 승리를 선언한 중국과 애초부터 코로나-19 사태에서 철통 방어를 보여 준 대만의 주식 시장은 상승한 것이다. 우리나라 또한 대처를 잘한 쪽에 속한다. 그러나 우스운 게, 현재 코로나-19 사태로 인한 가장 많은 감염자와 사망자가 발생한 곳은 미국이다.[2]

분명 위기인 것 같은데 백신과 치료제는 임상시험 중이고 일상은 혼란에 빠졌는데 우리나라 종합주가지수는 일상 그 이상이며, 종합주가지수에 가장 큰 영향을 주는 미국 다우지수 또한 일상 그 이상인 상황이다.

이번에는 부동산 시장을 살펴보자. 〈그림 2〉의 그래프는 1996년부터 2020년까지의 전년 말 대비 주택 매매 가격 증감률이다.[3]

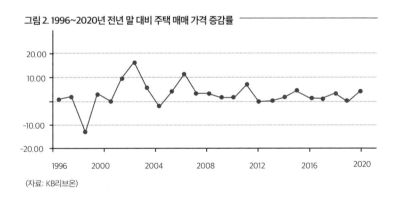

그림 2. 1996~2020년 전년 말 대비 주택 매매 가격 증감률

(자료: KB리브온)

---

2 2020년 10월 5일 현재, 확진자 736만 명(2위 인도 662만 명), 사망자 21만 4,000명(2위 브라질 14만 2,000명)

3 KB리브온, 월간 주택 가격 동향 자료(전월 말 대비 주택 매매 가격 증감률)

1998년 IMF 외환 위기 때는 매매 가격의 진폭이 상당했으나, 2008년 금융 위기 당시에는 횡보 상태로 충격이 조금 덜했음을 알 수 있다. 그럼 2020년 현재는 어떨까? 오히려 2019년 대비 약간 오른 추세에서 고정되어 있다. 혹시 아직 연말까지의 DATA가 나오지 않아서 그런 걸까? 그럼 최근 2020년을 포함한 최근 3개년도의 월별 상승률 그래프를 보자.

〈그림 3〉의 그래프는 2018년부터 2020년까지 3개년도의 전월 대비 주택 가격 상승률을 비교한 그래프다. 그래프 맨 위의 10월, 11월, 12월 데이터가 없는 것이 2020년으로, 3~4월 하락세를 유지하다가 5~6월부터 반등한 것을 볼 수 있으며, 전체적인 월별 상승률 자체는 2018년과 2019년의 상승률보다 윗단에 있다. 결국 코로나-19 사태가 맹위를 떨치는 시점에 약간의 하락세를 보였을 뿐 전체적인 주택 가격의 상승 기조는 그대로 유지되고 있음을 알 수 있다. 즉 가격의 측면에서는 전혀 위기라고 보기 어려운 상태다.

그림 3. 전월말대비 주택매매가격 증감율

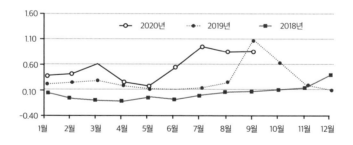

(자료: KB리브온)

그럼 수출로 먹고사는 우리나라의 2020년 수출 상황은 어떠한지 살펴보자. 수출 경기는 우리나라의 경제 상황을 좌지우지하는 주요 지표이며, 1998년과 2008년 모두 수출 증가율의 큰 폭의 마이너스 이후 우리나라는 위기에 따른 마이너스 성장을 보인 바 있다.

〈그림 4〉의 그래프는 한국무역협회의 무역 통계 홈페이지 자료를 이용한 2019년과 2020년의 1~8월까지의 수출액 및 수출 증가율을 나타낸 그래프다. 막대 그래프는 수출액으로, 2019년의 경우 2월을 제외하고는 왼편 세로축을 기준으로 월 400억 달러 이상의 수출이 지속되었음을 알 수 있고, 전월 대비 수출 증가율은 마이너스를 보이고는 있는데 건조하다고는 이야기하지 못하지만 그렇다고 해서 '이거 망조인데'라고 할 만한 감소율을 보이고 있지는 않으며, 어느 정도 유지되고 있음을 알 수 있다. 물론 수출 증가율의 경우 2020년 3월에서 4월은 전월 대비 상당히 하락하였으나, 6~8월 다시 월 400억 달러 선까지

그림 4. 2019~2020년 수출액 및 수출 증가율 ─────────────

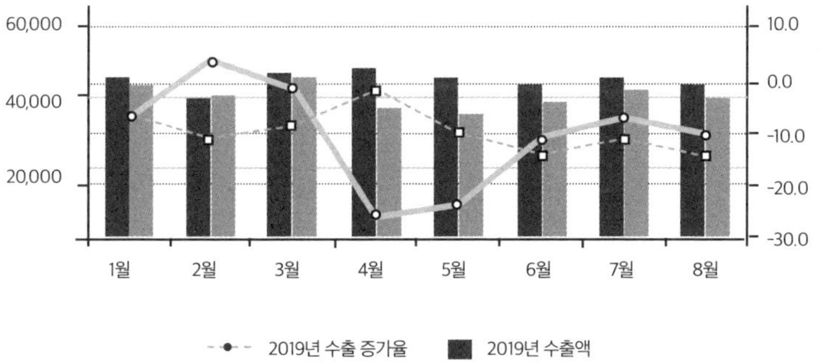

(자료: 한국무역협회 KITA)

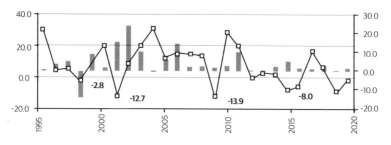

그림 5. 1995~2020년 부동산 가격 변동

(자료: 한국무역협회 KITA)

키재기를 하고 있는 상황이다.

그럼 지나간 일을 현재에 비추어 보기 위하여 1997년 외환 위기와 2008년 금융 위기의 상황에서의 부동산 가격 변동을 보자.

〈그림 5〉의 그래프 중 꺾은선 그래프는 연도별 수출 증가율을 의미하고, 막대그래프는 전년 말 대비 주택 가격 상승률을 의미한다. 즉 두 번의 위기는 수출 경기에서의 하락이 실물 경기에서의 부동산 경기 침체로 이어졌으며, 수출 경기의 회복에 따라 경기 회복이 부동산 가격의 상승으로 이어진다는 것을 시사하였다.[4] 그러나 2019년의 수출 증가율 하락에도 불구하고, 부동산 가격의 상승률은 꺾이지 않았다. 2020년의 결과치는 아직 나오고 있지 않지만, 경기 침체 수준에 대하여는 공감하나, 부동산 가격은 전혀 영향을 받지 않고 있는 상황이다.

위 세 가지 측면, 1) 코스피 지수 2) 전월 대비 주택 매매 가격 상승률 3) 수출 현황을 고려할 때 수출 규모의 소폭 하락은 있는 상황이나 드라마틱한 하락은 없는 점, 그리고 나머지 지표는 견조함을 볼 수 있

---

4 임승규 외 6인, 《포스트코로나》, 한빛비즈, 2020.

다. 이는 2020년 7월 말 발표된 산업연구원의 2020년 하반기 경제, 산업 전망을 통한 거시 지표를 통해서도 알 수 있다.

〈표 3〉에서 보는 바와 같이 실질 GDP의 감소율은 거의 없고, 다만 민간 소비에서 약 –1.9%, 통관 수출에서 –9% 정도의 감소가 예상된다 (무역 수지 자체는 대폭 감소).

결국 코로나–19 위기로 인한 경기 침체를 예상하였고, 수출 경기의 위축이 발생되었지만, 큰 폭의 수출 감소는 이루어지지 않았으며, 수출 경기의 위축이 부동산 경기의 하락으로 이어졌는지, 더 나아가서 위기라고 불릴 만한 큰 폭의 경기 침체로 이어졌는지에 대하여는 현 시점에서는 "그렇다"라고 이야기하기는 어려운 상황임을 알 수 있다.

아직 코로나–19 사태의 대대적인 발발 이후 채 1년이 경과되어 있

표 3. 국내 주요 거시 경제 지표 전망

(단위: 전년 동기비, % 억 달러)

	2018년	2019년				2020년		
	연간	상반기	하반기	연간		상반기	하반기	연간
실질GDP	2.7	1.9	2.2	2.0		-0.7	0.8	0.1
민간소비	2.8	2.0	1.9	1.9		-3.8	0.0	-1.9
설비투자	-2.2	-12.2	-2.2	-7.5		1.2	2.4	1.8
건설투자	-3.9	-5.2	0.0	-2.5		-0.2	-1.4	-0.8
통관 수출 (억 달러, %)	6,049(5.4)	2,711(-8.6)	2,711(-12.0)	5,422(-10.4)		2,421(-10.7)	2,509(-7.5)	4,930(-9.1)
통관 수입 (억 달러, %)	5,352(11.9)	2,526(-4.9)	2,508(-7.0)	5,033(-6.0)		2,350(-6.9)	2,361(-5.8)	4,711(-6.4)
무역수지	697	186	203	389		71	148	219

(자료: 산업연구원)

지 않은 상황에서 조금 이른 판단이 아닐까 싶기도 하나 현 시점만 놓고 이야기하자면 다른 의견이 있을 수는 없을 듯하다. 아울러 정부의 코로나-19 사태에 대한 위기 대응 또한 한몫을 한 것으로 보여지며, 다만 산업 분야별로 코로나-19의 영향에 따른 고통이 지속되는 제한적인 상황으로 이해된다.

지난 4년간 부동산 정책의 그늘

역대 정부 중에서 단기간에 부동산 정책을 이렇게 많이 내놓은 정부가 있을까 싶을 정도로 이번 정부에서는 정책이 쏟아졌다. 조기 대선이 치러진 시점이 2017년 5월이고, 현재 10월임을 감안하면, 3년 5개월 동안 23개의 부동산 대책이 쏟아졌으니, 약 2개월마다 한 번씩 발표한 셈이다.

그러나 이렇게 쏟아진 부동산 정책이 과연 부동산 시장을 안정화시켰느냐에 대하여 묻는다면, 답은 다들 알고 있겠지만 현 시점에서 본다면 당연히 아니다.

당연한 이야기를 뭐하러 하느냐 싶지만, 잘했냐 잘못했느냐를 따지자는 것이 아니고, 그동안 진행되었던 정책을 돌이켜보고, 2020년 6월과 7월에 발표된 정책을 통하여 2021년을 예단해 보고자 함이다. 총 23개 정책에 대하여 모두 정리를 할 필요는 없을 듯하고, 판단하기에 부동산 시장의 향방을 결정하게 하였던 굵직한 주요 정책 몇 가지를 위주로 정리해 보고자 한다.

① 2017년 8.2 대책

첫 번째로 나온 선 굵은 대책이라 하겠다. 주택에 대한 투기 수요 억제를 통한 주택 가격 안정화 대책으로, 기본적으로 수요 억제 정책이다. 실수요자 위주의 부동산 시장 분위기를 조성하려는 목적이었을 것으로 판단되며, 주요 세부 사항으로는 다음과 같다

구분	주요 내용	정책 목적
2017.8.2.대책	조정대상지역 및 투기과열지구, 투기지역 신규 지정	수요 억제에 초점
	투기과열지구 내 담보인정비율 축소(60% → 40%)	
	다주택자에 대한 양도세 중과 및 장기보유특별공제 적용 배제	
	1세대 1주택 양도세 비과세 요건 강화	
	투기과열지구 내 재건축, 재개발 입주권 전매 금지	
	재건축 초과이익환수(18년 1월부터)	

그러나 2017년 5월 조기 대선 이후 정치적 불확실성이 해소됨에 따라 서울 수도권 인기 지역을 중심으로 꿈틀대고 있던 부동산 시장은 상승세를 지속하였다. 그러나 근본적으로 공급이 수반되지 않은 상황에서 수요 억제에 초점이 맞추어졌던 정책은 기본적으로 한계가 있었고, 여기에 기름을 부은 것은 2017년 12월 13일에 발표된 임대사업자 등록 활성화 방안이다.

구분	주요 내용	정책 목적
2017.12.13.대책	임대사업자의 취득세 재산세 감면기간 연장	임대 안정
	임대소득과세 정상화 및 등록사업자 감면 확대	
	양도소득세 감면확대(8년)	

필자가 생각하기에 총 23번의 부동산 대책 중 부작용이 컸던 대책이라고 판단된다. 정책의 의도는 임대 공급을 전부 국가가 알아서 하는 100% 공공임대주택의 공급은 불가능하므로, 공급의 일부를 민간에 맡겨 임대

공급 안정화를 위한 민간 임대주택 활성화를 꾀하기 위한 것으로 이해는 된다. 그러나 오히려 주요 인기 지역의 주택이 시장에 공급되지 못하는 부작용을 낳게 되었다. 정책 시행 이후 2017년 말 약 100만 호의 등록 임대주택은 2020년 7월 160만 호로 증가한 것으로 추산되며, 결국 60만 호 정도가 시장에서 매매가 되지 아니하는 민간 임대주택으로 고착화되었다.

부작용이 커지게 될 수밖에 없었던 가장 큰 부분은, 양도소득세 감면 확대로, 8년간 보유하면 양도소득세가 면제가 되니, 다주택자는 사업자 등록을 내고 그대로 멈추고, 투자자(투기 세력?)는 매매가의 70% 이상 수준이 계속되어 있었던 상황에, 전세가 들어 있는 주택에 대하여 매수하는 갭투자가 성행하게 되었으며, 오히려 이로 인한 가격 상승세의 지속 + 공급 물량 감소 + 세금의 회피 방안으로서의 활용의 부작용을 낳게 된 것이 크다 하겠으며, 그에 따른 영향은 지금까지도 계속되고 있다.

② 2018년 9.13 대책

보도자료에 따르면, '투기 수요 근절, 맞춤형 대책, 실수요자 보호의 3대 원칙하에 서민 주거 안정과 주택 시장 안정에 전력을 다하기 위한 대책'으로 발표되었으며, 주요 골자는 대출 규제 및 세부담의 증가가 핵심인 수요 억제 정책이었다. 9.13 대책이 발표된 배경에는 전년도에 쏟아진 대책 등으로 완전한 안정세에 진입했다고 보기에는 어려우나 주택 가격 상승의 예봉은 꺾었다고 판단되는 시점에 터진, 고(故) 박원순 시장의 용산, 여의도 개발 계획의 영향이 제법 컸다고 볼 수 있다.

용산, 여의도 개발 계획 발표 직후, 여의도와 용산의 아파트 가격은 순식간에 가파르게 상승 모드로 전환되었으며, 개발 계획 자체가 재건축, 재개발에 대한 긍정적인 시그널로 받아들여지면서 다시 서울시 아파트에 대한 수요 증가를 촉발하는 계기가 되었고, 결국 서울시는 8월 27일에 개발 계획의 전면 보류를 발표하는 촌극을 빚게 되었다

9.13 대책은 직전월의 8.27 대책과 직후의 9.21 대책과 거의 한 대책으로 볼 수 있으며, 주요 내용은 아래와 같다.

구분	주요 내용	정책 목적
2018.8.27.대책	수도권 주택공급확대 및 투기지역, 투기과열지구, 조정지역 확대	공급 확대
2018.9.13.대책	종합부동산세 강화(과세대상 확대. 상한선 300%로 인상)	수요 억제
	다주택자 규제지역 신규 대출 금지 및 1주택자 2년 내 처분 조건	
	주택임대사업자 조정지역 신규 주택 매입 시 혜택 축소 및 대출 강화	
2018.9.21.대책	3기 신도시 계획 발표	공급 확대

내용에서 보는 바와 같이 결국은 세부담을 통한 수요 억제 정책이 주요 골자다. 그러나 세부담으로 인하여 매도를 할 수 없어 공급 물량이 결국 잠기는 역효과가 점점 커졌다. 또한 기존 주택을 처분하고 세금을 부담할 경우, 동일한 수준의 주택을 구입할 수가 없어 결국 처분하지 못하고 보유할 수밖에 없는 상황이 지속되게 되었다. 공급 물량의 확대에 대하여도 발표는 있었으나 당장 입주할 수 있는 공급이 이루어지지 않는 상황에서, 세부담으로 인한 공급 물량의 감소가 발생하는 악순환이 계속되게 되었다.

③ 2019년 12. 16 대책

전년도의 9.13 대책의 효과로 다시 진정되는 듯한 부동산 가격이 다시 고개를 드는 것처럼 보이자, 2019년 연말에 다시 대책을 내놓았다. 보도자료를 보면 "투기 수요 근절, 맞춤형 대책, 실수요자 보호라는 기존 3대 원칙 아래 서민 주거 안정을 최우선으로 추진"함을 서두에 천명하고 있다. 내용을 보면 결국 자금줄 차단을 통한 부동산 투기 수요의 원천 차단을 꾀하고자 한 것으로 보인다.

구분	주요 내용	정책 목적
2019.12.16.대책	투기적 대출수요 규제 강화 - 15억 원 이상 아파트 대출 금지 - 9억 원 이상 아파트 대출 비율 축소 - 전세대출 갭투자 금지 대책	수요 억제
	종합부동산세 세율 및 양도소득세 강화	
	보유세 강화(과표 현실화)	
	서울 도심 내 주택 공급 확대 및 30만 호 조기 추진	공급 확대

아울러 주요한 부분 중의 하나는 세부담 강화인데, 기존의 종합부동산세의 세율을 3주택자 및 조정지역 2주택자의 경우 높였고, 그 상한선을 투기과열지구에서 조정대상지역으로 하향조정하였으며, 과표 현실화를 더 앞당기기로 하였다. 아울러 양도소득세는 장기보유특별공제 적용 또한 보유 기간에 따른 적용에서 보유 기간 + 거주 기간을 두었다.

한마디로, 실거주 이외에는 사지도 팔지도 말 것이며, 다주택으로 사고나서 발생하는 시세차익은 모두 거두어 가겠다는 취지다. 그리고 15억 원 이상의 주택을 고가주택으로 보고, 이에 대한 수요를 꺾기 위해 대출 자체를 원천 금지시켜, 이제 15억 원 이상의 주택은 현금을 쥐고 있는 사람 아니면 살 수가 없게 되었다.

대책을 내놓으면 조금 수그러들다가 다시 고개를 들고, 다시 대책을 내놓으면 조금 수그러들다가 다시 고개를 드니, 정부 입장에서도 환장할 노릇이겠지만, 지속적인 수요 억제책과 세무담으로 인한 기존 다주택자 및 1주택자의 거주지 이전을 위한 퇴로를 모두 차단하여, 실수요자 공급 물량은 더욱 감소되는 아이러니한 상황이 지속되었다. 이는 여전한 유동성 탓이 가장 크겠으나 모두 공급에 따른 가격 안정화가 선행되지 않을 때의 한계를 여실히 보여 주는 예라고 할 수 있을 것 같다.

④ 2020년 6.17 대책

코로나-19 사태가 발생한 2020년 상반기에도 대책이 나왔다. 2~4월의 코로나-19 사태가 한창인 상황을 겪고, 3~5월까지의 상승률 하락이 있었지만(놀랍게도 그 당시에도 상승률 자체는 마이너스가 아니었다) 다시 반등하는 기미를 보이자, 정부는 다시 대책을 내놓았다.

참 한국 사람들 대단한 게, 규제 지역에 대한 투자 이익이 적을 것으로 보이자, 비규제 지역으로 몰려가서 가격을 올려놓기 시작했다. 이는 저금리 기조로 인한 유동성 과다가 여전한 상황이고 반대로 돈을 굴릴 곳이 여전히 마땅치 않음을, 주식은 무섭고 부동산은 보유하면 올라간다, 늦으면 손해라는 인식이 광범위하게 자리잡은 탓이 크다. 6.17 대책의 주요 내용은 다음과 같다.

여전한 수요억제정책에 맞추어져 있다. 그나마 조금 다행스러운 것은

구분	주요 내용	정책 목적
2020. 6.17 대책	- 조정대상지역 거의 경기 전 지역으로 확대 - 투기과열지구 추가(성남 수정, 안산, 용인 수지 등)	수요 억제
	전세자금 대출 보증 강화	
	주택담보대출 시 실거주 요건 강화	
	주택 매매, 임대사업자 주택담보대출 금지	
	법인보유주택 종부세율 강화 및 종부세 공제 폐지	
	정비사업 규제 정비	
	12.16 공급 대책 후속 추진	공급 확대

8월 4일에 유휴지 활용 및 공공재건축, 재개발로 서울에 주택 12만 3,000호를 공급하겠다는 계획을 발표했다는 점이다. 진작에 공급에 대한 발표를 초기부터 했더라면 하는, 만시지탄(晩時之歎)이 있다.

⑤ 2020. 7. 30 주택임대차보호법 개정

2020년 7월 30일자로 주택임대차보호법 개정안이 국회 본회의를 통과하였다. 부동산 대책은 아니지만, 전월세 시장 및 2021년 상반기 부동산 시장에 상당한 영향을 미칠 뇌관이 될 수도 있을 것으로 예상되어 기술하여 본다.

주요 골자는 계약갱신청구권과 전월세상한제로, 계약갱신청구권은 세입자에게 1회의 계약갱신요구권을 보장해 주며 현행 2년에서 4년(2+2)으로 계약 연장을 보장받도록 하되, 주택에 집주인이나 직계존속·비속이 실거주할 경우 등에는 계약 갱신 청구를 거부할 수 있도록 했다. 즉 기존의 2년 단위 전세에서 4년 단위 전세로 바뀌는 것이다. 전월세상한제는 임대료 상승폭을 직전 계약 임대료의 5% 내로 하되, 지자체가 조례로 상한을 정할 수 있도록 했다. 전월세 시장 안정을 위한 조치라고 할 수 있겠으나,

그림 6. KB리브온, 월간 주간 아파트 전세 가격 동향

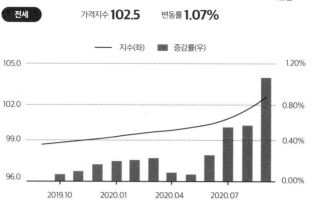

기준월: 2020.10

전세 가격지수 **102.5** 변동률 **1.07%**

<월간 아파트 전세 가격 동향>

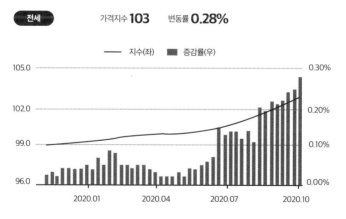

기준일: 2020.10

전세 가격지수 **103** 변동률 **0.28%**

<주간 아파트 전세 가격 동향>

7월 말 고지 이후 10월 현재의 상황은 앞의 그래프와 같다. 7월 이후, 전세 가격 동향은 머리를 오른쪽으로 쳐올리기 시작했다. 즉, 실질적인 임대 기간이 4년으로 증가하고, 전월세 상한을 5%로 묶자마자, 집주인들은 기간 및 상한 보상을 위한 임대차 계약금액을 올려 버린 것이다. 시장이란 이렇게 냉정하고 무서운 것이다.

지속되는 유동성

2017년 8.2 대책 이후 2개월 단위로 대책을 쏟아내었으나, 결과적으로 부동산 가격은 안정되지 못하였다. 이에 대한 주요 원인의 첫 번째로 꼽는 것은 뭐니뭐니 해도 유동성이다.

그림 7. 5대 은행 요구불 예금 잔액 추이

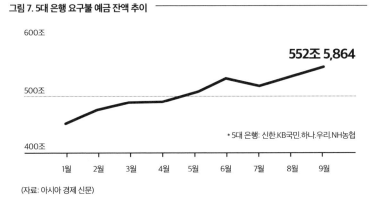

(자료: 아시아 경제 신문)

요구불 예금이란, 수시 입출금이 가능한 예금으로, 금리 수준이 0.1% 정도에 지나지 않는 투자처를 찾지 못하고 있는 대기 자금이다. 그럼 현재, 대한민국 전체의 유동성 증가는 도대체 어느 정도이기에 유동성, 유동성 말이 많은 것일까?

기본적으로 유동성과 관련된 통화 지표는 M2의 광의 통화다. M2
는, M1[5]에 만기 2년 미만 금융상품(예적금, 시장형 및 실적배당형, 금융채
등)의 합계를 의미한다. 다음의 〈그림 8〉은 한국은행 경제 통계 시스템

그림 8. 1995~2018년 통화 및 유동성 지표

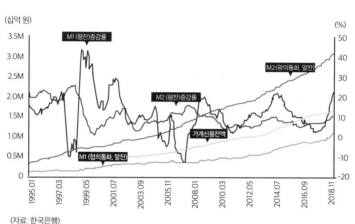

(자료: 한국은행)

을 이용한 자료다.

1995년 1월부터 2020년 7월까지의 자료로, 〈그림 8〉에서 보는 바와
같이 M1, M2, 가계 신용 잔액은 우상향으로 계속 올라가고 있는 상황
이다. 이는 경제 규모의 크기에 따라 우상향이 되는 것은 일견 당연해
보이나, 그래프 오른쪽 끝에서 보는 바와 같이 M1의 최근 증가율이 상
당히 가파르다는 점과 M2의 금액이 3,000조 원을 처음으로 넘어섰다
는 점은, 최근의 유동성이 금액 기준으로는 역사상 최대치를 갱신하였
다는 것을 시사하고 있다.

---

5 협의 통화: 통화와 요구불 예금, 수시 입출식 예금(투신사 MMF 포함)

또 하나 우리가 착안하여야 할 두 번째 지표는 〈그림 9〉의 그래프다. 이는 M1/M2의 비율을 나타낸 것으로, 아래 동그라미 부분이 어느 시점인지는 잘 알 수 있을 것이다. 지난 두 번의 위기였고, 그 이후 부동산 가격의 상승 시에 M1/M2의 비율은 30%를 초과하였다. 그런데 현 시점에서 2020년 지속적으로 30%를 넘고 있다는 점이다. 이를 동 기간 동안의 월별 부동산 가격 그래프(실선)와 비교하여 보면 〈그림 9〉와 같다.

그림 9. 1995~2020년 M1/M2 비율 및 주택 가격지수

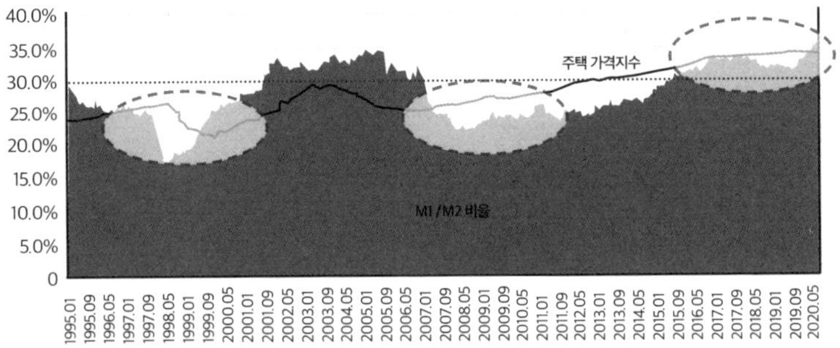

(자료: 한국은행)

1997~1998년의 하락기의 M1/M2 비율은 크게 하락하였고, 뒤이어 주택 가격지수 또한 하락하였다가 M1/M2의 비율이 증가함과 동시에 주택 가격지수 또한 상승하였음을 알 수 있다. 이어 30% 이상의 비율을 보였을 때 아파트 가격지수가 최고점을 찍었고, 이어서 유동성 2008년 금융 위기 시에 다시 하락하였다가 완만한 증가세를 보였다. 이후 2016년 이후부터는 M1/M2의 비율이 지속적으로 30% 이상을 유지하였다(총 금액의 증가세는 이전 그래프를 참조하기 바란다). 그래프의

가장 오른쪽을 보면 M1/M2의 비율이 급한 기울기로 우상향하는 것을 볼 수 있다.

아이러니한 것은 코로나-19 팬데믹으로 인한 경제 침체 위기 상황이 닥쳐 왔지만, 이를 타개하기 위한 유동성의 증가는 불가피하였고, 저금리 기조를 유지할 수밖에 없고, 추가경정예산을 편성하며 시중에 유동성을 공급하여 코로나-19 사태의 직격탄을 맞은 계층에게 공급할 수밖에 없는 것 또한 당연하나, 이 유동성이 부동산 가격의 상승, 특히 아파트 가격 상승의 연료로서 계속 작용할 가능성이 지속되고 있음은 피할 수 없는 현실이다.

각자도생의 이야기

2020년 우리 부동산 시장에서 가장 널리 쓰였던 단어는 '영끌' 아니었나 싶다. 영혼까지 끌어모았다는 내용으로, 이와 비견된 것은 다른 자산 시장인 주식 시장에서는 '동학개미운동'이었을 것이다. 영끌이든 동학개미든 어찌 보면 예측이 가능한 범주, 또는 일반적인 범주에서 벗어나는 일일 것이고, 그러니 신조어가 생겨나지 않았나 싶다.

이제 대한민국 부동산 시장은 몇 해 전과는 비교가 안 될 정도로 그 반응성이 민감해질대로 민감해진 상황이고, 조그마한 이슈에도 출렁이기 일쑤다. 유튜브와 블로그마다 부동산 시장 전망, 지역별 예상, 정책 예상 등이 넘쳐나고, 2020년 10월 추석의 가족들이 모인 자리에서 가장 큰 화젯거리는 "부동산이 어떻게 될까?"였다. 누구는 적절한 시점에 사서 웃고 있는 듯하지만, 계속된 과표 실화에 세금이 더 나갈까 걱정되고, 올라타지 못한 사람은 열패감에 휩싸여 있다. 30대와 40대는 이 상승장에 코로나-19 팬데믹의 불안감을 안고서도 신용대출을 받아가면서 부동산 취득을 고려하고 있을 정도다.

정책 당국의 가장 큰 잘못은 23번에 걸쳐서 내놓은 부동산 대책이 잘못되었다기보다는 국민들이 영끌로 대답하였다는 것 자체를 이해하지 못하고, 가격 상승을 인정하지 아니하고, 패러다임 자체를 받아들이지 않으려 한 것이라고 생각되며, 그 결과가 지금의 부동산 시장이라고 판단된다.

돌이켜보건대 2017년 8.2 대책 이후, 물론 정책 의도는 그러하지 않았다 하더라도, 임대사업자등록을 장려하고 양도소득세 세제 혜택을 주어 물량을 잠기게 한 것과, 다주택자를 포함한 소유자들이 매매 차익을 실현하려는 퇴로를 열어 주지 않고 양도소득세의 강화를 지속한 것이 부동산 시장을 가장 왜곡하는 결과를 낳지 않았나 싶다. 필자의 생각으로는 이로 인하여 2017년 하반기부터 시작된 이 상승장이 중도에 수렴되지 아니하고 2020년 코로나-19 사태 이후까지 4년간 지속된 가장 큰 원인이 아닌가 싶다.

또 다른 한 가지는 부동산 시세 차익의 실현을 불로소득으로 단정하고, 부의 불균형을 바로잡아야 한다는 매우 선해 보이며 당위적인 명제를 정책의 목표로 삼아, 투기 수요 근절, 맞춤형 대책, 실수요자 보호라는 3대 원칙을 천명하면서, 다주택자들을 죄인 시 취급하고 투기 세력으로 몰아갔으면서도, 그 정책 당국의 일원들이 (물론 일부이긴 하겠으나) 또한 똑같이 부동산 투자를 하고 다주택을 보유하고 있었다는 점이 밝혀져 지탄의 대상이 되었다는 점이다.

이렇다 보니 정책 당국을 신뢰할 수가 없게 되고, 그대로 있다가는 나만 손해라는 생각이 시장을 지배하고, 영끌, Panic buying이라는 결과까지 낳게 되었다는 그 지점이 정책 당국의 큰 과오일 것이다. 물론 정책당국의 입장에서 본다면, 부의 불균형을 바로 잡아야 한다는 당위 명제와 그에 따른 기존 정책에 대하여 방향을 전환하거나 스스로 과오를 인정하는 것은 더 큰 혼란을 일으키거나 할 수 없는 일인 것은 십분 이해한다. 아울러 의도의 선함도 의심할 나위 없다. 그러나 현 시점에서의 결과만을 놓고 본다면 그저 안타까울 뿐이다.

2020년 3월과 10월

필자는 WHO가 발표한 코로나-19 사태의 4개 시나리오를 가지고, 시장의 영향에 대하여 예상한 바 있다. 당시의 시나리오 중 첫 번째, Quick recovery(단기간에 잘 마무리되는 시나리오)는 그때나 지금이나 이미 의미가 없고, 두 번째 시나리오, Sesonal epidemic(계절 전염병. 5월까지 확진세가 유지되다가 북반구의 여름이 시작됨을 기점으로 확산 속도가 감소하는 시나리오) 또한 2020년 현재, 미국의 확산세가 줄어들지 않고 있고, 유럽의 확진자 증가세가 나타나고 있는 바 의미가 없어 보인다.

세 번째 시나리오는 Uneven outbreak로 불균등한 발병으로, 주요 선진국에서는 효과적으로 대응을 하나, 공중보건 인프라와 행정 인프라가 낮은 저개발 국가에서는 대규모의 위기가 발생한다는 의미인데, 중요한 것은 확진세 감소 시점이 2021년 1분기이고 경기 회복이 2021년 중반이 되어야 나타날 것이라는 시나리오다.

네 번째 시나리오는 Global pandemic 상황으로 코로나-19 사태로 인한 불황의 장기화로서 바이러스가 선진국과 개발도상국 모두에 널리 퍼져 있고, 2021년 2분기 이후의 백신의 보급을 예상하고 있으며 확산세의 감소는 그 시점부터로 예상된다는 시나리오다. 네 번째 시나리오에서는 본격적으로 정치적인 위기와 사회 혼란, 안전 불안에까지도 언급이 되고 있으며, 세계 각국은 필연적으로 보호주의 강화가 되어, 무역 시스템 자체가 붕괴될 가능성이 높아, 우리나라에 있어서는 최악의 상황이 될 것으로 예측한 바 있고, 수출 경기의 하락으로 우리 경제의 펀더멘털 자체가 흔들릴 우려가 있음을 이야기한 바 있다.

현재의 상황은 세 번째 시나리오에서 네 번째 시나리오로 가기 직전인 상황으로 이해될 것 같다. 그러나 현재 앞서 이야기한 수출 지표를 참고할 때, 현저한 수출의 감소는 일어나지 않고 있으며, 주거용 부동산 시장, 특히 아파트는 가격 하락이 아닌 상승으로까지 이어지고 있고, 상업용 부동산의 하락은 이제야 시작되고 있는 느낌이다. 또한 우려할 만한 공업용 부동산의 하락 또한 일어나지 않고 있다. 어느 방향으로 수렴할지는 아직도 예측 불가하다.

아직 우리는 인구가 밀집되어 있는 북반구의 가을과 겨울을 겪어야 한다. 2020년 10월 12일 현재의 보도자료를 보면, 미국, 브라질, 인도의 신규 확진자가 1일 3만~4만 명에 달하고, 유럽의 확진자 증가세가 늘기 시작해, 영국의 경우 1일 1만 명을 넘어섰으며, 이탈리아와 프랑스 또한 증가세가 심상치 않은 상황으로 급변하기 시작했다.

아직 백신과 치료제는 명백할 수준으로 개발되어 있지 않은 상황인데, 각국의 국민들은 코로나-19 사태로 인한 거리두기 지침과 록다운에 대한 분노가 점점 높아지고 있는 상황이다. 일부 국가에서는 코로나-19 + 독감의 트윈데믹에 대한 우려까지 나타나고 있다.

이러한 상황에 대하여 미국을 포함한 세계 각국, 작게는 우리나라에서의 코로나-19 사태에 대한 유동성 공급 및 연체 유예 대책, 보조금 지급 등의 대응으로 인하여, 코로나-19 사태에 따른 경기 침체가 계속 이렇게 일시적으로 지연되며 다행스럽게도 이 정도의 상처로 마무리가 될는지, 아니면 다시 2020년 3월과 4월의 진폭 또는 그 이상의 하강을 겪을 것인지, 다행스럽게 마무리가 되고 나서는 어찌될 것인지, 여전히 확인할 수 없는 매우 미묘한 지점이라 하겠다.

2. 모든 방향이 열려 있는 2021년

상승 요인과 하락 요인

앞서 이야기한 대로 현재 코로나-19 사태로 인한 경기 침체는 우려의 크기 대비 큰 진폭의 영향을 미치고 있지는 않은 걸로 보여진다. 그러나 이러한 현재의 지표들에 대하여 견고한 수치들이라고 이야기를 해주고 있는 곳은 없다. 즉 현재의 지표들은 일정 수준 이상의 유동성을 시장에 공급하여 버티고 있는 것이라고 보여지고 있으며, 2021년은 결국 첫 번째로, 북반구의 겨울을 지내면서 일어날 코로나-19 사태의 향방과 불확실성의 해소 여부, 두 번째로, 그에 따른 성장 복원력에 기반한 반등 규모의 예상이 맞물려 돌아갈 수밖에 없는 상황이겠다. 이에 따라 2021년의 예상은 상승 요인과 하락 요인을 나열해 보겠다.

시나리오 1은 2020년 하반기의 코로나-19 사태가 어느 정도 관리 또는 조절 가능한 수준으로 전개되는 것을 전제로 하여 작성하겠다. 시나리오 2의 경우는 2차 대확산으로 이어져서 우리나라를 포함한 세계 각국에서 봉쇄 수준의, 2020년 3~5월 정도의 조치들을 시행할 수밖에 없는 상황을 가정하여 작성하겠다.

상승 요인

① 여전히 풍부한 유동성

현재로서는 부동산 가격에 가장 영향을 미치고 있는 요인이라고 판단된다. 수치에 대하여는 앞장에 충분히 기술하였으므로 생략하도록 하겠다. 도대체 3,000조 원을 상회하는 유동성이 어디서 비롯되었는지, 500조 원을 상회하는 요구불예금의 숫자들이 어디서 비롯되었는지, 누가 이야기한 것처럼 "너 빼고 다 돈 많아"라는 말이 자꾸 뇌리에 꽂히는 기분이다.

② 기대하기 어려운 공급 물량

정부는 2020년 8월 4일자로 서울권역에 실수요자 대상으로 물량을 확대 공급한다는 내용을 국토교통부 보도자료를 통하여 발표한 바 있다. 내용만을 보면 서울에 안정적인 공급이 확대된다는 의미로 해석된다. 늦은 감이 있지만, 서울 및 수도권에 공급 물량을 늘린다는 것에 대하여는 당연 환영하여야 할 조치로 보인다.

그러나 발표 내용에 따라 서울시내에 공급이 이루어지는 시점 자체는 2020년에 진행되기에는 무리가 따르며, 발표한 내용에 따라 해당 대상지

표 4. 공공택지 일부 2021~2022년 사전청약 계획

추진일정		주요입지 및 청약물량 (천 호)
2021년	7~8월	인천계양(1.1), 노량진역 인근 軍부지(0.2), 남양주진접(1.4), 성남복정1·2(1.0), 의왕청계2(0.3), 위례(0.3) 등
	9~10월	남양주왕숙2(1.5), 남태령軍부지(0.3), 성남신촌(0.2), 성남낙생(0.8), 시흥하중(1.0), 의정부우정(1.0), 부천역곡(0.8) 등
	11~12월	남양주왕숙(2.4), 부천대장(2.0), 고양창릉(1.6), 하남교산(1.1), 과천과천(1.8/'18년 발표 지구), 군포대야미(1.0), 시흥거모(2.7), 안산장상(1.0), 안산신길2(1.4), 남양주양정역세권(1.3) 등
2022년		남양주왕숙(4.0), 인천계양(1.5), 고양창릉(2.5), 부천대장(1.0), 남양주왕숙2(1.0), 하남교산(2.5), 용산정비창(3.0), 고덕강일(0.5), 강서(0.3), 마곡(0.2), 은평(0.1), 고양탄현(0.6), 남양주진접(0.9), 남양주양정역세권(1.5), 광명학온(1.1), 안양인덕원(0.3), 안양관양(0.4), 안산장상(1.2), 안양매곡(0.2), 검암역세권(1.0), 용인플랫폼시티(3.3) 등

◇ 사전청약일정은 추진과정에서 변동가능/용산정비창은 '22년 하반기 공급(변동가능)/( ) 3기 신도시
◇ 태릉CC는 2021년 상반기 교통대책 수립 후, 과천청사부지는 청사활용계획 수립 후, 캠프킴은 미군반환 후, 서부면허시험장은 면허시험장 이전계획 확정 등의 절차를 거쳐 구체적인 사전청약계획 발표

(자료 : 국토교통부)

에 그대로 주택 공급이 시행될 수 있을지는 사실 의문이 크다. 아래는 3기 신도시 공급물량 기사다. 사전청약임에도 불구하고 주요 청약시점은 2021년 7월 이후로 보여지며, 이 또한 순조롭게 진행될 경우에 한한다. 2020년 10월 현재 올 하반기에 서울의 분양물량은 약 4,300세대로 예상되며 이 중 일반분양물량은 그다지 많지 않은 상황으로 보여진다.

③ 전세가 상승으로 인한 갭투자 지속 가능성

갭투자가 가장 왕성했던 시점은 2017 ~ 2018년도로, 당시의 매매가 대비 전세가 비율은 70% 정도에서 인기 지역의 경우 심할 경우 80%까지 육박하였다. 이후 아파트 가격 상승으로 이 비율은 70 ~ 60% 미만까지 하락하여 인기 지역의 경우 갭투자가 최소 5억 원, 강남 일대는 10억 원이 넘어

가야 가능한 구조로 바뀌었으나, 2020년 7월에 시행된 임대차보호법 3법은, 다시 이 갭을 줄일 우려가 크다. 주요 인기 지역의 갭 폭이 어느 정도까지 줄어들지는 조금 더 지켜보아야 하겠으나, 서울 외곽과 수도권 인근 구축의 경우 상당 부분 시장에 전세가가 반영되어 갭이 줄어들고 있는 상황을 현장에서 확인할 수 있었다. 2012년부터 현재까지의 매매가 대비 전세가의 비율은 다음과 같다.

그림 10. 전국 평균 주택(아파트+단독+연립) 가격 추이 및 매매 대비 전세 비율

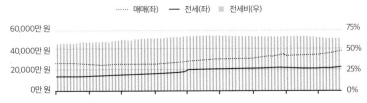

(자료: KB리브온)

막대그래프로 된 매매 대비 전세가의 비율이 2017~2018년도에 상승하였다가 2019년부터 미세하게 하락하고 있는 모습이 보여지나, 2020년 하반기와 2021년에는 어떤 양상이 될지, 현재의 전세가 상승률을 고려할 때 우려스럽다.

④ 시기적, 정치적 요인

알다시피 2020년 하반기는 현 정부의 집권 4년차다. 2021년은 대선 직전년도이고 대선은 2022년 3월이며 6월에는 지방선거도 예정되어 있다. 즉 2021년에는 정치, 경제, 사회, 외교 등 가시화된 성과들이 나와야 대선에 유리함은 마땅할 것이고, 그러기 위해서는 코로나-19 사태가 다행스럽게 해결되어 있으면 금상첨화겠지만, 해결되어 있으면 있는 대로 안 되어 있으면 안 되어 있는 대로, 최대한의 자원을 끌어모아 대선에 유리한 정책을 펼칠 수밖에 없다.

부동산 시장의 가격을 2018년, 2019년 이전 수준이나 또는 단 몇 %라도 하향 안정화시키는 것은 단 1년, 2년에 가능한 부분이 아닐 것이고, 이미 상당 부분 상승한 상황이어서, 하락을 가정한다면 큰 폭의 경기 침체가 선행되고 이어서 부동산 가격이 하락되는 것이 수순일 텐데, 이러한 경기 침체를 대선 직전에 그대로 수용할 정치집단은 생각할 수도 없고 본 적도 없다. 원하지 않았는데 피할 수 없어서 발생하면 모를까.

따라서 코로나-19 사태가 백신이나 치료제의 개발로 인하여 경기 회복의 기대감이 늘어나서 경기 전망이 좋아지건, 아직 사태의 해결이 미진한 상태이건, 또는 심지어 악화가 된다 하더라도 부동산 가격을 본격적으로, 또는 큰 폭으로 하락시키게 될 정치적 이유는 없다고 해도 과언이 아니다. 오히려 코로나-19 사태가 좋아져도 올라갈 것이고, 사태가 악화되더라도 가격이 최소한 보합할 가능성이 엿보이는 상황이다.

⑤ 코로나-19 이후의 경제적 회복과 자산 가치의 상승

이는 코로나-19라는 질병에 대하여 공식적으로 효과가 탁월한 치료제가 특정이 되고, 백신을 통하여 예방이 가능하다는 상황이 확인이 되어, 다른 질병들과 마찬가지 또는 독감 수준으로 그 위험성이 하락했다고 판단되어, 우리나라를 비롯하여 전 세계적으로 경기 회복에 대한 기대가 올라갔을 경우를 의미한다.

이 경우에는 코로나-19 사태의 한가운데에 있을 당시의 경기 침체 및 하락을 막기 위해 공급되었던 유동성들이 비로소 문제가 될 것으로 예상되며, 유동성을 회수하기 위한 적절한 규모의 테이퍼링이 시행되지 않을 경우 자산 가치의 상승이 우려되는 상황이다.

사실 현 시점 또한 우리나라 무역 규모의 감소폭이나 미국 실업률 등을 고려할 때, 지금의 우리나라의 코스피지수나 미국 다우지수는 이해하기 어려운 수준이다. 물론 공급된 유동성이 모두 주식 시장과 부동산으로 흘러 들어갔다고 보기에는 어렵고, 우리나라의 경우는 더더욱 그러하다고 판단된다. 하지만 현재로서는 급작스러운 코로나-19 사태의 종식이 발생될 경우 코스피지수와 다우지수는 더욱 상승할 것으로 보여진다. 그리고 그러할 경우에는 경제 규모가 코로나-19 사태 이전으로 회복되더라도 풀려 있는 유동성으로 인하여 지표들은 과거의 동일 수준의 경제 규모 상태보다 더 상승되어 있는 상황이 벌어질 것이고, 이는 자산 가격의 상승을 의미한다.

이러할 경우의 우리나라 부동산 가격이나, 서울 수도권 인기 지역의 아파트 가격은 현 시점보다 더욱 올라갈 가능성이 매우 크다고 판단될 수밖에 없다. 아울러 이러한 자산 가격의 상승은 한 번은 나타나게 될 우려가 있다 하겠다. 당장 올 하반기에 백신과 치료제가 개발되어 코로나-19 사태가 해결이 되거나 어떠한 이유로든 확산세가 멈추는 경우에도 그럴 것이고,

또는 2차 확산이 왔을 때 각국의 유동성 공급이 다시 재개되어 어찌어찌 하락하는 지표를 다시 끌어올린 후에 2021년 상반기 또는 하반기에 백신과 치료제가 개발될 경우에도 그럴 것이다.

하락 요인

① 여전한 코로나 –19 사태의 불확실성

앞의 상승 요인에서 ⑤번째에 코로나-19 이후의 경제적 회복과 자산 가치의 상승에 대하여 이야기하였으나, 역설적으로 하락 요인 또한 코로나-19가 될 수밖에 없는 상황이다. 코로나-19 사태는 아직까지도 진행 중인 상황으로, 종국 시점과 피해의 규모에 대하여 미리 예단하기도 어려운 상황이며, 전 세계는 지금 2020년 하반기의 계절적 재확산의 우려에 맞닥뜨려 있는 상황이다.

2020년 현재, 북반구의 코로나-19 사태는 하절기에 비하여 분명 확진자가 증가하는 추세로 가고 있다. 이에 대하여 유럽 각국은 마스크 착용에 대해서 강조하고 있고, 더욱 심화될 경우 다시금 봉쇄 조치로 이어질 수밖에 없을 것이다. 앞서 이야기한 대로 그러할 경우 2020년 3월과 4월처럼 순식간에 모든 지표가 하향 곡선을 그리게 될 우려 또한 여전하다.

이러한 상황이 다시 벌어졌을 때 미국을 위시한 세계 각국은 다시 유동성 공급으로 버틸 가능성이 높아지고, 이는 당장의 주요 지표들에 대한 하락을 막을 수는 있겠으나, 버블의 부피가 점점 커지게 되는 우려 또한 다시 고개를 들게 될 것이다.

그림 11. 스페인 독감의 확산 주기(영국의 경우)

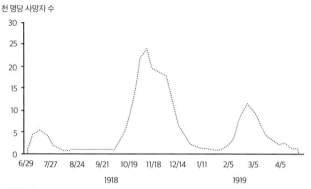

천 명당 사망자 수

(자료: 아틀라스 뉴스)

〈그림 11〉은 영국에서의 스페인 독감의 확산 주기 그래프다. 아직까지 스페인 독감이 발병 이후 왜 소멸(소멸인지도 사실 확실치 않다)되었는지에 대해 의견이 분분하나, 그래프상으로 보면 왼편의 1차 발병 이후 약 5개월 후 큰 폭의 2차 발병, 이후 다시 약 4~5개월 이후 3차 발병 이후 소멸된 것으로 보여지고 있다. 불행하게도 만약 이러한 양상이 비슷하게 전개될 경우 올 하반기에는 상당한 수준의 경기 하락이 올 수도 있다. 이에 대하여 세계 각국이 어떻게 대응하느냐에 따라 결과가 달라질 것이며, 이는 앞서 이야기한 상승 요인의 다섯 번째인 코로나-19 사태 이후의 자산 가치 상승과 연결되는, 어느 쪽이 선후일지 또한 아직 예측하기 어려운 아이러니한 상황이라고 할 수 있겠다.

또 한 가지, 한국은행이 조사한 유럽 은행 경영 상황 평가를 살펴보면, 유럽발 코로나-19 사태가 점차 심화되는 분위기 속에서 유럽 은행은 부실대출 비율과 연체율이 높아 미국 은행에 비해 신용 위험이 높고, 경

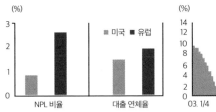

그림 12. 1/4분기 NPL 비율 및 대출 연체율 비교[6]와 유럽 한계기업 비중[7]

(자료: 한국은행)

기 위축으로 기존 대출의 부실화 가능성이 증대할 것으로 보았다.

이 보고에 따르면 유럽 은행의 무수익여신(Non-performing, loan, NPL) 비율이 2020년 1/4분기 현재 여전히 미국의 2배를 상회하고 연체율도 높은 수준이다. 특히 그리스(34.0%), 이탈리아(6.4%), 포르투갈(6.2%), 스페인(3.1%) 등 남유럽 국가들의 부실채권 비율이 현저히 높은 상황이다.

〈그림 12〉의 내용은 달리 보면 코로나-19 사태의 확산 시에 발생할 수 있는 금융 위험성에 대한 선험적 경고라고 보여지며, 관리가 잘 안 될 경우 우리나라에서도 충분히 발생할 수 있는 상황이다. 다행스럽게도 2020년 6월 현재 우리나라의 부실채권 비율은 1% 미만에 머무르고 있다. 9월 데이터는 아직 나오고 있지 않다.

② 끝물의 신호들, 상승에는 하락이 필연

부동산 가격과 관련하여 주식 시장과 마찬가지로 회자되는 전통적인 끝

---

6 총 여신 대비 무수익여신
7 총 대출 대비 연체된 대출

물의 신호들이 몇 가지 있다. 모든 사람들이 부동산에 대하여 이야기하는 상황, 지난 4년간의 상승 물결을 타지 못했던 사람들이 조급하여 추격 매수하는 상황들이 눈에 띄거나, 그동안 상승폭이 적었던 서울 수도권의 구축 아파트, 지방 아파트의 상승 등이 그것이다.

필자가 생각하기에 분명 부동산에 대한 대세 상승의 정점은 지난 것으로 느껴지고, 이 점에 대해서는 다른 이들도 상당 부분 공감하고 있는 상황이다. 물론 지금이 부동산 시장에 있어서 가을이고, 곧 겨울이 온다고 하더라도 일부 지역에서 호재가 있을 경우 상승하는 지역도 있을 것이다. 또한 2020년 10월 현재, 거래량은 상당히 줄어든 감은 있으나, 아직도 신고가가 출현하고 있는 상황이어서, 실수요자에 의한 주요 지역의 매매는 여전히 이루어지고 있는 상황으로 이해된다.

그러나 분명한 것은 거래량이 줄고, 지방 아파트의 가격 상승이 조금씩 눈에 보인다는 점에서 서울 주요 인기 지역의 아파트 가격 상승은 어느 정도 마무리가 된 게 아닌가 하는 생각이 든다. 사실 오르기도 많이 올랐고, 경기 상황에 따라 다르겠지만, 향후 10년간의 상승폭을 거의 수렴한 게 아닌가 생각될 정도다.

이 또한 코로나-19 사태의 확산 심화에 따른 경기 하강과 해결에 따른 경기 상승과 비슷한 구조라고 할 수 있으며, 앞서 현 시점의 지표를 설명한 그래프들은 다시 그대로 하락 요인의 설명으로서도 인용할 수 있을 것이다. 늘 그렇듯 시기적으로 그것이 언제 오느냐의 문제일 뿐이겠다.

③ 잠긴 물량의 해소 시점

위 끝물의 신호들에 맞물려 있는 내용이겠다. 앞서 정책의 그늘 부분에서, 그리고 각자도생의 이야기 부분에서 설명을 했지만, 현재는 다주택자들에게 퇴로가 없는 상황이다. 이 중 가장 빨리 열리는 퇴로의 시점은 2021년 6월까지의 양도세 중과 해제 시점이고, 이후에는 임대사업자 물량이 시장에 나오는 시점이 두 번째 시점이 되겠다. 주요 인기 지역에서 물량이 크게 나올 가능성은 그리 높지 않다고 보여지나, 서울 기타 지역이나 수도권 인기 지역의 경우 차익 실현 매물이 제법 나올 가능성이 있다고 보인다. 만일 그 시점에서 코로나-19 사태의 원만한 해결로 다시금 자산 가치가 상승하려는 우려가 폭발하는 시점과 맞물린다면 상승에 대한 압력으로 작용할 것이고, 만일 상당한 수준의 경기 침체가 나타나 하방 곡선이 깊어질 경우에는 많은 물량의 매물이 나타날 수도 있다. 물론 그때에도 인기 지역의 하락은 그리 크지 않을 것 같다.

④ miscellaneous

제목은 miscellaneous(여러 가지, 이것저것 다양한)인데 모이면 핵폭탄이다. 시기적으로 얼마 안 남은 요인들이니 2020년 내에 확인 가능할 것으로 보인다. 하락 요인이라고 직접적으로 말하기는 어려우나, 단기적으로 여러 이슈들이 산재하고 있는 상황이며, 이러한 이슈들은 자칫 코로나-19 사태와 맞물리면서 세계 경제의 혼란의 촉매가 될 가능성도 있는 것들이 있다.

그 첫 번째로서 가장 중량감이 있는 이슈는 2020년 11월의 미국 대선이며, 대선의 결과 및 그 이후 발생할 수 있는 여러 상황에 따라 세계 경제 상황의 부침이 발생할 수 있을 것으로 보인다

대선 이후에 예상되는 가장 큰 문제 중의 하나는, 현 대통령인 트럼프의 대선 불복이 될 것으로 보인다. 2020년 10월 현재의 지지율은 민주당 바이든 후보가 높은 상황이며, 트럼프는 이미 우편투표에 대해서는 불복할 것임을 천명하고 있는 상황이다. 즉, 투표 후 지지율의 편차가 클 경우에는 불복의 가능성이 낮아질 것으로 보이나, 만일 그렇지 않을 경우 불복으로 이어지게 될 때에 발생할 수 있는 혼란은 예측하기가 매우 어려운 상황이다.

또한 미국이라는 초강대국의 방향타가 어지러워진 틈을 탄 중국의 대만 압박과 태평양으로 나아가고자 하는 시도 등이 전개될 가능성, 무역 전쟁의 재개 가능성도 엿보이고, 북한의 핵미사일 실험 재개 또한 우려되는 상황 중 하나다. 설사 트럼프가 불복을 하지 아니하고 잘 마무리가 된다 하더라도 재선 및 재편된 미국을 향한 중국, 북한, 러시아, 또는 중동 이슬람 세력 등 각 대륙의 각 세력들의 거친 방식의 의사 표출(?)이 연이어질 가능성 또한 배제할 수 없겠다.

다른 한 가지 국제적인 경제에 부침의 촉매가 될 만한 이슈는 영국의 노딜 브렉시트(No deal Brexit)다. 영국은 2020년 1월 31일에 브렉시트를 단행하였으며, 영국과 EU는 현 상태를 유지하면서 2020년 12월 31일까지 양 당사자가 무역, 안보, 외교, 이동 등의 합의를 마쳐야 한다. 현재는 상품이나 인력, 자본의 이동이 가능하나, 만일 2020년 12월 31일까지 합의가

되지 않을 경우에는 파열음을 낼 수밖에 없는 상황이다. 참고로 영국 중앙은행은 노딜 브렉시트 사태가 발생될 경우 영국 GDP의 8%가 감소할 우려가 있음을 지적한 바 있다. 현재는 2020년 10월이다. 불과 채 두 달도 남지 않은 상황이다. 주지의 사실이지만 서구 금융 시장의 양대 축은 미국과 영국 금융 시장이다.

만일 트럼프가 재선에 실패하고, 대선 결과에 불복한 상태에서 중국이 대만에 무력 시위를 한다거나 북한이 미사일 실험을 재개하는 상황이 발생하고, 12월 말 영국과 EU 간 노딜 브렉시트까지 발생한다면, 그러한 상황에 북반구의 겨울에 코로나-19 사태가 재확산된다면? 아비규환도 그런 아비규환이 없을 것이다.

3. 시나리오 1 여전한 상승

    기본적으로 이 시나리오는 부동산 가격이 최소한 보합 또는 기존의 상승폭을 유지하는 것을 의미하며, 필요조건은 국내의 코로나-19 사태가 잘 관리되고 해외 여건 또한 견조하게 관리되고 있거나 또는 북반구의 겨울에 코로나-19 사태가 악화된다 하더라도 재정정책 등을 통하여 다시 반등 및 관리된다는 점을 전제로 한다. 아울러 기본적으로 여전한 유동성이 작용하고 있음을 의미하겠다. 이러한 상황에서의 2021년의 주거용, 상업용, 공업용 부동산의 기조는 다음과 같을 것으로 예상된다.

주거용

① 서울 주요 인기 지역

서울의 강남 3구 및 여의도와 마용성 지역이다. 주요 인기 지역이지만, 2021년에는 제한적인 움직임을 보일 것으로 예상된다. 강화된 양도세의 부담으로 인한 퇴로 막힘과 보유세 및 취득세의 강화로 신규 취득자에게나 투자자에게나 모두 매입하기에 부담이 되는 상황이며, 지난 2017년 대비 4년간의 상승폭은 누가 보다라도 부담스러울 정도로 상당한 수준이다. 물론 저금리 기조가 계속되는 상황에서 하방 매물이 나오더라도 대기 수요가 워낙 풍부하여 금방 해소되고, 보합을 유지하며 일부 잠재적인 추가 호재가 있는 지역의 경우 신고가가 나올 수도 있긴 하다. 하지만 기본적으로는 제한적인 움직임을 보일 것으로 예상된다.

그러나 실수요자의 포지션에서 본다면 워낙 하방경직성이 강한 지역이기 때문에 장기적인 관점에서 매수 가치는 있다. 개인적인 판단임을 전제로 하여 향후 가치로 본다면, 마용성 순서보다는 용성마 순서가 맞지 않을까? 또한 여의도는 재개발 관련 이슈에 따라서 변동성이 크다고 보지만, 지역적인 매력도는 여전하다. 학군 빼고는 모든 게 갖춰져 있다.

다만 다른 요인들이 그대로이고, 올해 하반기와 내년 초의 코로나 사태가 심화될 경우 가격 조정 또는 보합이 있을 것으로 예상되나, 이 지역은 현재로서는 공급 물량이 늘어나기가 어려운 지역이어서 코로나-19 사태가 해결되고 유동성이 그대로 유지될 경우에는 오히려 기대 심리로 인한 상당한 폭의 추가 상승 또한 배제할 수 없겠다.

② 서울 기타 지역 1

흔히 이야기하는 서울 주요 지역을 제외한 강동, 영등포, 동작, 서대문, 은평, 강서 지역이다. 아직 실수요자에게는 매입 가치가 있을 것으로 보여진다. 물론 애매하다. 조금만 더 밀어붙이면 인기 지역으로 갈 수도 있을 것 같은데, 이 돈을 이 지역에 심는 게 좀 아깝다고 생각이 될 수도 있겠다. 이 지역은 서울 주요 인기 지역보다는 하방경직성이 약하지만, 신축의 경우에는 견조하게 버텨질 것으로 예상하고, 이 지역 또한 코로나-19 사태 이후 유동성이 그대로 유지될 경우에는 추가 상승을 배제할 수 없을 것으로 보이며, 최근 들어서 전세가와 매매가의 갭이 점점 줄어들고 있어서 임대차 3법 이후 전세가의 추이에 따라, 그리고 코로나-19 사태가 해결된 후 유동성이 유지될 때의 가격 상승 또한 배제할 수 없다.

③ 서울 기타 지역 2

서울 주요 지역 및 기타 지역 1을 제외한 노도강, 금관구 기타 서울 지역이다. 기본적으로 구축이나 신축이냐에 따라 가격차가 상당히 심할 것으로 예상되며, 이 지역 또한 전세가와 매매가의 갭이 점점 줄어들어 전세가 상승에 의한 갭투자 및 가격 상승을 배제하기 어렵겠다.

시기적으로 2017년 이후의 부동산 가격 상승분에 올라타지 못한 무주택 실수요자나 또는 1주택자의 추가 투자 수요는 여전히 이 지역의 잠재적 매수 대기자로서 유효할 것이나, 경기 하락 시점과 2021년 6월의 중과세 면제 기간 도래 시점 또는 임대사업자의 양도소득세 면세 시점이

도래할 경우에는 제법 매물이 나올 가능성도 있어 보인다.

④ 수도권 인기 지역 분당(판교), 과천, 광교, 위례

기본적으로 해당 지역에 대한 수요 또한 여전히 풍부하다고 보여지며, 특히 판교의 경우에는 1차 판교테크노밸리가 안착되었고, 2차 판교테크노밸리가 진행되고 있으며, 일부 교통망의 추가 계획이 예정되어 있는 점이 장점이다. 분당의 경우에는 학군 수요 및 구축에 대한 리모델링, 재건축 등의 호재가 거론되고 있는 점이 여전한 장점이고, 완성형 신도시로서의 거주성은 여전히 톱(top)이라 볼 수 있겠다. 과천은 신축 및 녹지율, 서울과의 인접성을 놓고 볼 때는 4개 지역 중에 가장 우수하다 판단되지만, 한 가지, 지역 규모에 아쉬움이 조금 있으며, 위례 지역은 성숙도에 있어 아직 판단하기에는 이르다고 보여진다. 광교는 거리상으로는 서울과 상당한 거리가 있으나, 신축이고 가장 높은 녹지율을 고려할 경우 거주지로서는 여전히 양호하다 하겠으나, 서울과의 거리로 인하여 제한적 움직임을 보일 것으로 생각된다.

추가적인 상승(폭)에 대한 가능성을 놓고 본다면 판교〉과천〉분당〉위례〉광교의 순서가 아닐까 생각된다. 4개 지역 모두 입지와 수요가 모두 탄탄하여, 코로나-19 사태가 안전하게 관리될 경우 추가 상승 가능성을 배제할 수 없고, 다른 요인이 그대로인 상태에서 코로나-19 사태가 악화된다 하더라도 분당을 제외한 나머지의 경우 경과년수가 오래되지 않았고 신축도 상당하기에 시세 수준은 보합권을 유지하거나 향후 반등을 기대할 수 있을 것으로 보인다.

⑤ 수도권 기타 신도시 1

일산(화정), 김포, 남양주, 산본, 부천, 안양(군포) 등의 지역이다. 우선 교통망의 추가 확충에 따라 상승 여력이 매우 다른 양상을 보일 것이다. 운정, 킨텍스, 강남과 서울역, 성남, 동탄으로 이어지는 GTX A가 본격적으로 착공되었다. 원래 예정 개통 시점인 2023년보다는 늦어지겠지만 어쨌든 삽을 떴으니 해당 지역에는 호재로 작용할 것으로 보인다.

이어서 송도국제신도시와 인천, 부평을 거쳐 여의도, 용산 서울역, 청량리, 마석 방향으로 연결되는 GTX B와 수원에서 시작하여 양재, 삼성, 청량리, 의정부 및 덕정 방향으로 이어지는 GTX C가 계획되어 있다. B와 C의 경우에는 각각 2025년과 2027년 개통을 목표로 하고 있으나, 노선이 지나가는 지자체마다 정차역을 요구하는 목소리가 높아, 이게 과연 잘 진행될지 걱정이 앞선다.

또한, 최근 김포 지역의 시세 상승에서 보여지는 바와 같이 조정 지역에서 벗어난 신축 및 일정 조건(교통망 확충을 포함한 거주성)을 충족한 지역에 있어서는 추가 상승 기대도 엿볼 수 있다. 그러나 기본적으로 시세가 오를 만큼 오른 상황 + 코로나-19 사태의 추이에 따라서 보합 가능성이 더 높다고 판단된다.

⑥ 기타 지방도시들

부동산 가격을 형성하는 요소는 여러 가지가 있지만, 중요한 것 중의 하나는 소득과 수요다. 장기간의 가처분소득 증가가 받쳐줄 경우 부동산 가격은 올라갈 수밖에 없고, 이를 여실히 보여 주는 것이 서울, 인기 지역의 APT 가격이겠다. 이는 서울 및 수도권 외 지방에도 마찬가지다. 세종시의 부동산 가격은 두 요소가 견고할 때의 부동산 가격 양상을 보여주는 지표라고 하겠다. 그럼 기타 다른 광역시들은 어떠할까?

부울경 지역 중 부산의 부동산 경기는 해운대의 일부 인기 지역과 신축은 추가 상승 가능성이 있으나, 이를 제외하고는 상승 여력이 적을 듯하다. 해당 지역은 전통적인 중후장대 산업의 종사자가 많고, 4차 산업혁명에 따른 산업구조의 개편은 현 시점에서는 빠른 시일 내에 기대하기는 어렵다. 부산광역시의 경우에는 소득 대비 아파트 가격이 아직 낮다고 평가되고, 자본의 축적 또한 상당한 수준에 도달해 있지만, 이것이 지역 전체의 주택 가격 상승으로 연결되기는 무리일 듯해 보인다. 또한 코로나-19 사태의 단기간의 심화에도 하방 압력이 크게 작용할 것으로 보이고, 그에 반해 상승 탄력성이 서울 수도권에 비해 떨어진다고 볼 수 있겠다. 울산 지역은 코로나-19 사태와 지역적 경기하락에 맞물려 당분간은 상승이 어려워 보이며, 상당 기간 동안 보합 미만의 가격 하락을 벗어나기 어려울 것으로 예상된다.

대구광역시는 학군 수요를 포함하여 여전히 대기 수요가 있는 수성구의 경우 상당한 가격 수준에 이미 도달해 있는 것처럼 보이고, 추가 상승 여력 또한 적어 보인다. 그러나 대구 지역 또한 자본의 축적이 상당한 지역이어서 여전히 저력은 있어 보이며, 신축의 경우에는 상당한 가격 수준을 보일 수도 있겠다.

수성구의 가격 상승이 타 지역의 가격까지 견인한 점이 없지는 않으나, 이 또한 신축에 제한적으로 작용하고 있으며, 1990년대에 지어진 아파트의 경우 가격 보합세는 여전할 것으로 예상된다. 물론 해당 아파트들도 2017년 이후 상승 비율로서는 상당한 수준이라고 이야기할 수도 있겠지만, 총액으로 볼 때에는 수성구의 상승폭에 비견하기는 어려울 것으로 보이고, 재건축 이슈 등이 거론되는 지역에 한할 것으로 보여진다.

상업용

더욱 양극화가 심화되겠다. 비대면 영업 활동이 점차 고도화되고, 저금리 기조가 유지되는 가운데에서도 인기 지역의 경우 이미 상당한 수준의 가격 상승을 이루었음에도 불구하고, 5% 연수익에도 자금이 유입되어 들어오는 실정이다. 그러나 비인기 지역은 철저히 소외되고 있다. 상업용 부동산 전반에 이러한 구조의 투자가 지속될 경우 비인기 지역, 상권 후퇴 지역의 투자는 금리 상승 또는 약간의 충격에도 대열에서 이탈되기 쉬우므로, 매우 조심스러운 접근이 필요할 것으로 예상된다. 이는 코로나-19 사태가 촉발한 상업 공간의 혁명 수준의 변화에 기인하며, 유동성을 포함한 다른 요인들이 유지되고, 거기에 코로나-19 사태가 잘 관리된다 하더라도 마찬가지일

349

것으로 보인다.

장기 투자적 관점에서 리스크를 버틸 수 있는 체력이 있을 경우에는 문제가 되지 않으나, 높은 레버리지를 끌어들였을 경우 매우 조심스러운 접근이 요구되며, 지역 및 업종에 따른 충분한 전략 수립이 필요할 것으로 보인다.

공업용

과거에 '사업'하시는 분들은 공장을 경영하면서 생기는 수익으로 직원 월급과 본인 월급을 챙기고, 남는 돈으로 대출이자를 내고 원자재를 구매하며, 돈은 땅값 올라가서 번다는 말을 흔히 했었다. 그러나 최근에는 그러한 상황은 기대하기 어려운 상황이고, 저금리 기조가 고착화되면서 제품을 만들어서 생기는 수익 또한 점점 박해지기 시작한 게 사실이다. 흔히 말하는 "제조업은 이제 여간해서는 남는 게 없다"라는 말이 현실화된 지 오래다.

국내 주요 산업단지 또는 수도권 인근의 산업단지의 공업용 부동산 가격은 수년 동안 약세를 면치 못하는 상황이었으며, 기존의 중후장대 산업이 입지해 있는 부울경 산업벨트나 해외 이전이 잦았던 업종의 비중이 컸던 산업단지(예: 구미국가산단)의 경우에는 가동률이 저하되면서 수년간 상당한 어려움을 겪었고, 아직도 겪고 있는 상황이다.

그러나 흥미로운 것은 최근 공업용 부동산에도 신축 선호 상황이 보여진다는 점이다. 신축 선호 상황은 신규 분양되는 산업단지보다는 이미 기존에 잘 자리잡고 있는 산업단지 내의 신축공장이나, 수도권 인근의 준공업 지역 내에 기존 공장부지 위의 신축 공장에 해당된다. 아울러 이러한 신규 공장들은 업종에 따라 다르지만, 정책금융의 시혜를 받아 매입하는 경우 자기자본 비율이 10~20%선에서 매입이 가능한 상황도 보여지나, 전제조건은 신용도 및 확실한 매출처가 전제조건이라 하겠다. 따라서 이는 공업용 부동산에 대한 투자 가능성이라기보다는 사업 가능성이 전제되어야 한다는 점으로, 부동산 투자와는 거리가 있는 부분이라 하겠다

일반 투자자로서 공업용 부동산에서의 투자 대상으로서 떠오르는 두 가지 종목은 지식산업센터와 창고 용도로 활용이 가능한 수도권 인근의 중소 공업 지역 또는 준공업 지역의 공업용 부동산 두 가지가 정도가 유망할 것으로 보인다.

지식산업센터는 아파트형 공장의 다른 이름이라 보아도 무방할 것으로 보이며, 사무실 용도 또는 창고, 공장 용도의 다목적 용도가 가능하다. 그러나 이러한 지식산업센터 또한 상가 분양과 마찬가지로 위험성이 따르며, 기본적으로 입지 및 주변 수요를 고려하지 않으면 애물단지가 되기 쉽다. 그리고 이는 부동산 시장 자체가 상승 기조에 있더라도 시중 금리보다 조금 높은 수준의 수익률 이상을 기대하기에는 쉽지 않아 보인다.

창고 용도의 부동산은 최근 늘어나고 있는 물류의 증가에 따라 플랫폼 기업들의 초대형 창고 수요의 증가가 첫 번째이며, 이러한 초대형 창고의 경우 개개인의 투자는 불가능하나, 대기업의 물류센터

나 데이터센터를 주요 자산으로 하는 간접투자상품으로서 리츠 종목의 투자는 가능하다. 리츠 종목에 투자할 때에는 무엇보다 중요한 것이 주요 자산으로 편입되어 있는 자산(부동산)의 산업 성장성과 자산 가치/운영 수익 대비 가격 비율이 중요히다. 2019년 현재 우리나라 상장 리츠의 평균 배당률은 4%를 조금 넘으며, 향후 물류의 증가에 따른 성장성을 고려할 때 플랫폼 기업들이나 IT기업들의 물류창고나 데이터센터를 주요 자산으로 하는 리츠 종목은 눈여겨보아 두어야 한다.

4. 시나리오 2 충격과 공포

우선 충격과 공포를 구분하도록 하겠다. 충격은 앞서 기술한 하락 요인들이 한두 가지 내외로 나타나서 가격에 영향을 미치는 단기간의 침체 수준으로 해석할 수 있겠고, 공포는 네 가지 사항 중 코로나 사태의 격화를 포함하여 최소한 3개 이상의 요인이 중첩되어 한 시점에 나타나거나, 거기에 더하여 코로나-19 사태의 해결을 위한 유동성 공급이 한계에 봉착해 금리 인상이 나타나기 시작하면서 자산 가격이 무너지게 되는 사태를 의미한다.

충격의 경우에는 2021년 길게는 한 해 또는 짧게는 반 년 정도의 기간 동안의 침체를 예측할 수 있고, 이를 다시 유동성의 공급 등으로 수혈하며 연장될 수 있겠다. 그러나 공포의 경우는 2008년부터

10여 년을 넘게 쌓아 왔던 유동성의 탑이 붕괴되기 시작됨을 의미하므로 그 끝을 예단하기가 매우 어렵겠으며, 그 발생 시점 또한 예단하기가 어렵다. 그러나 최근 들어 고조되는 느낌은 분명 2008년 이후의 쌓아 온 유동성 탑의 끝은 분명히 있을 것이며, 유동성이 무너짐과 동시에 금리는 상승할 것이라는 점이다. GDP 대비 가계부채 비율이 높고, 가계부채의 대부분이 부동산에 몰려 있으며, 기축통화가 아니므로 돈을 찍어 내는 것이 별 의미가 없는 우리나라에게 있어서는 매우 위험한 상황이 벌어질 우려가 있는 점은 염두에 두어야 할 것이다.

충격과 공포 시나리오는 하락에 방점이 찍혀 있으므로 지역적으로 세분된 설명은 필요 없을 듯하여 주거용 대표 지역과 종류별로 설명토록 하겠다

주거용
① 서울 수도권 인기 지역(강남 3구, 마용성, 분당(판교), 과천 등)

해당 지역은 충격 수준의 단기간의 경기 침체에서는 견고할 것으로 예상된다. 물론 이탈될 수밖에 없는 경우가 발생할 것이나, 아마도 해당 지역에서의 이탈자 수가 가장 적을 수밖에 없을 것으로 예상되며, 더불어서 워낙 대기 수요가 풍부하여 약간 하락한 수준에서 금새 물량이 해소될 것으로 예상된다. 하락되는 수준의 폭은 당연히 강남 3구 신축이 가장 작을 것으로 예상되고, 이외 마용성〉과천〉분당의 순서로 하락 폭이 작을 것으로 보이며, 전체적인 하락 폭과 기간은 2008년 금융

위기 시점의 우리나라에서 발생한 주택 가격 하락 폭 수준에 수렴할 것으로 예상된다.

공포 단계에 있어서는 당연히 충격 수준 대비 이탈자의 수도 늘어날 것이어서 가격 하락 수준이 조금 더 심화될 우려도 있긴 하나, 여전한 대기 수요는 그 하락폭을 깊게 가져가지는 않을 것으로 보인다. 위기 단계에서 하방 경직성을 보이는 것은 결국 해당 지역에 거주하는 계층의 소득 수준에 따르게 되므로 이 지역의 가격 하락 수준은 견고할 수밖에 없을 것으로 보인다.

② 서울 기타 지역

이 지역부터는 금리 상승 가능성에 따라 이탈자의 수가 달라질 것이다. 충격 수준의 침체라면 금리 상승은 거의 없을 것으로 예상되나, 이탈자의 비율은 당연 수도권 인기 지역보다는 높을 것이다. 결국 이는 물량 증가로 해석될 것이므로 가격 하락 폭은 인기 지역 대비 조금 더 심화될 것이나, 이 또한 신축과 구축에 따라서 상당한 차이가 발생할 것으로 보인다.

공포 단계에서 이탈되는 물량은 인기 지역 대비 비율이 급증할 것으로 보인다. 서울 기타 지역부터는 서울 인기 지역 대비 오히려 대출 비율이 더 높을 것으로 보이는데, 이는 15억 원 이상의 주택에 대해서 대출불가, 9억 원 미만은 40%, 9억~15억 원은 20% 비율로 대출 규모를 조정한 2019년 12.16 부동산 대책에 따라 대출 비율 및 대출 가능 부동산이 기타 지역에서 폭이 넓었던 것이 원인이 될 것으로 판단된다.

공포 단계에서의 가격 하락폭은 금리 인상 수준에 따라 달라질 것으로 보이며, 1997년의 외환 위기 수준까지 격화되지는 않을 것이나, 2008년 금융 위기 수준보다는 골이 깊을 것으로 보인다.

③ 지방 부동산

서울과 수도권의 인기 지역을 제외한 나머지 지역 또한 충격 단계에서의 이탈 수준과 가격 하락 폭은 서울 기타 지역과 크게 다르지 않을 것으로 예상된다. 위 두 지역을 제외한 나머지 지역은 사실 투자 수요보다는 실수요자의 수요가 더 높은 지역으로 예상되어, 충격 단계에서의 침체 정도는 동일한 비율 정도에서 그칠 것으로 예상할 수 있겠다.

그러나 공포 단계는 좀 다르다. 앞서 설명한 대로 경기 침체 시의 당해 지역에 대한 가격 하락 수준의 견고함은, 당해 지역 거주자의 소득 수준에 따라 달라질 수밖에 없는데, 지방 부동산의 경우 고소득의 근로소득자나 고소득 자영업 비중이 아무래도 서울 수도권 인기 지역보다는 낮기 때문에 큰 폭의 경기 침체나 골이 깊은 하락 폭이 왔을 경우에 무너지는 계층의 비율이 더 높을 수밖에 없다. 따라서 그 하락 폭은 더 깊을 수밖에 없는 악순환이 발생할 우려가 있다.

상업용

앞 장의 상승의 지속에서도 상업용 부동산에 대한 투자는 신중을 기하라고 기술하였는데, 하락하는 상황에서는 말해 무엇 하겠는가. 2020년 10월 13일자 조선비즈 기사를 참조하면, "한국감정원의 2020년 2분기 상가 공실률은 12%로 역대 최고치를 보이고 있으며, (중략) 지지옥션에 따르면 9월 업무상업시설의 경매에 참가한 입찰자 수는 전월보다 23.8% 줄어든 상황이다"라고 하고 있다. 아울러 기사가 설명하고 있는 대로 상가임대차보호법의 개정으로 임대인이 임차인에게 임대료 감액청구를 요청할 수 있게 되었고, 연체유예기간도 3개월에서 6개월로 늘어났기에 이 또한 상가 투자에 불리한 요소로 작용할 것으로 보인다.

2021년 한 해 동안에 공포 단계까지 경기가 침체될 가능성은 높지 않지만, 상당히 골이 깊어질 경우 상권이 양호한 지역의 상가 중 일부 물건이, 높은 레버리지 비율을 견디지 못해 매물이나 경매로 나올 수도 있어, 투자의 기회가 늘어날 수 있는 아이러니한 상황이 올 수도 있겠다

공업용

공업용 부동산도 상업용 부동산과 크게 다르지 않은 양상이 벌어질 듯하나, 그나마 충격 단계에서는 하락 폭이 덜할 것으로 보인다. 기본적으로 공업용 부동산은 자산으로서의 호흡이 긴 편이기 때문에 경기 침체에 따라 영향을 받는 업종 중에서, 그리고 기존의 중후장대 산업의 산업 재편 과정에서 이탈하는 물건이 나타날 것으로 보인다. 이는 지역적으로 큰 편차가 없을 것으로 보이나, 주거용이나

상업용이나 공업용이나 마찬가지인 것은, 인기 지역, 핵심 지역의 이탈 물량은 맨 마지막에 나온다는 것이다. 즉 당연히 공업용 부동산도 멀리 있는 나홀로 공장이나 시설이 낙후된 공장부터 대열에서 이탈하게 될 것이다. 그러나 이 단계에서 걱정되는 것은 침체 상황에서 신규사업자의 매수가 없을 터이니 가격을 더 내린들 매수가 없는 상황이 유지된다면 가격도 떨어지지 않는 것처럼 보이는 아이러니한 상황이 벌어질 수 있다는 점이다. 이러한 침체 상황에서는 재정 정책에 의한 정책 금융을 통하여 산업 구조 재편에 박차를 가하고, 신성장 동력을 빨리 찾아내야 하는 게 정부가 할 일이라고 생각된다.

공포 단계에서는 이야기가 다르겠다. 우리는 1997년 외환 위기 때 수년에 걸쳐 소위 재벌 그룹도 무너지는 상황을 여러 번 지켜보았던 적이 있다. 당시에는 핵심 지역 산업단지 및 신축 구축을 막론하고 금리 및 환율 상승에 따른 현금 흐름 악화로 쓰러지는 상황이었으며, 상당 기간 동안 공업용 부동산의 시세는 회복하기 어려운 충격을 받았었다. 코로나-19 사태가 트리거가 되어 그러한 상황까지 갈 수 있을지에 대하여는 예단하기 어렵지만, 백신 개발이 늦어지고, 환자수의 증가가 걷잡을 수 없게 될 경우에는 앞서 본 장의 서두에서 이야기한 유동성 탑의 붕괴도 전혀 배제할 수 없는 시나리오라고 하겠다.

울산 지역과 거제도의 아파트 가격 하락에서 보는 바와 같이 공업용 부동산 가격의 하락은 산업 전반의 불황을 의미하므로, 이는 주거용과 상업용 부동산의 하락에도 영향을 미치게 된다. 이는 단기간에 반등 또는 해소되는 것이 불가능하며, 다시 산업 전반에 파란불이 들어 올 때까지는 반등할 수 없을 것으로 보인다.

5. 액션 플랜

'부동산은 심리'라는 말이 있다. 지금은 다같이 '우상향'을 외치다가도, 갑자기 열기가 식고 바닥을 향할 수도 있다. 필자가 판단하는, 필자가 경험한 수준을 바탕으로 볼 때 우리나라 APT 가격의 상승폭은 이제 갈 만큼 갔다고 생각된다. 워낙 필자의 그릇이 작아서, 그런 탓일 수도 있겠다.

그렇지만 2021년 한 해만 놓고 본다면 기술적으로는 아직은 여전한 상승 기조의 유지 가능성이 높아 보인다. 기본적으로는 코로나-19 사태의 격화 정도에 따라 다르겠지만, 2021년은 어떤 분위기로 갈지 딱 하나만 고르라면, 결국 또 봉쇄와 사회적 거리두기의 줄을 타면서 현황을 유지하기 위해 유동성 공급을 늘리며 탑을 쌓을 가능성이 높다고 본다. 우선 급한 불을 꺼야 하고, 상황을 유지해야하고, 일상을 유지해야 누구도 불평하지 않을 테니.

'그래서 어떻게 해야 하는데?'라고 누군가 물어본다면 다음과 같이 대답하겠다.

첫 번째로, 체력 측정이 중요하다. 향후 최소 5년, 길게는 10년까지의 현금 흐름을 낙관할 수 있는지 스스로 살펴야 한다. 주거용 부동산에 있어서, 리스크를 헤지하는 가장 좋은 방법은 주택의 본연의 기능, 가족들과 또는 본인이 '거주하고 삶을 일구어 내는 장소'임에 집중하는 것이고, 상업용 부동산과 공업용 부동산에 있어서 같은 맥락일 것이다. '비즈니스에 충실하며 삶을 일구어 내는 것' 이것이 누구에게는 큰 부담이 없는 일일 수 있겠으나, 누구에게는 대출이자를 내면서 '묵묵히 버티어 내는 것'과 같은 말이 될 수도 있다. 문자 그대로 '거주'하면 하락장이 오더라도 다시 시세를 줄 때까지 버텨 내면 최소한 본전은 주는 것이 부동산이며, 다시 시세 상승을 기약할 수 있다.

두 번째로, 본인의 위치 파악이다. 무주택자인지, 1주택자인지, 이미 다주택자인지의 파악이다. 무주택자라면 본인의 체력으로 거주가 가능한 지역의 주택을 매입하는 것, 또는 사업자라면 본인의 체력으로, 본인이 가진 사업성으로 상업용 부동산이나 공업용 부동산을 매입하는 것은 여전히 유효하다.

그러나 주거용 부동산의 추가 구입은 매우 조심스러워야 할 것이다. 지난 4년간의 상승 폭이 시야를 미혹시킬 수도 있고, 최근의 전세가 급등으로 인한 갭 감소는 다시 매력적인 투자 대상으로 그려질 수도 있다. 그러나 이제 취득세, 보유세의 부담에 대하여 기본적으로 여러 번 짚어 보고 가야 한다. 상업용 부동산과 공업용 부동산은 코로나-19 시태에 따른 경기의 부침에 대하여 각오하고 가야 할 것이다. 북반구의 가을 겨울에 사태가 격화되었다가 다시 반등할 수도 있다. 앞에서 이야기한 대로 다시 유동성을 수혈하며 더 높이 탑을 쌓을 수도 있을 것이고, 이것은 다시 '괜찮네 뭐'라고 말할 수 있게 될지도 모른다. 그러나 분명 끝은 있다.

세 번째로는, 부러워하지 않았으면 좋겠다. 그렇다. 불평등은 심화되었고, 사다리의 숫자는 적어졌다. SNS에는 금수저들이 넘쳐나 보인다. 내가 못 올라탔다고, 내가 저기에 있지 않다고 자책하지 말아야 한다. 다른 사람이 얼마를 벌었건, 다른 사람의 결과물은 다 쉬워 보이고, 잔재주 같이 보일 수도 있고, 요행수같이 보일 수 있겠지만, 그게 다가 아니라는 걸 반드시 알아야 한다. 기회는 분명히 또 있다.

나가며

서두에, 지표는 힘들지 않아야 하는데, 우리는 왜 힘든가에 대하여 의문을 제시하였다.

다들 아는 이야기부터 하자. 필자가 처음 직장생활을 시작했던 1997년 겨울, 대졸 초임 연봉은 2,000만 원 전후였다. 금융기관의 경우 2,000만 원이 조금 넘고, 일반 대기업은 2,000만 원 전후, 중소기업은 그보다 낮았던 걸로 기억한다. 당시 압구정동 한양아파트 30

평형(영동한양1차, 102㎡)의 가격은 약 2억~2억 5,000만 원 정도였으며, 여의도 시범아파트 24평형의 가격은 1억 5,000만 원 전후였다(부동산뱅크 과거시세 참조).

현재 압구정동 한양아파트 30평대의 가격은 10배로 뛰어 23억~24억 원에 달하며, 여의도 시범아파트의 가격 또한 15억 원까지 상승하였다. 놀라운 것은 2017년 초반에는 각각 11억~12억 원, 그리고 9억 원 초반이었던 가격이 최근 4년 사이에 각각 약 10억 원 이상, 약 5억 원 이상 상승하였다.

2020년 현재 대졸 초임 연봉은 대기업 및 금융기관 5,000만 원 전후, 일반기업은 3,000만 원 미만 수준으로 알고 있다. 즉, 근로소득의 증가율이 자산소득의 증가율을 따라잡지 못해서 아무리 열심히 일해도 자산 보유 계층과의 격차가 점점 벌어지는 것이다. **첫 번째 힘든 지점은 바로 여기겠다.**

우리나라의 부동산 가격은 2008년 금융 위기부터 2015~2016년까지는 횡보 수준이었다. 약 7~8년간 가구 수가 증가하였고, 가처분 소득 수준 또한 증가하였으나, "부동산은 이제 끝이다.""인구 감소에 따라 부동산 가격도 감소할 것이다""일본을 봐라" 등등의 의견이 우세하였다.

이랬던 부동산 가격이 가장 민주적인 방법이었던 것으로 생각되는 정권 교체를 이루어 낸 2017년 중반부터 오르기 시작하였다. 정치적 불안정성이 제거되자마자 7~8년간의 횡보를 한 번에 뛰어넘으려 하는 것처럼 거침없이 올랐다.

어, 이상하다? 우리는 잘했는데? 잘해왔는데? 더 정의롭고, 더 정당하고, 모든 일이 더 선하고 바르게 바로잡혀야 할 것 같은데? 그런데 유독 아파트 가격은 점점 더 올라가서 잡을 수 없는 먼 곳으로 가기 시작했다.

투기 세력이 올린다고 했다. 전세로 살다가 향후 거주할 집을 미리 전세 끼고 사면 갭투자, 갭투기라고 했다. 집을 팔 기회를 주겠다더니 임대사업자로 탈출구를 만들고 매물이 안 나오게 되었다. 하도 많이 임대사업자가 되니 혜택을 축소했다. 기존에 등록한 사람들의 혜택도 줄이겠다고 했다가 된통 욕을 먹자 슬그머니 물렸다. 올라간 집값에 대해 매각을 하면 양도소득세가 엄청나게 나와서 팔지도 못하게 되었다. 팔고 나면 최소한 동일 수준의 거주성을 유지하고 싶은 게 인지상정인데, 당연한 노릇인데, 팔면 그걸 못하게 되었다. 그리고 신규 공급은 거의 없었다. 매매가 15억 원 이상의 주택을 고급주택으로 단정하여 현금만 가지고 사야 하게 되었고, 제1, 2금융권 대출이 안 되는 사람은 결국 대부를 쓰게 되었다. 그렇게 처음부터 이야기했지만, 적정 수준의 공급이 유지된다고 하며 아니라고 하다가 최근에 와서야 공급 이야기를 한다. 처음부터 좀 하지. 이제부터는 보유세가 본격적으로 올라간다. 집 가지고 있으면 죄지은 느낌이다. 그런데 자기들도 다주택자였고, 호재 지역에 투자를 했다. 그리고 모든 일이 편싸움이 되어 버렸다. 지금까지의 부동산 정책에 대하여 비판을 하면 누구 편이 될까?

여기가 두 번째 힘든 지점이다.

사람에 따라서는 힘들지 않을 수도 있겠고, 그게 뭐가 힘드냐고 할 수 있겠다. 그냥 파도타기 하면서 어떤 파도가 칠까 예측하여 내 주머니에 돈만 벌면 되는 거 아니냐고 할 수도 있다. 그런데 필자는 유독 이 지점이 가장 힘겹다. 분명히 잘했는데, 잘한 건데, 왜 이렇게 되어 버린 거지? 정당한 비판과 의문, 의견 개진은 '넌 누구편이냐'는 물음에 묻혀 버리고, 모두 정치 논리, 진영 논리로 해석을 해 버린다. 지친다. 기댈 곳이 없다. 정말로, 각자도생.

그러나 어쩌면 위 두 가지는 아무것도 아닌 **세 번째 힘든 지점이 올 수도 있다.** 2008년 리먼 사태를 덮기 위해 시작된 양적 완화는 유럽발 금융 위기를 거치며, 전 세계를 걸쳐 퍼져 나가게 되었고 12년 간 지속되어 자산 가치의 상승을 견인하였고, 이제는 그 끝에 대한 이야기들이 심심치 않게 흘러나오고 있다. 경기는 침체되어 있는데 인플레이션이 발생하는, 스태그플레이션 상황을 이야기한다.

지금까지는 부자가 된 것 같고, 부채를 통하여 자산이 성장하고, 다시 더 큰 부채를 일으켜 자산이 성장하다가, 결국은 더 이상 성장하지 못하고 부채를 감당하지 못할 때에 세 번째 힘든 지점이 올 것이며, 코로나-19 사태는 그 트리거(trigger)가 될 수도 있다. 마냥 즐겁게 파도를 타고 있을 일이 아닌 지점의 초입에 서 있지는 않은가 고민스럽다. 지금의 숫자들은 그걸 이야기하고 있는 게 아닌가 너무 고민스럽다.

판단이 빠르면 남들보다 손해 보는 지점이고, 그렇다고 해서 판단이 너무 늦으면 진창에 빠질지도 모르는 지점이다. 그런데 가만히 있기에는 불안하기만 하다. 그래서 힘들다.

결국 의문의 답은 프롤로그에서 인용한 《명심보감》의 구절 그대로 일지도 모르겠다. 우리는 지금, 거울을 마주할 용기가 있을까?

세계 경제 편

국제금융센터, "9월 ECB통화정책회의 결과 및 평가", Brief, 2020.9.11.

국제금융센터, "유로존 2분기 성장률 평가 및 전망", Issue Analysis, 2020.3.19.

국제금융센터, "주요 투자은행의 아시아 주요국 경제지표전망", CONSENSUS FORECAST, 2020.8.5.

국제금융센터, "코로나 19 확산에 따른 이탈리아 위험요인 점검", Issue Analysis, 2020.3.19.

대외경제정책연구원, 2020년 세계경제 전망, 2020.5.12.

대한석유협회, "BP 2020 통계분석", 에너지리포트, 2020.7.24.

박지영, "미중 기술패권경쟁의 의미", issue BRIEF, 아산정책연구원, 2020.5.28.

산업연구원, "스가 총리 취임과 아베노믹스의 행방", 산업경제분석, 2020.9.

산업통상자원부, "2019년 세계교역으로 바라보는 2020년 통상 전망", 세계로 통하는 세상, 2019.

삼성증권, "미중 1단계 무역합의 시사점", GLOBAL STRATEGY, 2020.1.16.

삼성증권, "미중 분쟁 2라운드 점검", GLOBAL STRATEGY, 2020.8.10.

전국경제인연합, "2020 미 대선 공약 분석", 보도자료, 2020.9.28.

중앙시사매거진, "[2020 경제 대예측, 유럽 경제는 어디로] 재침체 늪으로 다시 빠지진 않을 듯", Cover Story, 2020.16.

한국무역협회, "포스트코로나 시대 미중관계 향방", KITA 통상리포트, 2020년 Vol. 4.

한국석유공사, EIA 유가 전망, 2020.10.

한국은행, "일본은행 코로나19 대응정책에 대한 평가", 동향분석, 2020.8.26.

한국은행, "최근 세계경제의 주요 이슈 점검 및 시사점", 국제경제리뷰, 2020.9.18.

한국은행, 경제전망, 2020.8.

LG경제연구원, "코로나19 불확실성으로 국내경기 미진한 회복", 2020년 국내외 경제전망.

IMF, World Economic Outlook, 2019.10, 2020.4, 2020.6.

OECD, OECD Economic Outlook, 2020.6, 2020.9.

WTO, "Trade falls steeply in first half of 2020", Press Release, 2020.6.

국내 경제 편

기상청, 한국기후변화 평가보고서 2020: 기후변화 과학적 근거, 2020년.

기성훈, "국가기술자격 응시 '4060' 늘고 '1030' 줄었다", 머니투데이, 2020년 9월 13일.

박상용, "249兆… 국내서 짐싸는 기업들 10년간 해외 투자금액", 한국경제, 2019년 12월 25일.

박종준, "직장인, 작년 '첫 직장' 퇴사율 87%… 7년 전보다 7%포인트 상승", 브릿지경제, 2020년 1월 9일.

박현익, "'아기상어' 스마트스터디, 작년 역대 최대 매출 1000억 원", 조선비즈, 2020년 3월 24일.

박형민, "직장인 87% '첫 직장 떠났다'… 퇴사율은 공공기관이 가장 낮아", 일요신문, 2020년 1월 9일.

산업통상자원부, "2020년 7월 주요 유통업체 매출 전년 동월 대비 4.4% 증가", 2020년.

송상윤, "한계기업이 우리나라 제조업 노동생산성에 미친 영향", 한국은행 이슈노트, 2020년 7호.

신다은, "'만일 대비하자' 올 상반기 상장사 현금·현금성 자산 '쑥'", 한겨레, 2020년 9월 15일.

오경진, "코로나 이후 대규모 M&A 준비하나… 4대그룹, 상반기 현금 10조 원 늘렸다", 서울신문, 2020년 8월 17일.

옥철, "넷플릭스, 올해 콘텐츠에 20조원 투자… 2028년엔 30조 원", 연합뉴스, 2020년 1월 18일.

이성훈, "'실적 악화' 문 닫는 대형마트들… '10만 실직' 우려도", SBS, 2020년 8월 14일.

이용대·최종윤, "최근 해외직접투자의 주요 특징 및 영향", BOK 이슈노트, 2018년 3호.

전국경제인연합회, 2019 주요 기업의 사회적 가치 보고서, 2019년.

전국경제인연합회, OECD 국가 한계기업 비중 분석, 2020년.

한국은행, 금융안정보고서, 2020년.

황인학, "한국의 반기업 정서, 특징과 원인 진단", KERI Insight 15-38, 2015년.

Zoltán J. Ács, László Szerb, Esteban Lafuente, Gábor Márkus, Global Entrepreneurship Index, The Global Entrepreneurship and Development Institute, 2019.

K. Buchholz, "How Much Money Does BTS Make for South Korea?", Statista, 2019.11.5.

Patrick Mathurin, Ortenca Aliaj, James Fontanella-Khan, "Pandemic triggers wave of billion-dollar US bankruptcies", Financial Times, 2020.8.22.

주식 편

강동균, "중국산 테슬라 모델3, LG 배터리 달고 판매질주", 한국경제, 2019년 12월 20일.

강성도, "국내 배터리 3사 글로벌 시장서 10위권 모두 진입", 업다운뉴스, 2019년 12월 19일.

구혜린, "쿠팡, 나스닥 상장 속도… 뉴욕 투자자 로드쇼서 130억 달러 기업가치 제시", 뉴스 핌, 2020년 8월 30일.

김국배, "미 국방부 제다이 클라우드 사업 MS에 맡길 것", 아이뉴스24, 2020년 9월 5일.

김도현, "삼성, EUV로 메모리, 파운드리 초격차 완성한다", 디지털데일리, 2020년 8월 30일.

김윤섭, "공정위, 쇼핑삼킨 네이버쇼핑 제동 걸까?", FETV, 2020년 9월 4일.

노동균, "삼성 이어 SK하이닉스도 EUV 장비로 메모리 미세공정 한계돌파", IT 조선, 2018년 7월 30일.

박세진, "라인-야후재팬 통합, 세계 리드하는 AI업체 도약 목표 LINE", 한국경제, 2019년 11월 18일.

엄지용, "네이버가 풀필먼트를 연결하는 이유", 바이라인네트워크, 2020년 6월 5일.

오대석, "녹색메기가 온다… 3%+3% 혜택 네이버통장 출격", 매일경제, 2020년 5월 15일.

유재혁, "NCT 127 온택트 콘서트 40억 매출… K팝 유료 온라인 공연 봇물", 한국경제, 2020년 5월 18일.

윤민혁, "차세대 반도체서 주저앉은 인텔", 조선비즈, 2020년 7월 26일.

이상빈, "카카오뱅크 2분기 순이익 268억 원…", 조선비즈, 2020년 8월 5일.

이수환, "삼성SDI, 중 자율주행차 전문 샤오펑에 원통형 배터리 공급추진", 디일렉, 2019년 6월 12일.

이창환, "메모리 위축되자 비메모리 영토 확장하는 삼성전자", 아시아경제, 2020년 9월 3일.

장윤정, "금융위 해외주식 빚투 경고", 동아일보, 2020년 9월 24일.

최만수, "한중일 배터리 삼국지, 한국이 승기 잡았다", 한국경제, 2020년 9월 1일.

최만수, "한중일 배터리 삼국지, 한국이 승기 잡았다", 한국경제, 2020년 9월 1일.

최인수, "미래를 건다… 디지털 변신은 기업의 생존전략", 노컷뉴스, 2019년 12월 26일.

황지영, "비욘드 라이브, 트와이스 기술력 쏟은 첫 온라인 콘서트", 일간스포츠, 2020년 8월 9일.

pmg 지식엔진연구소, 시사상식사전, 박문각.

"비메모리의 정석", KTB투자증권 리서치 보고서, 2020년 8월 10일.

"삼성, 2030년까지 시스템반도체에 133조 투자", 연합뉴스, 2019년 4월 24일.

"일본 재무성 신고기준", Bloomberg News, 2020년 8월 7일.

"현대차그룹-앱티브 자율주행 합작법인 사명 모셔널 확정", 파이낸셜뉴스, 2020년 8월 12일.

"Deep Impact in chip industry", 유진투자증권 리서치 보고서, 2020년 8월 24일.

삼성전자 연간 사업보고서.

에스엠 2020년 반기 보고서.

카카오 사업보고서, 반기보고서, 분기보고서.

카카오뱅크 2019년 감사보고서.

키이스트 회사합병결정(종속회사의 주요경영사항), 2020년 6월 1일.

Andrei Nedelea, "Lithium-Sulphur Batteries could provide 1,200 mile per charge range", Insideevs, 2020년 4월 22일.

Canalys, Cloud market share Q4 2018, 2019년 2월 4일.

Caroline Donnelly, "L'Oreal builds Talend-based data lake in Microsoft Azure", ComputerWeekly.com, 2019년 10월 30일.

Carrie Hampel, "Volkswagen & Northvolt form European Battery Union", Electrive, 2019년 3월 21일.

David James, "Nvidia confirms Samsung 8nm process for RTX 3090", PCgamer, 2020년 9월 2일.

Esther Fung, Sebastian Herrera, "Amazon and Mall Operator Look at Turning Sears, J.C. Penney Stores Into Fulfillment Centers", The Wall Street Journal, 2020년 8월 9일.

ExxonMobil Newsroom, "ExxonMobil to increase Permian profitability through digital partnership with Microsoft", 2019년 2월 22일.

Gregg Moskowitz, "Datadog, Inc", Mizuho Securities Research, 2020년 8월 12일.

Katy Stalcup, "AWS vs Azure vs Google Cloud Market Share 2020", ParkMyCloud, 2020년 8월 11일.

Lawrence Allan, "Jaguar Land Rover in talks with BYD for battery supply", Autocar, 2020년 6월 8일.

Liam Critchey, "Why Lithium-Sulphur batteries are taking so long to be used commercially", Electropages, 2020년 1월 14일.

Mark Kane, "PSA Group and Saft announce two EV battery gigafactories", INSIDEEVS, 2020년 2월 2일.

Martin LaMonica, "Tesla Motors Founders: Now there are five", Cnet, 2009년 9월 21일.

Matt Burns, "Delphi buys Nutonomy for $400million", Tech Crunch, 2017년 10월 24일.

Monica Nickelsburg, "What is JEDI? Explaining the $10B military cloud contract", GeekWire, 2019년 10월 28일.

Nick Grizzell, Daniel Elman, Snowflake, Nucleus Research, 2020년 9월 18일.

Nora Manthey, "CATL to kick-off LFP cell supply for Tesla China Model 3", Electrive, 2020년 7월 20일.

Prologis, Market Environment / Global, "Logistics Real Estate - Sizing the Retail Conversion Opportunity", 2020년 9월.

Sarah Perez, "Challenger bank Varo raises $241M Series D", Tech Crunch, www.tracxn.com, 2020년 6월 4일.

Stephen Nellis, Heekyung Yang, "Samsung wins 5-nanometer modem chip contract from Qualcomm - Sources", Reuters, 2020년 2월 18일.

Steven Loeb, "When Zoom was young: the early years", Vator, 2020년 3월 26일.

Stuart Lauchlan, "Government innovation in cloud drives another strong quarter for ServiceNow",

Diginomica, 2019년 4월 24일.

Tom Brant, "SSD vs. HDD: What's the difference?", PCmag, 2020년 9월 2일.

Yang Jian, "BMW boosts battery cell order from CATL", Automotive News, 2019년 11월 25일. Alibaba 2019년 실적 자료.

Bloomberg, 공시자료, 연결재무제표 기준.

Bloomberg News, 일본 재무성 신고기준, 2020년 8월 7일.

Datanyze, 사용되는 웹사이트 기준.

Meituan Dianping 2020년 2분기 실적 자료.

Semiconductor Industry Association(SIA), 2020년 2월 3일.

Workday 3분기 실적 발표에서 경영진이 밝힌 가이던스, 2020년 8월 28일. www.aptiv.com(Aptive 웹사이트).

Zoom 2분기 실적 발표 컨퍼런스콜, 참가자 Eric Yuan, Tom McCallum, Kelly Steckelberg, 2020년 8월 31일.

부동산 편

국토교통부, 서울권역 등 수도권 주택공급 확대방안 발표, 2020.8.4.

금융감독원, 금융시장 주요 지표, 2020.10.5.

산업연구원, 2020년 하반기 경제·산업전망, 2020.7.31.

임승규 외, 포스트 코로나, 한빛비즈, 2020.

한국무역협회(KITA) 무역통계 홈페이지

한국은행 경제통계시스템 KB리브온

"거리두기 완화가 상업용 부동산 살릴까… '오피스는 기대감, 상가는 울상'", 조선비즈, 2020.10.13

"요구불예금 두 달새 30兆 늘었다… 넘치는 유동성 끝없는 '머니무브'", 아시아경제, 2020.10.7

"1918 스페인독감 팬데믹은 어떻게 소멸되었을까", 아틀라스, 2020.4.1

"3기 신도시 등 내년부터 사전청약… 용산 정비창 등은 2022년", 노컷뉴스, 2020.9.8